U0115196

史學研究叢書·歷史文化叢刊

東漢史事述論叢稿

李學銘　著

目次

自序

一

我對范曄（398-445）《後漢書》萌生興趣，大抵開始於五十年代中期，那時我在新亞書院修讀牟潤孫先生（1908-1988）多門史學課[1]，同時也修讀伍叔儻（俶）先生（1897-1966）講授的《昭明文選》，他們在課堂上常常稱許范書的文字之美。牟先生是史學家，但他秉承老師陳援庵（垣）先生（1880-1971）之教，很重視文章的讀和寫。他經常對學生強調：治史之道，第一是文章，第二是文章，第三也是文章。意思是：研究歷史，要能讀懂文章（包括篇章文字語句和微言大義的解讀），也要懂得寫文章。他還指出，古代優秀的史家，大多是寫文章的高手，他們的史學著作，往往是可讀性高的文學作品，例如范曄的《後漢書》，就是如此。章學誠（1738-1801）所謂「史所載者事也，事必藉文而傳，故良史莫不工文」[2]，大抵就是牟先生意見的所據罷？伍叔儻先生的《昭明文選》課，一年內只講了一篇《月賦》和半篇《文賦》。他的講課，精細入微，詳徵博引，窮源究委，語帶鋒稜，有時會以欣賞的態度，舉述范書的語句。原來伍先生喜愛范書，欣賞范曄的文才，在中央大學任教時，已廣為朋友、同事、學生所知，因此還惹來朱東潤（1896-1988）的訾議，認為這是「買櫝還珠」[3]。朱氏從思想意識評述史書的高下，顯然不接受盛稱史書文采的言論。其實

---

[1] 憑記憶所及，我修讀過潤孫先生講授的史學課有：中國史學史、中國經學史、魏晉南北朝史、近三百年學術史、史學方法、《資治通鑑》研究等。

[2] 語見章學誠《文史通義》內篇五《史德》，1956年12月古籍出版社（北京），頁145。

[3] 參閱朱東潤《朱東潤自傳》第十一章《中央大學前四年》，2001年1月人民文學出版社（北京），頁270。

看重范書的文采，不一定不能理解作者的撰作用心。無論怎樣，我似乎就在牟、伍兩位老師的影響下，開始翻閱范書，並先後寫了幾則讀書札記。

二

　　1966 年，我考進香港中文大學剛成立的文科研究院（後改稱中國文化研究所），並在牟潤孫先生和嚴歸田（耕望）先生（1916-1996）兩位老師的指導下，以東漢史為題撰寫論文。於是我就以較專注的態度，蒐集、研讀有關資料，而范曄《後漢書》，自然是我必須仔細研讀的史籍之一。畢業以後，我陸續在學術刊物和報章、雜誌上發表了一些文史方面的論文和讀書隨筆，其中當然有東漢史事的述論。只不過幾十年來，由於興趣、工作的關係，我的學術論文，沒有只集中在東漢史，甚至沒有集中在史學的範圍。從好處說，這或可見我的所知不算太狹、太陋，而適應不同環境、不同需要的能力也不算太弱，但與那些以專門之學名家的學人相比，恐怕就自愧不如了。因此，當跟別人談起自己的治學興趣和範圍時，我有時會引述孔子（前 551-前 479）的話語來自嘲：「吾少也賤，故多能鄙事。君子多乎哉？不多也！」[4]孔子是品德、智慧至高的聖者，他這樣說，是自謙，也有曉諭後學的用心，而我則是懇切向人承認自己治學的駁雜。退休以後，雖還要講些課，但到底餘暇較多，我有意把握有限的時間，多寫幾篇屬於東漢史事方面的論文。本集各篇論文所註明的完成或發表時間，或可透露一點消息。不過，無可迴避的現實是，在我前面的歲月，可謂催人日亟，而我近日的精神和體力，自覺也漸漸今非昔比了。我這樣說，難免讓人覺得有點消沉，其實我並不消沉，我只是藉此自勉，同時也想用來鼓

---

[4] 語見《論語・子罕》，朱熹《四書章句集注》的《論語集注》卷五，2005年9月中華書局（北京），頁110。

勵有志從事研究但還不大懂得珍惜光陰的年輕人。

三

　　本集論文在整理、編輯的過程中，除了個別字句稍作必要的修訂外，對論文的內容基本不作改動或補充，以存真實。不過在排印方式和附註形式方面，則儘量做了些統一工作，因為時代不同、刊物不同，自然有這樣或那樣的不同規格要求，但把各篇論文合聚一書，還是稍稍統一為好。話雖如此，要完全統一，真是談何容易！因此，各篇之間，偶有不一致的地方，也只好算了。至於引述的史籍和古今學者的論著，也嘗試作了些重新覆核、校訂的工作。這項工作，並沒有想像中那麼容易，因為早期完成的論文，有些所據資料已難尋回，有些是尋回了，但後出的版本，尤其是校點本，似乎較佳。例如早期引述的范書，是影印百衲本和王先謙（1842-1917）《集解》本，現在用來覆核、校訂，除了王先謙「集解」之說，就用了北京中華書局校點本（1965）。至於劉珍（？-126）等《東觀漢記》、袁宏（328-376）《後漢紀》、諸家《後漢書》和清人論著或讀書筆記等等的引述，當時所能得到的版本，有幾種屬素質欠佳的影印本或排印本，現在重新覆核、校訂時，就採用了較新、較佳的校點本。這樣，有時會出現些不大相應的情況，就是有些論文發表日期較早，但附註引述的竟然是出版日期較後的書籍。這種情況，看起來不大合理，但為了引文的素質，加上後期出版的書籍又較易得到，只好這樣處理，希望讀者能充分理解。

四

　　收入本集的論文，共有十一篇，全部是東漢史事的述論。較早的幾篇，發表於 1969 至 1970 年，最遲的一篇，發表於 2013 年，前後跨越的時間，有好幾十年。幾十年的學術研究成績，如果只有這些，不能不算寒傖。聊可自解的是：我的治學範圍，並不限於史學，更不限於東漢史，除多年前已先後出版了三部個人論文集和一部讀書隨筆集外，現時我手邊還積存了些已發表的學術論文，內容多與史學和文學有關。如條件容許或時機適合，我期望在這部論文集出版後，我的第二部史學論文集和第三部文史及其他論文集，可以相繼整理出版。還該說明的是，本集能夠順利出版，得感謝李康其同學。康其篤實好學，樂於助我。他在工作、進修忙碌之餘，既為我重新打印了部分論文，又為論文的形式和引文，做了不少調整、統一、覆核、校訂的工作；此外，他更通過不同途徑，追尋論文所引據的不常見書刊。上述工作，瑣屑、費神、耗時而又煩擾。沒有康其的幫助，本集中各篇論文的形式，大抵只能稍作統一，引述的資料，大抵也未能一一校訂。因此，我在這裡要向康其致以深切的謝意。還要提及的是，黃偉豪同學在搜尋、郵購相關參考資料方面，也助我良多，謹在此一併道謝。

李學銘

於新亞研究所（香港）

2013 年 5 月

東漢外戚存亡與洛陽北宮建置形勢的關係

一 引言

　　東漢外戚勢力的消長，每與京師兵柄有關，凡操持京師兵柄的外戚，即可控馭中央，宰制全國。所以當時準備擅權的外戚，都挖空心思，想要爭奪兵柄，而已經擅權的外戚，他們或他們子弟的職任，亦多典禁宿衛。根據史料，我們可以肯定地說：東漢的外戚，是藉京師兵柄來干政的[1]。兵柄既然是干政的重要條件，擅權外戚，當然不會自願放棄。但從史實上看，兵柄是經常轉移的，在轉移之際，被迫放棄兵柄的外戚，無可奈何，只好束手受人宰割。其中關鍵，往往繫於北軍五營校士的向背，而北軍的重要，則由於東漢洛陽北宮的建置形勢。現在先就當時南北軍制，略論北軍的重要，然後再進一步，推論東漢外戚存亡與北宮建置形勢的關係。

二 南軍與北軍

　　漢代南北軍制，歷來談論的人頗多，自錢文子（1148-1220）《補漢兵志》以後，如馬端臨（1254-1323）的《文獻通考》及所引易山齋（名祓，1156-1240）說，俞正燮（1775-1840）《癸巳類稿》的《漢南北軍義》，陳樹鏞（1859-1888）的《漢官答問》，賀昌群（1903-1973）的《南北軍考》[2]，都有相當詳細的論述，勞榦（1907-2003）先生則更而綜合眾說，詳加辨

---

[1] 拙文《從東漢政權實質論其時帝室婚姻嗣續與外戚升降之關係》辨析頗詳；參閱《新亞學報》第九卷第二期，1970年9月新亞研究所（香港），頁225-282。此文已收入本書。

[2] 參閱賀昌群《漢初之南北軍》，《中國社會經濟史集刊》第5卷第1期（1937年），頁75-84。

析，原文具在，不必贅述[3]。因此，在這裡談及軍制時，只預備作個大略的介紹，而介紹範圍，又僅限於東漢一代。

東漢軍制，大體承襲前漢而略有省改。當時拱衛京師的軍隊，分為南、北兩軍。南軍由衛尉統領，守衛宮城，掌宮門衛士；宮城以內，由光祿勳所統領[4]，掌宿衛宮殿、門戶典謁、署郎更直、執戟宿衛門戶[5]。北軍在前漢初，本由中尉統領，職責的範圍，是拱衛都城和維持京師治安。武帝時，改中尉為執金吾，並增置八校尉。八校尉的名稱是：中壘、越騎、步兵、長水、射聲、屯騎、胡騎、虎賁，又設城門校尉；北軍的規模，至是大為擴充[6]。東漢時，北軍軍制又有改動，改動的內容是：省除了中壘，胡騎併入長水，虎賁主輕車併入射聲[7]，於是北軍分為五營，即屯騎、越騎、步兵、長水、射聲，各由校尉率領；設置中候以監五營，並另設城門校尉。這一來，北軍中候與城門校尉，都在衛尉、執金吾所統以外。南軍兵員的數目，按照編制：衛尉以下，共有官長公車司馬令、衛士令、都候、宮掖門司馬和丞、尉等十九人，員吏二百九十九人，衛士二千五百零七人。北軍五校，則有官長校尉五人，司馬六人，員吏六百十四人，士兵三千五百三十六人[8]。由上文的敘述，可見北軍五校統屬的員數，實較衛尉為多。

---

[3] 參閱勞榦《論漢代的衛尉與中尉兼論南北軍制度》，《中央研究院歷史語言研究所集刊》第29本（1958年），頁445-459。

[4] 馬端臨《文獻通考》以光祿勳所統領為南軍，但又附載山齋易氏辨光祿勳非南軍，其說頗詳，有足信者，今從之。參閱《文獻通考》卷一五〇《兵二》，1986年中華書局（北京）影印萬有文庫十通本，頁1309中及下。

[5] 參閱范曄《後漢書》附《志二十五·百官二》，1965年5月中華書局（北京）校點本，頁3574。按：《後漢書》所附八《志》，原屬司馬彪《續漢書》。

[6] 參閱班固《漢書》卷十九上《百官公卿表第七上》，1964年11月中華書局（北京）校點本，頁732及737-739；《文獻通考》卷一五〇《兵二》，頁1310上至下。

[7] 參閱《後漢書》附《志二十七·百官四》，頁3613。

[8] 參閱《後漢書》附《志二十五·百官二》，頁3579-3580；又同書附《志二十七·百官四》，頁3612-3613。

不過我們仍然不能根據員數的多寡，來肯定北軍的實力，因為軍隊的實力，往往由征戰經驗來決定，未經戰陣的軍隊，有時是不堪一擊的。從史書的記載看來，北軍是有征戰經驗的。范曄（398-445）《後漢書·鄧騭傳》：

> 涼部畔羌搖蕩西州……於是詔騭將左右羽林、北軍五校士及諸部兵擊之……。[9]

又同書《西羌傳》：

> 先零別種滇零與鍾羌諸種大為寇掠……遣車騎將軍鄧騭，征西校尉任尚副，將五營及三河、三輔、汝南、南陽、潁川、太原、上黨兵合五萬人，屯漢陽。[10]

又同書《馬嚴傳》：

> （嚴）後拜將軍長史，將北軍五校士、羽林禁兵三千人，屯西河美稷……。[11]

可見國家動員征戰時，北軍實居主要地位。北軍五校士的職責，本在拱衛都城和維持京師治安，如果調發他們擊外敵，蕩寇盜，自在情理之內。至於護衛宮城內外的南軍，則以宮省安全為重，臨時調發出擊，不是沒有，但他們的職任，主要仍然是護衛宮城。勞榦先生指出當時京師的軍隊，實

---

[9] 見《後漢書》卷十六，頁614。

[10] 見《後漢書》卷八十七，頁2886。

[11] 見《後漢書》卷二十四，頁859。

以北軍為主，而北軍則專指五校言；這個說法，確實是很切至的 [12]。

三　南宮與北宮

　　我們進一步要注意的，是漢代宮城建置問題。陳寅恪先生（1890-1969）在《唐代政治史述論稿》的中篇《政治革命及黨派分野》裡，提到了西漢長安的宮市位置。他指出西漢的長樂、未央等宮，都在長安南部。未央宮南的司馬門，直抵城垣，並無坊市。而長樂宮、未央宮的北面，則有三街六市；這種方位的安排，跟《周官·考工記·匠人》所云「面朝背市」的說法，剛好符合。《考工記》作成的時代雖晚，但必然是儒家依據所得資料，加以理想化後，編纂而成的書。因此，陳先生認為：《考工記》所載匠人經營宮市位置的記錄，必有當時真實的背景 [13]。東漢洛陽宮城的建置，雖必與長安不盡相同，但應該並不完全違異。照史書的記載，西漢的南軍，是護衛宮省的武力，是左右中央政局的軍隊，而城守軍隊的重心，則在城北，因此纔有所謂南、北軍不同的名號。東漢南、北軍制，正如前文所述，大體上是沿襲西漢的，所以當時的南軍，仍然是護衛宮省的武力，城北，雖不必一定是京師屯兵的地方，但證以後文論及北宮位置與北軍的密切關係，可知當時宮城的北面，是北軍重心的所在。不過，南軍既然是護衛宮省的武力，東漢干政的外戚，為了易於控制君主，除多位居將軍一職以外，他們的戚屬，每亦據有南軍要職。這樣說來，東漢外戚勢力消長的關鍵，宜在南軍而不在北軍。但就手頭所得史料考察，東漢的情勢，似乎與西漢以南軍為重的現象，頗不相同，換句話說，當時政局之所繫，似

---

[12] 參閱勞榦《論漢代的衛尉與中尉兼論南北軍制度》，《中央研究院歷史語言研究所集刊》第29本（1958年），頁445-459。

[13] 參閱陳寅恪《陳寅恪集：唐代政治史述論稿》，2001年4月生活·讀書·新知三聯書店（北京），頁238-239。

在北而不在南。茲略徵引有關史事，試說明北宮方位的重要。

東漢洛陽有南、北宮，北宮的得名，是對南宮而言。南宮在河陰，北宮在河陽，相去七里，有複道三。有關東漢洛陽南宮的記載，是殘闕不全的，因此目前要確定它的方位，是一件相當困難的事。勞榦先生曾撰文復原北魏洛陽城圖[14]，文中所論，亦有涉及東漢洛陽宮城的位置，他的說法，足可信從，現在就是根據他的意見，稽索史料，證明東漢洛陽宮城的方位。《後漢書·光武帝紀》建武元年（25）李賢（655-684）等注引蔡質（？-178）《漢官典職儀》：

> 南宮至北宮，中央作大屋，複道，三道行，天子從中道，從官夾左右，十步一衛。兩宮相去七里。[15]

據《太平御覽》一百八十一「居處部」和《昭明文選·古詩十九首》李善（？-689）注，都可以證明「相去七里」的「七」字不誤。按漢以六尺為步，三百步為里，即漢以一百八十丈為里，每丈合今市尺六尺九寸，即每里約合今一百二十四丈，七里約合八百六十八丈，則七里的距離，約當今市里六里。根據這個距離，我們大略可以估計，東漢南宮北牆，約當元魏宮城南牆。也就是說，東漢南宮，在魏宮城的南面。又《河南志·後漢城闕宮殿古蹟》云：

> 後漢都城有南宮、北宮……南面四門：正南曰平門——一作平城門，《古今注》曰：「建武十三年開。」蔡邕曰：「平城門，正陽之門也。與宮連，郊祀法駕所從出，門之最尊者。」《漢官秩》曰：

---

[14] 參閱勞榦《北魏洛陽城圖的復原》，《中央研究院歷史語言研究所集刊》第20本（1948年），頁299-312。

[15] 見《後漢書》卷一上，頁25。

「平城門為宮門，不置候。」按，《靈帝紀》曰：「南宮平城門。」當是宮在門之內，所以連言也。李尤《銘》曰：「平門督師，午位處中，外臨僚侍，內達帝宮，正陽南面，炎暑赫融。」……西曰宣陽門——按，《漢志》十二門名有小苑門，而獨無《銘》，莫知其方所，而《十道志》列在平城之西。《董卓傳》：「孫堅軍太谷，進宣陽城門。」《注》曰：「《洛陽記》『南面有四門，從東第三門也。』」是則小苑亦名宣陽。」[16]

據上所述，勞榦先生指出，平城門是東漢南宮正對的門，而宣陽門則是御苑正對的門，即東漢南宮，又在魏宮城的東面。總的來說，東漢洛陽南宮的位置，應在魏宮城的東南面[17]。至於東漢北宮，既與南宮相距約今市里六里，則位置宜在洛陽城北垣廣莫門與大夏門之間[18]。它的位置，靠近洛陽北垣，在南宮北面。今按南宮宮門外各殿有闕，闕的名目是：朱雀、蒼龍、白虎、玄武，其中的玄武闕是北闕，在形勢上，最為重要。《後漢書・馮魴傳》：

（永平）十四年（71）……明年，（明帝）東巡郡國，留魴宿衛南宮。[19]

---

[16] 見《河南志》卷二，《宋元珍稀地方志叢刊》甲編第四冊，2007年四川大學出版社（成都）校點本，頁89-90。

[17] 參閱勞榦《北魏洛陽城圖的復原》，《中央研究院歷史語言研究所集刊》第20本（1948年），頁305-306。

[18] 參閱何炳棣《北魏洛陽城郭規劃》，《慶祝李濟先生七十歲論文集》，清華學報社（臺北），1965年，頁236。又何文所附洛陽城圖凡二：其一原附見閻文儒《洛陽漢魏隋唐城址勘查記》，《考古學報》第九冊，1955年9月科學出版社（北京），頁119；其二則採自周祖謨《洛陽伽藍記校釋》一書目錄後的插頁，1963年5月中華書局（北京），未編頁碼。

[19] 參閱《後漢書》卷三十三，頁1149。

上文僅云「留魴宿衛南宮」，當然不能解釋南宮北面的重要，現在且更引錄另一史料，以資說明。《東觀漢記・馮魴傳》：

> 永平十五年（72）……上行幸諸國，敕魴車駕發後，將緹騎宿玄武門複道上，領南宮吏士……。[20]

可知南宮北面，必然是形勢要害之地，所以明帝纔會下令馮魴帶領緹騎宿玄武門複道，這條複道，就是與北宮相通的。東漢雖有外戚干政的事實，但中央政治的重心，仍應繫於君主一人，南宮既是君主所常居處的地方，因此當時中央政治的重心，似仍屬於南宮，所以南軍的職務，雖然是護衛宮省，但護衛的重心，實以南宮為主。東漢干政的外戚，常努力於爭取南軍的統制權，就是這個道理。不過，我們不能忽視一件重要的事實，就是南宮固然重要，可是東漢外戚存亡的關鍵，往往不是南宮，而是北宮，而且又與北軍有直接關係，究竟是甚麼理由呢？這裡頭，因素是相當複雜的，現在姑且引述有關史料，試加推闡，希望可以說明史實的真相。

四　外戚存亡的關鍵

《後漢書・儒林楊仁傳》：

> 顯宗特詔補北宮衛士令，引見，問當世政跡。仁對以寬和任賢，抑黜驕戚為先。……及帝崩，時諸馬貴盛，各爭欲入宮。仁披甲

---

[20] 見劉珍等《東觀漢記》卷十三，吳樹平《東觀漢記校注》，1987年3月中州古籍出版社（河南），頁584。

持戟，嚴勒門衛，莫敢輕進者。[21]

明帝對待外戚的態度，與光武有很大的不同。他不但不封外戚為侯，而且
「常令陰黨、陰博、鄧疊三人更相糾察，故諸豪戚莫敢犯法者，而詔書切
切，猶以舅氏田宅為言」[22]。而馬皇后的兄弟──虎賁中郎將廖、黃門郎
防、光，終明帝世，都未改官升遷。可見明帝對待外戚的政策，是小心防
範，而防範的具體措施之一，就是特詔楊仁補北宮衛士令。楊仁能夠得到
這個職位，應與他早有「抑黜驕戚」的主張有關，後來答覆明帝的話，只
是顯諸言詞而已。明帝「性褊察，好以耳目隱發為明」[23]，他任命楊仁為
北宮衛士令，在情在理，自然是為了防範外戚。為甚麼防範外戚的楊仁，
職任在北宮而不在中央政治重心的南宮？照個人的推想，那是因為北宮位
於城北，城北是北軍的重心所在，如果碰上猝變之禍，君主為求自保，想
要跟北軍溝通，在北宮自較在南宮為易。明帝崩而外戚諸馬不能立刻進入
北宮，恐怕是楊仁秉承明帝生前的意旨。根據上述這個小例，北宮建置形
勢的重要，我們該可以得到一個初步的印象。不過，東漢外戚之禍，是由
太后臨朝開始，所以北宮建置形勢的重要，在明、章二帝時，還未十分明
顯。和帝以後，北宮的重要，就昭然易見了。

《後漢書・和帝紀》：

竇憲潛圖弒逆。庚申，幸北宮。詔收捕憲黨射聲校尉郭璜，璜子
侍中舉，衛尉鄧疊，疊弟步兵校尉磊，皆下獄死。[24]

---

[21] 見《後漢書》卷七十九下，頁2574。
[22] 參閱《後漢書》卷二十三，頁812。
[23] 參閱《後漢書》卷四十一《鍾離意傳》，頁1409。
[24] 見《後漢書》卷四，頁173。

又同書《竇憲傳》：

> 舉得幸太后，遂共圖為殺害。帝陰知其謀，乃與近幸中常侍鄭眾
> 定議誅之。以憲在外，慮其懼禍為亂，忍而未發。會憲及鄧疊班
> 師還京師，詔使大鴻臚持節郊迎……憲等既至，帝乃幸北宮，詔
> 執金吾、五校尉勒兵屯衛南、北宮，閉城門，收捕疊、磊、橫、
> 舉，皆下獄誅……收憲大將軍印綬……憲、篤、景到國，皆迫令
> 自殺……。[25]

和帝想要誅滅臣屬，竟須預先定議，可見竇氏當時的權勢，是不容忽視的，
而竇氏的權勢，即寄託於兵柄，竇氏黨羽等人所居的職任，就是一個明證。
和帝未下詔收捕他們之前，須先移幸北宮，北宮的重要，自可不言而喻，
而和帝想要取得北軍武力的支持，亦不難於想見。因此，竇氏之所以敗，
和帝之所以勝，關鍵宜在北宮，而北宮的重要，是因為它的建置形勢，易
於溝通北軍，取得他們的支持。和帝在未動手對付竇氏之先，隱忍而未發
動，完全因為恐怕竇憲在外藉兵為亂，後來終得收捕竇憲等人，我們從「詔
執金吾、五校尉勒兵屯衛南、北宮」一語，即可了然其中端倪。史文所見，
雖亦提到了執金吾，但執金吾僅領緹騎二百人，實力可謂微不足道，所以
收捕憲等的主力，應該是北軍五校士。

　　至於外戚鄧氏的覆敗，是否亦與北宮有關？據《續漢志・天文中》載：
建光元年（121）三月癸巳，鄧太后崩，五月庚辰，太后兄車騎將軍騭等
七侯皆免官，自殺[26]。鄧氏速敗如此，而史書所載，並無片語涉及北宮，
箇中原因，並不難於解釋。原因是：鄧騭未敗之前，他的兵柄，已被安帝

---

[25] 見《後漢書》卷二十三，頁819-820。
[26] 參閱《後漢書》附《志十一》，頁3240-3241。

有步驟地解除了。《後漢書‧安帝紀》：

> 永初元年（107）……先零種羌叛……遣車騎將軍鄧騭、征西校尉
> 任尚討之。……二年（108）……拜鄧騭為大將軍，徵還京師，留
> 任尚屯隴右。……四年（110）……大將軍鄧騭罷。[27]

又同書《鄧騭傳》：

> 永初元年（107）冬，徵騭班師。朝廷以太后故，遣五官中郎將迎
> 拜騭為大將軍……建光元年（121），太后崩，未及大斂，帝復申
> 前命，封騭為上蔡侯，位特進。[28]

安帝徵還鄧騭的時候，即留任尚屯隴右，遣使迎拜騭為大將軍，於是騭徒
具高位之名，而操持兵柄的權力，就在這種情形下給剝奪了。鄧太后崩，
未及大殮，安帝即封騭為上蔡侯，位特進，這顯然是安帝有意示恩安撫，
跟著卻是把他免官，迫他自殺，也真可憐可歎。史書雖然說是安帝因譖追
怒[29]，但追尋內裡的原因，太后久不歸政、鄧氏貴盛之時，禍根早就埋下
了。而且，在這裡，我們不妨再舉一例，證明鄧氏未被奪去兵柄前，他是
有能力自衛的。這個例子，可以反證鄧氏後來的覆敗，仍然以兵柄轉移為
關鍵。《後漢書‧周章傳》：

> 及殤帝崩……乃立和帝兄清河孝王子祜，是為安帝。章以眾心不
> 附，遂密謀閉宮門，誅車騎將軍鄧騭兄弟……廢太后於南宮，封

---

27 見《後漢書》卷五，頁207、209、211、216。
28 見《後漢書》卷十六，頁613-614、616。
29 參閱《後漢書》卷五，頁232-233；又同書卷十六，頁616-617。

> 帝為遠國王，而立平原王勝。事覺，策免，章自殺。[30]

周章謀事失敗的緣故，是由於兵力不足，如果有充足的兵力，則「事覺」之後，仍應有所作為，可見鄧氏原先操縱兵柄的實力，必然相當可觀。後來形勢互易，卒於束手受制。如果說與兵柄之失毫無關係，那是不合情理的。安帝在對付鄧氏一事中，有沒有移幸北宮，借重北軍的力量？在史書上，並無明文記載，不妨存疑。不過安帝在宰制鄧氏之前，已先剝奪了他的兵柄，因此，安帝是否有憑藉北軍以為助，就不是個必須解決的問題了。

閻氏存亡的關鍵，北宮的位置，顯然有決定作用。《後漢書》卷十下《閻皇后紀》已有載及，可惜語焉不詳，同書卷七十八《宦者孫程傳》所記較詳，但仍然及不上卷六《順帝紀》的明悉，現在就根據這條材料來分析：

> 及北鄉侯薨，車騎將軍閻顯及江京，與中常侍劉安、陳達等白太后，秘不發喪，而更徵立諸國王子，乃閉宮門，屯兵自守。……中黃門孫程等十九人，共斬江京、劉安、陳達等，迎濟陰王於德陽殿西鍾下，即皇帝位……閻顯兄弟聞帝立，率兵入北宮，尚書郭鎮與交鋒刃，遂斬顯弟衛尉景。……遣侍御史持節收閻顯及其弟城門校尉耀、執金吾晏，並下獄誅。[31]

德陽殿是北宮正殿，孫程等擁立濟陰王的地方，就是北宮的所在。閻氏兄弟率兵入北宮，銳鋒不容忽視，但竟然遭受夷滅之禍，恐怕單憑郭鎮和北

---

30 見《後漢書》卷三十三，頁1158。按：「祜」原作「祐」，王先謙《集解》引劉攽語曰：「案安帝名祜，此作祐，字之誤也。」參閱王先謙《後漢書集解》卷三十三《周章傳》，1956年藝文印書館（臺北）影印長沙王氏校刊本，頁416。

31 見《後漢書》，頁249-250。

宮衛士的軍力，絕不能達到這樣的效果，而且閻氏兄弟的職位，都是衛尉、城門校尉、執金吾等典兵要職，後來竟一一伏誅，如果不借重北軍五營士的軍力，又怎會有成功的機會？可知孫程等擁立濟陰王於北宮之先，必曾溝通北軍以為後盾，大局既定，閻氏兄弟雖即率兵入北宮，亦只好一敗塗地了。由閻氏的誅滅，可證上文周章的敗亡，實因未能取得北軍的支援。北宮與北軍，既然與當時外戚的存亡有這樣重大的關係，我們自然不能忽視了。

梁冀的覆敗，僅就所見史料而論，情勢頗與上述各例不同。究竟是真的不同？還是殊途同歸？我們不能不作一個合理的推考。《後漢書‧梁冀傳》：

> （桓帝）遂與中常侍單超、具瑗、唐衡、左悺、徐璜等五人成謀誅冀。……冀心疑超等，乃使中黃門張惲入省宿，以防其變。具瑗勑吏收惲，以輒從外入，欲圖不軌。帝因是御前殿，召諸尚書入，發其事，使尚書令尹勳持節勒丞郎以下皆操兵守省閤，斂諸符節送省中。使黃門令具瑗將左右廄騶、虎賁、羽林、都候劍戟士，合千餘人，與司隸校尉張彪共圍冀第。……冀及妻壽即日皆自殺。悉收子河南尹胤、叔父屯騎校尉讓，及親從衛尉淑、越騎校尉忠、長水校尉戟等，諸梁及孫氏中外宗親送詔獄，無長少皆棄市。[32]

東漢外戚的態度，以梁冀最為驕橫，根植朝廷的勢力，亦不是其他外戚所可比論。當時的宮省近侍，固然不少是他的黨羽，而他的親屬，又多據有

---

[32] 見《後漢書》卷三十四，頁1186。

北軍校尉要職[33]，所以當時南、北二軍的兵柄，都由梁氏所操持，但竟亦逃不過覆滅的命運，的確是件相當費解的事。而且在單超等發動事變前，他亦不是不早作戒備，但最後竟然束手受制，毫無抵禦能力，這豈不是有違情理？其實，梁冀之敗，是敗於同黨之手，因為當時的宦官，本是他的黨類，猝起相圖，冀的威權雖大，亦不能不大歡倒楣。《後漢書・黃瓊傳》：

> （瓊）疾篤，上疏諫曰：「……黃門協邪，群輩相黨，自冀興盛，腹背相親，朝夕圖謀，共搆姦軌。臨冀當誅，無可設巧，復記其惡，以要爵賞。……」[34]

從黃瓊的疏諫，可知宮省近侍，多是梁冀腹背的黨羽，因此，單超等人要有所圖謀時，梁冀雖略有疑慮，亦只不過支使中黃門張惲入省宿以防事變，卻沒有積極從事戒備。其後禍變猝發，冀等只好自殺或伏誅，即控制北軍的梁氏戚屬，亦不能有所作為了。雖然，這事之所以能夠成功，大抵桓帝於梁太后崩後，已先預為佈置，等到皇后梁氏崩時，然後再行發動。現在根據下舉史料，試行抉發，其間不無猜測之詞，但史文意義隱晦，略加推闡，也是勢所必然。《後漢書・桓帝紀》：

> 和平元年（150）二月……甲寅，皇太后梁氏崩。三月，車駕徙幸北宮。……（延熹二年，159）秋七月，初造顯陽苑，置丞。丙午，皇后梁氏崩。乙丑，葬懿獻皇后于懿陵。大將軍梁冀謀為亂。八月丁丑，帝御前殿，詔司隸校尉張彪將兵圍冀第，收大將軍印綬，冀與妻皆自殺。衛尉梁淑、河南尹梁胤、屯騎校尉梁讓、越騎校

---

[33] 見《後漢書》卷七《桓帝紀》，頁305。
[34] 見《後漢書》卷六十一，頁2037-2038。

尉梁忠、長水校尉梁戟等,及中外宗親數十人,皆伏誅。[35]

根據上文所述,可見桓帝於梁太后崩後,不久即幸北宮,這樣匆促,是否急於脫離外戚勢力所在的南宮,所以要在北宮以求自保?後來北軍不為梁氏所用,恐怕與這件事有頗大關係。不過梁氏根植勢力極大,梁皇后又在宮闈,桓帝雖心懷不平,亦不敢輕舉妄動,等到梁皇后七月崩,八月桓帝即詔收冀大將軍印綬,大抵聯絡北軍已有頭緒,所以便對梁氏發動攻勢,否則以梁氏戚屬的職任,又怎會斂手伏誅?而溝通北軍的人,宜為梁氏素來相親的宦官,京師軍士向來畏懼中官,又本屬梁氏黨類,當他們預為措置,自不會受梁氏的猜疑。所以桓帝對付梁氏必先與宦官相謀,固然是日常比較接近,但亦由於不會引起梁氏疑忌的緣故。宦官肯為桓帝所用,一方面為了私怨,另一方面亦為了要攫奪后族的權力,證據見《後漢書·宦者單超傳》:

> 帝逼畏久,恆懷不平,恐言泄,不敢謀之。延熹二年(159),皇后崩,帝因如廁,獨呼衡問:「左右與外舍不相得者皆誰乎?」衡對曰:「單超、左悺前詣河南尹不疑,禮敬小簡,不疑收其兄弟送洛陽獄,二人詣門謝,乃得解。徐璜、具瑗常私忿疾外舍放橫,口不敢道。」於是帝呼超、悺入室……更召璜、瑗等五人,遂定其議,帝齧超臂出血為盟。於是詔收冀及宗親黨與悉誅之。……自是權歸宦官,朝廷日亂矣。[36]

桓帝受逼畏的時日愈久,自然愈有誅殺梁氏之心,也就不管宦官是否劫奪

---

[35] 見《後漢書》卷七,頁295-296、304-305。

[36] 見《後漢書》卷七十八,頁2520。

政權。梁冀當時雖然萌生疑念，卻以為手挾南、北兩軍，力量足以防備非常，想不到對付他的，竟是自己的黨類，措手不及，自然沒有抵禦能力了。由這麼一說，可見梁氏的覆敗，實由兵柄已為宦官所竊奪，桓帝於太后崩後即幸北宮，其中宜有深意，以上述各外戚存亡的事例看來，梁氏的存亡，想必與北宮的位置有相連關係，史書的文字，雖然並不十分顯晰，我們仍然是不該忽略過去的。

說到竇武，他的覆敗，分明以北軍向背為關鍵。《後漢書‧竇武傳》：

> 武既輔朝政，常有誅翦宦官之意……武乃奏免黃門令魏彪，以所親小黃門山冰代之。使冰奏素狡猾尤無狀者長樂尚書鄭颯……辭連及曹節、王甫。勳、冰即奏收節等……時武出宿歸府，典中書者先以告長樂五官史朱瑀……乃夜召素所親壯者長樂從官史共普、張亮等十七人，歃血共盟誅武等。曹節聞之，驚起，白帝曰：「外間切切，請出御德陽前殿。」……取棨信，閉諸禁門。……令中謁者守南宮，閉門，絕複道。使鄭颯等持節，及侍御史、謁者捕收武等。武不受詔，馳入步兵營，與紹共射殺使者。召會北軍五校士數千人屯都亭下……詔以少府周靖行車騎將軍，加節，與護匈奴中郎將張奐率五營士討武。夜漏盡，王甫將虎賁、羽林、廄騶、都候、劍戟士，合千餘人，出屯朱雀掖門，與奐等合。明旦悉軍闕下，與武對陳。甫兵漸盛，使其士大呼武軍曰：「竇武反，汝皆禁兵，當宿衛宮省，何故隨反者乎？先降有賞！」營府素畏服中官，於是武軍稍稍歸甫。自旦至食時，兵降略盡。武、紹走，諸軍追圍之，皆自殺……。[37]

---

[37] 見《後漢書》卷六十九，頁2241、2243-2244。

根據上舉史料，可見宦官之所以勝，竇氏之所以敗，實以北軍五營校士的向背為關鍵，由此可知操持京師兵柄的重要。本來竇氏原先的武力，亦足以制宦官於死命，但竟然逃不過兵降覆敗的命運，「素畏服中官」一語，已可大略了然宦官浸竊兵柄的真相，而宦官借重北軍對付外戚的事實，也就昭然若揭了。且事發之時，靈帝、曹節等所處的地方，就是北宮的德陽殿，曹節取棨信閉諸禁門，又下令中謁者守南宮，閉門絕複道，自然是一種安全措施。中謁者所守雖為南宮，但既云「絕複道」，可見護衛的重心，仍然是靈帝和曹節所處的北宮，所以纔會封閉溝通兩宮的通路。而且北宮靠近洛陽宮城北垣，接近城北，想要取得北軍的照應，當然較在南宮為易了。

外戚何進的覆敗，自然跟北宮的建置形勢無關，據《後漢書‧何進傳》的記載：何進奏請太后盡誅諸常侍，張讓等使人暗中偷聽，聽到何進所奏的話後，便帶領數十人持兵器入伏省中，詐以太后詔召進入，於是何進遭害。但進死後，宦官亦逃不過屠夷之禍，最重要的原因，是張讓等人未能藉兵力以自保[38]。可知操持京師兵柄，每能左右東漢中央政局的變動。

五　結語

綜括來說，東漢外戚勢力的消長，與京師兵柄有極大關係。因為東漢之世，京兵常為國家安全之所繫，凡操持京師兵柄，即可宰制中央政權。所以當時擅權的外戚，職任必與京師兵柄有關；臨朝太后的父兄和戚屬，他們的職任，亦往往是典禁宿衛。東漢仲長統（180-220）在《法誡篇》中論外戚的存亡，以為「竇憲、鄧騭、梁冀之徒，藉外戚之權，管國家之

---

[38] 參閱同上，頁2251-2252。

柄；及其伏誅，以一言之詔，詰朝而決」[39]。仲長統所云「藉外家之權，管國家之柄」二語固甚確切，但卻未能指出外戚存亡與兵柄之間的關係；「一言之詔」，又怎可以「詰朝而決」！其實外戚存亡的關鍵，應繫乎北軍的向背。又東漢中央政治的重心，本在南宮，因為當時發布中央政令的人，是君主或太后，而他們通常居處的地方，實以南宮為主，所以干政外戚的軍事力量，亦以護衛南宮為中心。久受脅迫的君主，如果想要反制外戚，收捕后族，往往須移幸北宮以自保，又須藉北宮建置的形勢，溝通拱衛都城的北軍。所以北宮位置的重要，在東漢政治史上，是不容忽視的。有人或許會問：東漢外戚，並不盡是愚昧之輩，難道他們會不知道北軍的重要？東漢外戚，當然會知道北軍的重要，但站在后族的立場，宿衛宮省，實較拱衛都城為重，因為宮省畢竟是君主和太后所在的地方。而且，根據東漢軍制，北軍本來亦是將軍的統屬，也就是說，北軍仍然是外戚的控制範圍，只不過平常的時候，北軍由中候監領，所以外戚與北軍的統屬關係，自不如他們直接控制南軍那樣密切，於是，就給人以可乘之機了。不過排斥外戚，君主每用近侍親接的人，於是閹寺之徒，內竊宿衛之權，外通城北守軍，更利用君主正名的聲勢來壓制外戚，因此東漢外戚，在權力鬥爭方面，就常遭敗滅之禍。但自此以後，宦官日漸貴盛專橫，到了何進約請外兵收拾宦官，他本身固然慘受誅戮，但亦是董卓亂政的開始。這時候，外戚和宦官，落得兩敗俱傷，而東漢的國運，亦步入衰亡了。

——原載《中國學人》第一期，新亞研究所（1970 年 3 月）

---

[39] 參閱《後漢書》卷四十九《仲長統傳》，頁1659。

附錄一

《東漢洛陽城內宮室分布圖》[40]

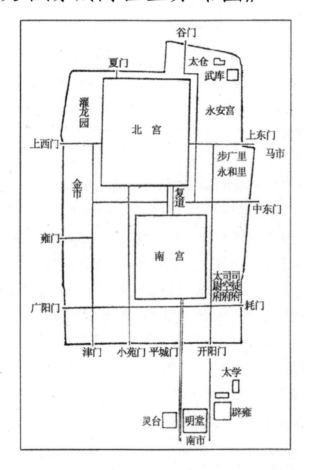

40 原載楊寬《中國古代都城制度史》，2003年6月上海人民出版社（上海），頁131；據云此圖採自尾形勇《東亞細亞的世界帝國》（1985年日本講談社）。試以此圖與王仲殊《漢代考古學概說》所附《東漢洛陽城平面示意圖》核對，可見此圖實本王文附圖而稍簡略，可惜王圖部分文字和線條不太清晰，因此只好採用楊圖，以便讀者。參閱《漢代考古學概說》（考古學專刊甲種第十六號），1984年6月中華書局（北京），頁18。又，圖中的「耗門」，應作「旄門」，王氏原圖不誤。

附錄二

《東漢洛陽城南、北宮平面布局復原示意圖》[41]

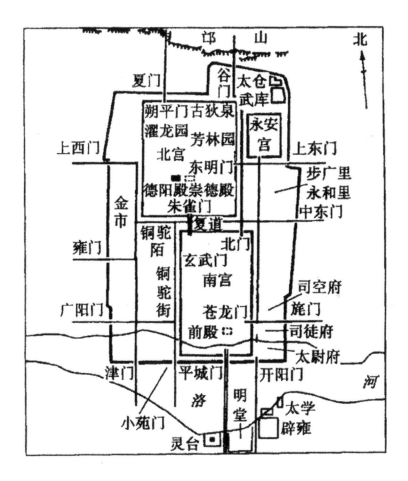

41 原載錢國祥《由閶闔門談漢魏洛陽城宮城形制》，《考古》第7期，2003年中國社會科學院（北京），頁55。

《後漢書‧酷吏傳》探微

范曄（398-445）刪取諸家《後漢書》，勒為一家之作，允推良史。顧其《酷吏傳》中所載人物，昔賢頗有評論，於范氏之去取廁列，或不謂然，如王先謙（1842-1917）《後漢書集解‧酷吏王吉傳》引洪亮吉（1746-1809）之言云：

> 案《酷吏傳》人品俱可觀，方之前史，自郅都以下，俱莫能及。惟吉殊無可取，本王甫養子，宜附《甫傳》末，不足廁此六人後也。[1]

又趙翼（1727-1814）《陔餘叢考》卷五云：

> 陽球奏誅宦官王甫等，剛正疾惡，不避權勢，自當與李固、杜喬等同傳，乃列之《酷吏》，可乎？

綜合二氏之說，所可論者凡二：洪氏謂王吉人品殊無可取，他人則俱可觀，此可論者一也；趙氏謂陽球當與李固、杜喬等同《傳》，不可列之《酷吏》，此可論者二也。茲試探求《酷吏傳》傳序與夫傳論之深意，又更勾稽《傳》中人物之行事，合併論證，藉顯范氏去取廁列之微旨焉。

《後漢書‧酷吏傳‧傳序》云：

---

[1] 見《後漢書集解》卷七十七，1956年藝文印書館（臺北）影印長沙王氏校刊本，頁894。洪氏原文見《四史發伏》卷七《後漢書》，《四庫未收書輯刊》第4輯第20冊，2000年北京出版社（北京）影印本，頁115上。按：王氏引文「俱莫能及」，原作「俱不能及」。

　　漢承戰國餘烈，多豪猾之民，其并兼者則陵橫邦邑，桀健者雄張
閭里，且宰守曠遠，戶口殷大，故臨民之職，專事威斷，族滅姦
軌，先行後聞。肆情剛烈，成其不橈之威，違眾用己，表其難測
之智。至於重文橫入，為窮怒之所遷及者，亦何可勝言。故乃積
骸滿阱，漂血十里。致溫舒有虎冠之吏，延年受屠伯之名，豈虛
也哉！若其揣挫彊埶，摧勒公卿，碎裂頭腦而不顧，亦為壯也。
自中興以後，科網稍密，吏人之嚴害者，方於前世省矣。而閹人
親婭，侵虐天下，至使陽球磔王甫之屍，張儉剖曹節之墓[2]。若此
之類，雖厭快眾憤，亦云酷矣！儉知名，故附《黨人篇》。[3]

可見凡屬臨民之職，專事威斷，族滅姦軌，先行後聞，肆情剛烈，違眾用
己，即為酷吏；此其一。至於重文橫入，遷怒無罪之人，致使積骸滿阱，
漂血十里，則尤酷而虐矣；若斯之類，或有揣挫彊埶，摧勒公卿，碎裂頭
腦而不顧者，范曄雖亦許以為壯，然不可謂非酷吏也；此其二。中興以後，
嚴害方諸前世為省，惟磔屍、剖墓之類，亦足云酷，張儉本有剖墓之酷，
而其人品已足以立名，故附黨人篇，其他諸吏，倘有行事酷虐，人品即有
可觀，於足以立名之分際，猶有未逮，則亦列之於酷吏；此其三。又考《傳》
中七人之治績，皆所謂能吏者，惟能而苛酷，則非范氏所喜，故《後漢書·
酷吏傳》後論云：

　　德義不足以相洽，化導不能以懲違，遂乃嚴刑痛殺，隨而繩之，
　　致刻深之吏，以暴理姦，倚疾邪之公直，濟忍苛之虐情，漢世所

---

[2] 曹節當作侯覽。何焯《義門讀書記·後漢書》卷二十四云：「以黨錮、宦官二《傳》參
考，乃侯覽壽冢，非曹節也。所當刊正。且未葬，但可言壞，不可言剖。」（1987年6月
中華書局〔北京〕，頁398。）

[3] 見《後漢書》卷七十七，1965年5月中華書局（北京）校點本，頁2487-2488。

謂酷能者，蓋有聞也。皆以敢捍精敏，巧附文理，風行霜烈，威
譽諠赫，與夫斷斷守道之吏，何工否之殊乎！……威辟既用，而
苟免之行興；仁信道孚，故感被之情著。苟免者威隙則姦起，感
被者人亡而思存。由一邦以言天下，則刑訟繁措，可得而求乎！[4]

是范氏所稱許者，乃為斷斷守道之吏，以暴理姦，威辟治人，雖稱政理，
亦宜置諸酷吏之列；此其四。范氏別擇東漢酷吏之準則，不外上述諸端。
然則《後漢書・酷吏傳》中人物，其行事與人品，果悉若此之類乎？今謹
引述史文，略加疏解，以為鄙說之證。

《後漢書・酷吏董宣傳》云：

董宣……累遷北海相，到官，以大姓公孫丹為五官掾。丹新造居宅，
而卜工以當有死者，丹乃令其子殺道行人，置屍舍內，以塞其咎。
宣知，即收丹父子殺之，丹宗族親黨三十餘人，操兵詣府，稱冤叫
號。宣以丹前附王莽，慮交通海賊，乃悉收繫劇獄，使門下書佐水
丘岑盡殺之。青州以其多濫，奏宣考岑，宣坐徵詣廷尉。[5]

公孫丹父子死當其罪，董宣殺之，衡以國法，並不為過。至丹宗族親黨三
十餘人，雖嘗操兵詣府稱冤叫號，罪實未至於誅，宣僅以丹前附王莽，慮
交通海賊，竟盡屠之，則不可謂非嚴害多濫矣。若其一生行事，則《傳序》
所云「肆情剛烈，成其不橈之威」二語，殆足概之。同《傳》又載其事云：

後特徵為洛陽令。時湖陽公主蒼頭白日殺人，因匿主家……宣於

---

[4] 見同上，頁2488。

[5] 見同上，頁2489。

夏門亭候之，乃駐車叩馬，以刀畫地，大言數主之失，叱奴下車，
因格殺之。主即還宮訴帝，帝大怒，召宣，欲箠殺之。……宣曰：
「……臣不須箠，請得自殺。」即以頭擊楹，流血被面。帝令小
黃門持之，使宣叩頭謝主，宣不從，彊使頓之，宣兩手據地，終
不肯俯。……因勑彊項令出。……由是搏擊豪強，莫不震慄。京
師號為「臥虎」。……卒於官。詔遣使者臨視，唯見布被覆屍，妻
子對哭，有大麥數斛、敝車一乘。帝傷之，曰：「董宣廉絜，死乃
知之！」[6]

董宣不以權彊屈其法，臨以天子之威，亦不能易其行，是難能矣。然其搏
擊之酷，屠誅之眾，證以公孫丹宗族親黨受誅一事，殆可想見。京師所以
號之為臥虎者，或由是歟？若其廉潔之美，有足稱者，乃吏德所宜有，似
不能謂具是即足立名於當世，抑不得脫酷吏之號也。

又《後漢書·酷吏樊曄傳》云：

樊曄……建武初，徵為侍御史，遷河東都尉……及至郡，誅討大
姓馬適匡等，盜賊清，吏人畏之……隗囂滅後，隴右不安，乃拜
曄為天水太守。政嚴猛，好申韓法，善惡立斷。人有犯其禁者，
率不生出獄……涼州為之歌曰：「……寧見乳虎穴，不入冀府寺。
大笑期必死，忿怒或見置。嗟我樊府君，安可再遭值！」[7]

曄政既尚嚴猛，好申韓法，則其摧抑豪族大姓，又焉無所誅屠？史書明謂

---

6 見同上，頁2489-2490。
7 見同上，頁2491；何焯《義門讀書記·後漢書》卷二十四云：「『大笑期必死，忿怒或
見置』，此二語，則其情貌真酷矣。」（頁399）

人有犯其禁者，率不生出獄，是豈牧民之常道哉！李賢（655-684）等注「乳虎穴」云：「猛獸產乳護其子，則搏噬過常，故以喻也。」夫人寧見搏噬過常之猛獸，而不欲入牧民之冀府寺，此喻容有誇飾，其為政必從苛切，殆無可疑。歌云「大笑期必死，忿怒或見置」，覘此二語，其情貌酷烈如見。同《傳》又云：

> 永平中，顯宗追思曄在天水時政能，以為後人莫之及，詔賜家錢百萬。[8]

所謂在天水時政能云云，《傳》中之載述為：

> 人有犯其禁者，率不生出獄，吏人及羌胡畏之。道不拾遺，行旅至夜，聚衣裝道傍曰：「以付樊公。」[9]

其得以致乎是，自與嚴猛之政有關。至其人品是否可觀？范書並無明文，《太平御覽》一九四引張璠（生卒年不詳）《後漢紀》云：

> 樊曄為天水太守，之官，與故太守喪會於隴亭，堂（亭）吏移喪避曄，曄讓喪於正堂，關西稱之。[10]

可見曄遜而有禮。有禮非難能，衡以立名準則，殆猶有間，范書之所以弗載其事，殆以此歟？夫人之德不足以稱美而具嚴猛之威，為政苛切過常，

8　見同上，頁2492。

9　見同上，頁2491。

10　見張璠《後漢紀‧光武帝紀》，周天游《八家後漢書輯注》，1986年12月上海古籍出版社（上海），頁689。按：「堂吏」應作「亭吏」。

則其置身酷吏之列，豈虛也哉！

又《後漢書・酷吏李章傳》云：

> 光武即位，（李章）拜陽平令。時趙魏豪右往往屯聚，清河大姓趙
> 綱遂於縣界起塢壁，繕甲兵，為在所害。章到，乃設饗會，而延
> 謁綱。綱帶文劍，被羽衣，從士百餘人來到。章與對讌飲，有頃，
> 手劍斬綱，伏兵亦悉殺其從者，因馳詣塢壁，掩擊破之，吏人遂
> 安。遷千乘太守，坐誅斬盜賊過濫，徵下獄免。歲中拜侍御史，
> 出為琅邪太守。時北海安丘大姓夏長思等反……章聞，即發兵千
> 人，馳往擊之。掾吏（史）止章，曰：「二千石行不得出界，兵不
> 得擅發。」章按劍怒曰：「……若坐討賊而死，吾不恨也。」遂引
> 兵安丘城下，募勇敢燒城門，與長思戰，斬之，獲三百餘級，得
> 牛馬五百餘頭而還。[11]

綜觀李章一生，其所作為，不外一事，即嚴治豪族大姓是也。而其治之之
法，惟多事殺戮而已。如既斬趙綱，亦悉殺其從者百餘人，擊破趙氏塢壁
之後，所誅之數猶未知也。及討夏長思，斬之，獲三百餘級，又取其牛馬
五百餘頭。覘其行事，似非牧民之郡守，實大類討賊之戰將。且其族滅姦
軌，先行後聞，一如《傳序》所云，則其得受酷吏之名也固宜。至李章之
人品，考范書所載，似無一語之褒，而足資疵議者，上舉誅斬盜賊過濫一
事外，更有一事：

---

11 見《後漢書》卷七十七，頁2492-2493。按：「掾吏」應作「掾史」。

　　後坐度人田不實徵，以章有功，但司寇論。月餘免刑歸。[12]

夫度田不實，或由下吏所蔽，治事疏失之罪固不能辭，苟非出諸本意，於
人品之可觀與否，可以不相牽涉。設為故意，則其度田不實之由，殆有二
端：畏懼豪強，一也；包庇親黨，二也；非此則彼，若然，其人品之可議，
不待贅論。僅據上舉傳文，誠不能入章以「有意不實」之罪，而其人無可
稱道，則無可疑。名不立而又多事殺戮，范曄冠以「酷吏」之名，意即在
乎是歟？

　　又《後漢書‧酷吏周紆傳》云：

　　周紆……為人刻削少恩，好韓非之術，少為廷尉史。永平中，補
　　南行唐長。到官……遂殺縣中尤無狀者數十人，吏人大震。遷博
　　平令。收考姦臧，無出獄者。以威名遷齊相，亦頗嚴酷，專任刑
　　法，而善為辭案條教，為州內所則。後坐殺無辜，復左轉博平令。
　　建初中，為勃海太守，每赦令到郡，輒隱閉不出，先遣使屬縣盡
　　決刑罪，乃出詔書。坐徵詣廷尉，免歸。……徵拜洛陽令，下車，
　　先問大姓主名……於是部吏望風旨，爭以激切為事。……（章）
　　帝知紆奉法疾姦，不事貴戚，然苛慘失中，數為有司所奏，八年
　　（83），遂免官。後為御史中丞。和帝即位，太傅鄧彪奏紆在任過
　　酷，不宜典司京輦。免歸田里。……永元五年（93），復徵為御史
　　中丞。……紆遷司隸校尉。六年（94）夏旱，車駕自幸洛陽錄囚
　　徒，二人被掠生蟲，坐左轉騎都尉。[13]

---

[12] 見同上，頁2493。

[13] 見同上，頁2493-2496。

又《後漢書‧志五行三》云：

> 永元五年（93）……和帝用酷吏周紆為司隸校尉，刑誅深刻。[14]

周紆刻削少恩，嚴酷任刑，其收考姦贓，苛慘失中之狀，即就史文所見，已不忍聞。每赦令到郡，輒先盡決刑罪，乃出詔書，尤不法，於此即可覘其刑誅之深刻，臨民之酷虐。何焯（1661-1722）《義門讀書記‧後漢書》云：

> 先決刑罪，乃出詔書，後之大賢，有與之同。或偶以不得已用權，僅摘一二渠魁，消一方之隱憂，非明恕之常道也。紆之酷在「每」字、「盡」字。[15]

其說是也。他如殺害無辜，囚徒被掠生蟲，皆可見其失中之酷，即受屠伯之名，豈不云宜？若夫紆之人品，其本《傳》亦有述及：

> 免歸。紆廉絜無資，常築墼自給。……後竇氏貴盛，篤兄弟秉權，睚眦宿怨，無不僵仆。紆自謂無全，乃柴門自守，以待其禍。然篤等以紆公正而怨隙有素，遂不敢害。[16]

史云紆廉潔無資一事，似可信從。惟「公正」之吏，絕無濫殺無辜而又隱閉赦令，竇篤之所以不敢加害，其故或非一端，而怨隙有素，畏招物議，恐為其主因。由是言之，則紆之人品，誠弗足以知名於當世，且又專任刑

---

[14] 見《後漢書》附《志十五》，頁3313。按：《志》原屬司馬彪《續漢書》。

[15] 見《義門讀書記》卷二十四，頁399。

[16] 見《後漢書》卷七十七，頁2494-2495。

戮，以酷為能，方之前述諸人，苟不列之酷吏，可乎？

又《後漢書‧酷吏黃昌傳》云：

> 黃昌……後拜宛令，政尚嚴猛，好發姦伏。人有盜其車蓋者，昌
> 初無所言，後乃密遣親客至門下賊曹家掩取得之，悉收其家，一
> 時殺戮。大姓戰懼，皆稱神明。朝廷舉能，遷蜀郡太守。……及
> 昌到，吏人訟者七百餘人，悉為斷理，莫不得所。密捕盜帥一人，
> 脅使條諸縣彊暴之人姓名居處，乃分遣掩討，無有遺脫。宿惡大
> 姦，皆奔走它境。[17]

就上所舉史文而言，黃昌誠為能吏。惟其政尚嚴猛，好發姦伏，故於賊曹
一家，悉行屠戮。夫臨民之吏，未能以仁信化導屬曹，徒以痛殺繩之，其
心亦過忍矣，政雖得理，又何足以為民父母哉！同《傳》又云：

> 初，昌為州書佐，其婦歸寧於家，遇賊被獲，遂流轉入蜀為人妻。
> 其子犯事，乃詣昌自訟。……因相持悲泣，還為夫婦。視事四載，
> 徵，再遷陳相。縣人彭氏舊豪，縱造起大舍，高樓臨道。昌每出
> 行縣，彭氏婦人輒升樓而觀。昌不喜，遂勅收付獄，案殺之。[18]

重納舊婦，還為夫婦，其人似有可取。惟升樓而觀，乃婦人之好事而不知
禮者，召而責之，使其知所戒懼，斯亦足矣，而竟遽行霜烈，付獄按殺，
毋乃過乎？夫人品既不足以知名，又示民以難測之智，雖稱能吏，亦云酷
矣。

---

17 見同上，頁2496-2497。
18 見同上，頁2497。

又《後漢書・酷吏陽球傳》云：

> 陽球……性嚴厲，好申韓之學。郡吏有辱其母者，球結少年數十人，殺吏，滅其家，由是知名。……九江山賊起，連月不解，三府上球有理姦才，拜九江太守。球到，設方略，凶賊殄破，收郡中姦吏盡殺之。……時天下大旱，司空張顥條奏長吏苛酷貪污者，皆罷免之，球坐嚴苦，徵詣廷尉，當免官。[19]

陽球既殺辱母之郡吏，又進而滅其家，由是知名，所以然者，「《春秋》崇尚復讎，漢時不禁報怨」[20]故也，其忍苛之性，於此可見。後拜九江太守，殄破山賊，又收郡姦吏盡殺之，殺必求盡，猛酷若此，何其甚耶？其以嚴苦坐罪，豈不然哉！同《傳》又云：

> 光和二年（179），遷為司隸校尉。王甫休沐里舍，球詣闕謝恩，奏收甫及中常侍淳于登、袁赦、封䍐……等，及子弟為守令者，姦猾縱恣，罪合滅族。太尉段熲諂附佞倖，宜並誅戮。於是悉收甫、熲等送洛陽獄，及甫子永樂少府萌、沛相吉。球自臨考甫等，五毒備極。萌謂球曰：「父子既當伏誅，少以楚毒假借老父。」球曰：「若罪惡無狀，死不滅責，乃欲求假借邪？」……箠朴交至，父子悉死杖下。熲亦自殺。乃僵磔甫屍於夏城門，大署牓曰「賊臣王甫」。盡沒入財產，妻子皆徙比景。[21]

[19] 見同上，頁2498。

[20] 語見惠棟《後漢書補注》卷十七，1937年4月商務印書館（上海）國學基本叢書本，頁814。

[21] 見《後漢書》卷七十七，頁2499-2500。

夫奏誅宦官王甫等，不避權勢，誠為壯矣，惟謂球不當列之酷吏，則不可。
蓋甫父子之惡，誠有取死之道，倘其罪合滅族，則按刑律滅之可矣，而竟
於臨考之際，五毒備極，箠杖交至，使其悉死杖下，雖具剛正嫉惡之德，
亦不可謂非酷吏也。球所具者唯疾惡之虐情，而剛正之美德，則有闕焉。
同《傳》載球臨考甫等，甫子萌欲求假借，球不許，萌乃罵曰：

> 爾前奉事吾父子如奴，奴敢反汝主乎？今日困吾，行自及也！[22]

何焯《義門讀書記‧後漢書》云：

> 陽球方為程璜子壻，宜萌之抉其瑕也。[23]

錢大昕（1728-1804）《廿二史考異‧後漢書三》又云：

> 案：陽球誅王甫輩，雖快人意，然球本中常侍程璜女夫，又以私
> 憾蔡質，故飛章陷質、邕父子，王萌所云「事吾父子如奴」，殆非
> 誣也。《傳》曰：「無瑕者可以戮人。」[24]

陽球與蔡質、邕有隙事，具見《後漢書‧蔡邕傳》，而球之人品，亦可得
而見焉：

> 初，邕與司徒劉郃素不相平，叔父衛尉質，又與將作大匠楊（陽）
> 球有隙。球即中常侍程璜女夫也。璜遂使人飛章言邕、質數以私

---

22 見同上，頁2500。
23 見《義門讀書記》卷二十四，頁399。
24 見《廿二史考異》卷十二，2004年2月上海古籍出版社（上海），頁230。

事請託於郃，郃不聽，邕含隱切，志欲相中。……於是下邕、質
於洛陽獄……楊（陽）球使客追路刺邕，客感其義，皆莫為用。
球又賂其部主使加毒害，所賂者反以其情戒邕，故每得免焉。[25]

僅據《蔡邕傳》文，猶不足謂飛章陷質、邕事，必與陽球有密切關係。然
命客刺邕、賄賂部主，則明由球所主使。夫陷人於罪，其心已不可問，又
陰加謀害，必欲置人於死而後已，則其心術之卑劣，不待深辨，即可得知。
史載王甫斥球曰「爾前事吾父子如奴」，錢大昕以為並非誣語。球事宦官
之情狀雖不能確知，證以其平日行事人品，則錢氏之言，殆有根之論也。
如陽球者，欲弗廁諸酷吏之列，豈可得乎？

又《後漢書・酷吏王吉傳》云：

王吉……中常侍甫之養子也……吉少好誦讀書傳，喜名聲，而性
殘忍。以父秉權寵，年二十餘，為沛相。曉達政事，能斷察疑獄，
發起姦伏，多出眾議。課使郡內各舉姦吏豪人諸常有微過酒肉為
臟者，雖數十年猶加貶棄，注其名籍。專選剽悍吏，擊斷非法。
若有生子不養，即斬其父母，合土棘埋之。凡殺人者，皆磔屍車
上，隨其罪目，宣示屬縣。……周徧一郡乃止，見者駭懼。視事
五年，凡殺萬餘人。其餘慘毒刺刻，不可勝數。郡中惴恐，莫敢
自保。[26]

王吉之殘忍酷虐，乃讀史者所習知，而其人品之不足取，亦為論史者所同
然。史謂吉曉達政事，能斷察疑獄，發起姦伏，多出眾議，則亦所謂能吏

---

[25] 見《後漢書》卷六十下，頁2001-2002。按：「楊球」當作「陽球」。
[26] 見《後漢書》卷七十七，頁2501。

者。所可駭者，厥為：生子不養，則斬其父母；凡殺人者，皆礫屍車上，周徧一郡乃止；視事五年，凡殺萬餘人；是誠所謂酷能者，列之酷吏，理宜然矣。夫酷吏七人之人品，其中間有可取，而皆不足以知名於當世，所謂能而酷者也，故范曄合為一傳，冠曰《酷吏》。至吉本宦官養子，不附諸《王甫傳》末，則亦有故。蓋《酷吏傳》之後，即為《宦者傳》，吉為甫之養子，與閹豎之關係，極為密切，范氏廁諸酷吏六人之末，意或在乎是歟？況吉並非腐身熏子之徒，其生平行事種種，亦非數言可得而盡，附之於《宦者傳》，似非其倫。夫東漢宦者搆害明賢之跡，敗國蠹政之事，乃讀史者所深知，倘以吉附《王甫傳》之末，則人僅視為閹豎之酷虐，而不知閹豎黨類之酷虐，或有甚於閹豎也。范氏列吉於「酷吏」，殆欲昭其酷虐之情狀耳！

　　抑更有可論者，東漢一代，酷能之吏，豈僅七人？范曄別而擇之，僅得是數，則亦有故：如董宣、樊曄、李章三人，皆仕光武朝，周紆歷事明、章、和三帝，黃昌仕順帝朝，而陽球、王吉，則同見用於靈帝時。七人之中，人品以宣為最優，曄、章二人，政雖嚴猛，尚無過惡；紆、昌人品，皆有足資疵議者；球雖有誅戮宦官之功，其人品實無足取，上文已有考辨，今不再贅。吉廁六人之後，人品最劣，慘毒刺刻，不可勝數，誠酷吏中之尤酷者。是則東漢一代，臨民之吏，其忍苛之虐情，殆愈後而愈酷，而酷吏人品之卑劣，亦每下而愈況，於此亦可覘世變矣。

　　　　　　——原載《中國學人》第二期，新亞研究所（1970 年 9 月）

從東漢政權實質論其時帝室婚姻嗣續與外戚升降之關係

一 引言

　　東漢外戚擅權之史實，人所習知，舊史記述已詳，近人論著亦多涉及。然就外戚之升降，專用帝室婚姻及嗣續以為解釋，則尚未見有深措意者。至外戚親族姻故之休戚與共，諸帝嗣子之多寡有無，與夫當時舅權之尊重，是否亦與外戚升降有所關連？此則似為前人所未顯言。竊不自揣譾陋，爰就所知，鉤索綜合，撰為是文。凡所徵引，不出習見之書，間有臆測之見，固未可以信為定論，尤不敢自矜有所創獲，得發其覆，僅在備讀往籍者之遺忘，資治國史之商榷，未敢謂可補他人之所未逮也。

二 東漢政權實質與帝室婚姻

　　東漢政權之建立，乃以豪族為根柢，故光武左輔右弼，雲臺二十八將，多屬豪族出身，近世學人，論述頗詳。惟諸君所討論者，或為東漢一代之豪族 [1]，或為東漢政權之建立與士族大姓之關係 [2]。而今欲考辨者，則為東漢政權之實質及帝室與豪族之婚姻關係，其所著重，自為東漢外戚升降問題，故有關豪族種種，凡前人所已詳及者，雖與本篇相涉，亦僅擇其要點言之。惟本篇於東漢女后之出身，則不得不詳為考辨，亦不得不略舉史

---

[1] 參閱楊聯陞《東漢的豪族》，《清華學報》第十一卷第四期（1936年10月），後收入《東漢的豪族》一書，2011年12月商務印書館（北京），頁1-58。

[2] 參閱余英時《東漢政權之建立與士族大姓之關係》，《新亞學報》第一卷第二期，1956年2月新亞研究所（香港），頁209-280。

實，以為證明，其中所舉，間有不出前人所已徵引之範圍，但主旨既別，材料即同，諒亦可以免乎勦襲之譏歟？

1 東漢政權之實質

　　光武之得天下也，范曄（398-445）嘗總論其因曰：中興之業，誠艱難也，然敵無秦項之疆，人資附漢之思[3]。范氏所言當時之形勢固甚確切，惟其中有未盡之意，須為之指出者，厥為光武與豪族之關係。蓋兩漢之際，天下雲擾，群雄並起，班固（32-92）《漢書·敘傳》記當時之情勢云：大者連州郡，小者據縣邑[4]。薛瑩（？-282）《後漢記·光武帝紀》贊語亦云：王莽之際，天下雲亂，英雄並發，其跨州據郡僭制者多矣[5]。袁山松（？-401）《後漢書》又云：世祖以眇眇之胤，起白水之濱，身屈無妄之力，位與群豎，並列于時，懷璽者十餘，建旗者數百：高才者居南面，疾足者為王公。茫茫九州，瓜分鬩切[6]。則當時起事者，數不為不多矣。據楊守敬（1839-1915）《歷代輿地沿革險要圖》所載《前漢末割據圖》，可見當時起事武裝集團，類而別之，約凡十四，光武初興，較諸同時起者，並非最強，然起兵不數年，遂登帝位者，其故何在？曰：此豪族先後歸附之功也。范氏所謂「敵無秦項之疆」，乃屬比論之言。倘無光武後來之強，則敵方之弱，又庸可得見耶？若夫人心思漢，是誠然矣，故當時起兵群雄，每以劉氏舉號。良以劉氏舉號者多，則他人之所以卒敗，光武之終締大業者，又何也？曰：斯亦豪族先後歸附之功也。是則謂東漢政權之建立，乃以豪族為根柢，信不誣矣。而豪族政權與外戚干政二者，其間又有不可分

[3] 參閱《後漢書》卷十八《吳蓋陳臧傳·論》，1965年5月中華書局（北京）校點本，頁697。
[4] 參閱《漢書》卷一百上，1964年11月中華書局（北京）校點本，頁4207。
[5] 參閱周天游《八家後漢書輯注》，1986年12月上海古籍出版社（上海），頁285。
[6] 參閱同上，頁621。

割之關係，外戚干政，即豪族擅權之表現耳。茲試鉤稽史實，以證成其說焉。

　　光武南陽蔡陽人，高祖八世孫也，出自景帝子長沙定王發[7]。則光武之出身，宜為南陽豪族。《後漢書・酷吏董宣傳》云：

> （光武）為白衣時，臧亡匿死，吏不敢至門。[8]

吏不敢至門者，畏其勢也。又《後漢書・王常傳》云：

> 常心獨歸漢，乃稍曉其將帥曰：「……今南陽諸劉，舉宗起兵……。」[9]

既云諸劉舉宗起兵，則劉氏起事，乃有宗族為其奧援。若光武之兄縯，則尤為當地豪強之首。《後漢書・齊武王縯傳》云：

> 齊武王縯字伯升，光武之長兄也。……不事家人居業，傾家破產，交結天下雄俊。莽末，盜賊群起，南方尤甚，伯升召諸豪傑計議……於是分遣親客，使鄧晨起新野，光武與李通、李軼起於宛，伯升

---

[7] 《東觀漢記》卷一《世祖光武皇帝紀》云：「光武皇帝諱秀，高帝九世孫也。承文景之統，出自長沙定王發。」（見吳樹平《東觀漢記校注》卷一，1987年3月中州古籍出版社〔河南〕，頁1。）又《後漢書》卷一上《光武帝紀》云：「世祖光武皇帝……南陽蔡陽人，高祖九世孫也。」（見《後漢書》卷一，頁1。）錢大昕《廿二史考異》卷十云：「按：紀傳所述世數，多不一例。此紀光武為高祖九世孫。自高祖至光武九世，實八世孫也。」（2004年4月上海古籍出版社〔上海〕，頁183。）姚範《援鶉堂筆記》卷二十七《後漢書一》亦云：「按：高祖至光武始九世，不得云九世之孫。」（見《續修四庫全書》第1148冊「子部雜家類」，1995年上海古籍出版社〔上海〕影印本，頁657。）

[8] 見《後漢書》卷七十七，頁2490。

[9] 見《後漢書》卷十五，頁579。

> 自發舂陵子弟,合七八千人,部署賓客,自稱柱天都部。……王
> 莽素聞其名,大震懼……。[10]

夫劉縯必為地方豪強之首,然後乃可發舂陵子弟,部署賓客,而王莽亦得以素聞其名。至就下舉引文觀之,則縯之領導地位,尤為明顯。《後漢書‧齊武王縯傳》云:

> 諸將會議立劉氏以從人望,豪傑咸歸於伯升,而新市、平林將帥
> 樂放縱,憚伯升威明而貪聖公懦弱,先共定策立之。……伯升部
> 將宗人劉稷……聞更始立,怒曰:「本起兵圖大事者,伯升兄弟也,
> 今更始何為者邪?」[11]

是知劉縯兄弟,本受南陽豪強所擁戴,而縯之未得立者,則因新市、平林將帥詭謀有以致之。至東漢所謂開國功臣「雲臺二十八將」,則頗多出身西漢豪族,其中且擁有龐大之武力者,如《後漢書‧寇恂傳》云:

> 寇恂字子翼,上谷昌平人也,世為著姓……同門生茂陵董崇說恂
> 曰:「……昔蕭何守關中,悟鮑生之言而高祖悅。今君所將皆宗族
> 昆弟也,無乃當以前人為鏡戒。」[12]

寇恂世為著姓,其為豪族出身,不喻可知。若其所將宗族昆弟,人數必頗可觀,人眾則勢大,故董崇為之解說,以為宜自抑退,所以避讒人而遠怨禍也。又《後漢書‧岑彭傳》云:

---

[10] 見《後漢書》卷十四,頁549-550。
[11] 見同上,頁551-552。
[12] 見《後漢書》卷十六,頁620及622。

> 岑彭字君然，南陽棘陽人也。王莽時，守本縣長，漢兵起，攻拔
> 棘陽，彭將家屬奔前隊大夫甄阜。阜怒彭不能固守，拘彭母妻，
> 令效功自補。彭將賓客戰鬥甚力。[13]

史文明載岑彭既「將家屬」於前，又「將賓客」於後，則彭之為豪強也審
矣。又《後漢書・吳漢傳》云：

> 吳漢字子顏，南陽宛人也。……王莽末，以賓客犯法，乃亡命至
> 漁陽。資用乏，以販馬自業，往來燕、薊間，所至皆交結豪傑。[14]

吳漢早年雖貧，亦有賓客，其後以販馬自業，所至皆交結豪傑；則其所具
勢力，必頗可觀。又《後漢書・祭遵傳》云：

> 祭遵字弟孫，潁川潁陽人也。少好經書，家富給，而遵恭儉，惡
> 衣服。喪母，負土起墳。嘗為郡吏所侵，結客殺之。[15]

既能結客殺郡吏，豈徒家貲富給所可為力？祭遵於當地必有相當勢力，此
顯然而易知。又《後漢書・劉植傳》云：

> 劉植字伯先，鉅鹿昌城人也。王郎起，植與弟喜、從兄歆率宗族
> 賓客，聚兵數千人據昌城。聞世祖從薊還，迺開門迎世祖……。[16]

---

13 見《後漢書》卷十七，頁653。
14 見《後漢書》卷十八，頁675。
15 見《後漢書》卷二十，頁738。
16 見《後漢書》卷二十一，頁760。

上文最可注意者，為「率宗族賓客，聚兵數千人」二語，倘非豪族，能臻是乎？又《後漢書‧耿純傳》云：

> 耿純字伯山，鉅鹿宋子人也。……軼奇之，且以其鉅鹿大姓，迺承制拜為騎都尉……會王郎反，世祖自薊東南馳，純與從昆弟訢、宿、植共率宗族賓客二千餘人，老病者皆載木自隨，奉迎於育。[17]

耿氏為鉅鹿大姓，李軼承制拜為騎都尉，殆欲有以籠絡之耳。若其宗族賓客，數凡二千餘人，則其為豪族也明矣。其他不在二十八將之數，而出身於豪族者，亦頗不少；姑舉兩例，以概其餘。

《後漢書‧馮勤傳》云：

> 馮勤字偉伯，魏郡繁陽人也。曾祖父揚，宣帝為弘農太守。有八子，皆為二千石。趙魏間榮之，號曰「萬石君」焉。……（勤）初為太守銚期功曹……期常從光武征伐，政事一以委勤。勤同縣馮巡等舉兵應光武，謀未成而為豪右焦廉等所反，勤乃率將老母兄弟及宗親歸期。期悉以為腹心，薦於光武。[18]

馮氏宗族之盛烈，據上節引文即可見之。馮勤所將兄弟及宗親，人數雖不可確知，諒亦頗在不少。又《後漢書‧王丹傳》云：

> 王丹字仲回，京兆下邽人也。……家累千金，隱居養志，好施周

---

[17] 見同上，頁761-762。

[18] 見《後漢書》卷二十六，頁909。

急。……會前將軍鄧禹西征關中，軍糧乏，丹率宗族上麥二千斛。[19]

王丹家累千金，又可率宗族上麥於鄧禹，其為豪族出身，理可知矣。參證
上舉諸節史料，可見光武之武裝集團，乃由豪族鳩合而成，而其政權之建
立，性質實以豪族為中心，即所謂豪族政權是也[20]。且光武集團中之分子，
固不僅限普通強宗大姓而已，其中不乏士族階級，諳習儒術，此尤為其他
起事集團所不及[21]。惟此與本文論旨無大關係，姑不申論。抑更有可論者，
即東漢豪族政權與外戚干政二者，其間果有關涉之處耶？茲取史料互相參
證，以討論此問題焉。

2 帝室婚姻與外戚之升降

劉氏兄弟之初起也，其中分子，不乏婚姻黨與，非僅限於同姓族人而
已。如《漢書・王莽傳下》云：

> （王莽）大赦天下，然猶曰：「故漢氏春陵侯群子劉伯升與其族人
> 婚姻黨與，妄流言惑眾，悖叛天命……。」[22]

斯其證也。其後光武集團勢力漸盛，蓋由豪族先後歸附有以致之。豪族之
所以肯來歸者，其故非一，惟光武屢藉婚姻關係以資維繫，則絕無可疑。
如袁宏（328-376）《後漢紀・光武皇帝紀》云：

---

[19] 見《後漢書》卷二十七，頁930-931。

[20] 本節內容，大體不出楊聯陞及余英時所已論述之範圍（參閱註1及註2），惟東漢政權之
實質與本篇下文所論極有關係，故不憚辭費，略加申述。

[21] 參閱趙翼《廿二史劄記》卷四「東漢功臣多近儒」條，王樹民《廿二史劄記校證》，2001
年12月中華書局（北京），頁90-91。

[22] 見《漢書》卷九十九下，頁4180-4181。

> 新野人鄧晨，字偉卿，家富於財……世祖與之善，以姊妻
> 之……。[23]

又《後漢書・鄧晨傳》云：

> 鄧晨字偉卿，南陽新野人也。世吏二千石。父宏，豫章都尉。晨
> 初娶光武姊元。……及漢兵起，晨將賓客會棘陽。[24]

鄧晨家富於財，且世吏二千石，其為豪族，可無疑問。及漢兵起，晨將賓
客歸附光武，使非早有婚姻關係，晨恐未必肯來歸也。又《後漢書・賈復
傳》云：

> 賈復字君文，南陽冠軍人也。……時下江、新市兵起，復亦聚眾
> 數百人於羽山，自號將軍。更始立，乃將其眾歸漢中王劉嘉，以
> 為校尉。[25]

賈復力能聚眾，則非無勢力者可比。同《傳》又云：

> 及光武於柏人，因鄧禹得召見。……復傷創甚。光武大驚曰：「我
> 所以不令賈復別將者，為其輕敵也。果然，失吾名將。聞其婦有孕，
> 生女邪，我子娶之，生男邪，我女嫁之，不令其憂妻子也。」[26]

---

23 見《後漢紀》卷一，《兩漢紀》下冊，2002年6月中華書局（北京），頁1-2。
24 見《後漢書》卷十五，頁582-583。
25 見《後漢書》卷十七，頁664。
26 見同上，頁665。

據此推論，謂光武欲藉嫁娶以獎勉賈氏，恐非臆度之言而已。是則籠制豪族之道，其法非一，然互通婚姻，宜亦可見成效。惟僅此一例，尚未足以抉發光武之用心，茲更舉史例以證實鄙說焉。《後漢書‧劉植傳》云：

> 時真定王劉揚起兵以附王郎，眾十餘萬，世祖遣植說揚，揚迺降。世祖因留真定，納郭后，后即揚之甥也，故以此結之。迺與揚及諸將置酒郭氏漆里舍，揚擊筑為歡，因得進兵拔邯鄲，從平河北。[27]

光武之納郭氏，以其為劉揚之甥也。揚擁眾凡十餘萬，聲勢之盛，非普通豪族可比。光武欲藉其兵眾以破王郎，平河北，故不得不以婚姻關係結納之。至郭后之出身，自為著姓豪族，《後漢書‧郭皇后紀》載之甚審：

> 光武郭皇后諱聖通，真定槁人也。為郡著姓。父昌，讓田宅財產數百萬與異母弟……娶真定恭王女，號郭主，生后及子況。[28]

郭昌曾讓田宅財產數百萬與其弟，又可與真定恭王通婚，使非豪族，寧至是乎！夫光武之示恩賈復，與納郭氏以結劉揚，乍視之，似為二事，迥不相關，惟細就史文推考，則此二事，實皆有籠絡豪族之用心；藉豪族以成其業，誠可謂光武起事以來，所施行之一貫策略也。如光武之納陰麗華，雖謂心悅其美 [29]，惟其籠絡之用心，恐亦有所存焉。考西漢宣帝時，有陰子方者，為光武陰皇后曾祖 [30]，暴至巨富，田有七百餘頃，輿馬僕隸，比

---

27 見《後漢書》卷二十一，頁760。

28 見《後漢書》卷十上，頁402。

29 參閱《後漢書》卷十上《陰皇后紀》，頁405。

30 參閱《東觀漢記‧陰皇后傳》，吳樹平《東觀漢記校注》卷六，頁189。

於邦君[31]。則西漢之世,陰氏已為豪族矣。又《後漢書・陰識傳》云:

> 陰識字次伯,南陽新野人也⋯⋯秦漢之際,始家新野。及劉伯升
> 起義兵,識時游學長安,聞之,委業而歸,率子弟、宗族、賓客
> 千餘人往詣伯升。伯升廼以為校尉。更始元年(23),遷偏將軍⋯⋯
> 二年(24),更始封識陰德侯,行大將軍事。建武元年(25),光
> 武遣使迎陰貴人於新野,並徵識。識隨貴人至,以為騎都尉,更
> 封陰鄉侯。[32]

陰識有子弟、宗族、賓客凡千餘人,其為豪族,不喻可知。識其初固附於
伯升,迨更始即位,伯升橫遭誅滅,則識已為更始之臣屬,尋且貴為陰德
侯,行大將軍事。然其後識卒應光武之徵,其故何在?上引史文明謂「識
隨貴人至」,是則識倘非光武姻戚,其果肯應召來歸與否,殊未可料也。
案光武納陰氏於宛當成里,時維更始元年(23)六月[33],方是時也,陰識
位居更始之偏將軍,而光武猶未得勢。識雖嘗為伯升部屬校尉,然更始誅
伯升而擢識之名位,其中安撫之心意,昭然易睹。蓋處當日群雄競起之情
勢,豪族之武裝力量,每為起事爭勝之資本,故更始與光武,不得不各有
維繫豪族之政策。光武之與陰氏通婚,其故誠未可以限於一端,惟謂其中
並無籠絡豪族之用心,恐與史事之本真未相符會也。史云陰氏既為外戚,
封侯者凡四人。陰就子豐尚光武女酈邑公主[34],陰躬弟子綱女,亦為和帝
皇后[35],可謂盛矣。

---

[31] 參閱《後漢書》卷三十二《陰興傳》,頁1133。

[32] 見同上《陰識傳》,頁1129-1130。

[33] 參閱《後漢書》卷十上《陰皇后紀》,頁405。

[34] 參閱《後漢書》卷三十二《陰興傳》,頁1132-1133。

[35] 參閱同上《陰識傳》,頁1130。

抑又須加辨明者，斯即建武十七年（41），郭后以衰離見貶，恚怨成尤，而猶恩加別館，增寵黨戚 [36]，其中原委，甚可注意，有可得而申論者也。茲先節錄史文如下，以見光武加恩增寵郭氏之措施焉。《後漢書・郭皇后紀》云：

（建武）十七年（41），遂廢（郭后）為中山王太后，進后中子右翊公輔為中山王，以常山郡益中山國。徙封況大國，為陽安侯。后從兄竟，以騎都尉從征伐有功，封為新郪侯，官至東海相。竟弟匡為發干侯，官至太中大夫。后叔父梁，早終，無子。其婿南陽陳茂，以恩澤封南縊侯。二十年（44），中山王輔復徙封沛王，后為沛太后。況遷大鴻臚。帝數幸其第，會公卿諸侯親家飲燕，賞賜金錢縑帛，豐盛莫比，京師號況家為金穴。二十六年（50），后母郭主薨，帝親臨喪送葬，百官大會，遣使者迎昌喪柩，與主合葬，追贈昌陽安侯印綬，謚曰思侯。……帝憐郭氏，詔況子璜尚涅陽公主，除璜為郎。[37]

光武所悅者為陰氏而非郭氏，而郭、陰同為豪族，就社會勢力言，二者雖可頡頏，惟於光武言之，則不能無所軒輊。光武既無所愛於郭氏，納之僅欲厚結劉揚，故郭氏黜廢於大業締定之後，宜在情理之內，無足詫怪 [38]。然其中亦有可堪注意者，其事為郭后黜廢以後，光武仍不斷加恩增寵於郭氏，何也？倘云郭后本無罪，故加恩增寵不絕，其言恐非切至。意者光武加恩郭氏之目的，與其初之納郭氏並無殊異，質言之，亦欲有以維繫之耳。

---

36 參閱《後漢書》卷十上《郭皇后紀・論》，頁405。

37 見《後漢書》卷十上，頁403。

38 何焯《義門讀書記》卷二十一《後漢書》云：「光武初納郭后，本以結劉揚，出於權計，非由嘉耦，故不終厥位。」（1987年6月中華書局〔北京〕，頁362。）

蓋郭氏皇后之位，雖已由陰氏所替代，然其宗族勢力，仍未可輕，故光武
一則以陰識輔導東宮，守執金吾[39]，同時又不斷加恩增寵郭氏，所以防患
非常而又示其安撫之意云爾[40]。《後漢書・郭皇后紀》又云：

> 顯宗即位，況與帝舅陰識、陰就並為特進，數授賞賜，恩寵俱渥。
> 禮待陰、郭，每事必均。永平二年（59），況卒，贈賜甚厚，帝親
> 自臨喪，諡曰節侯，子璜嗣。元和三年（86），肅宗北巡狩，過真
> 定，會諸郭，朝見上壽，引入倡飲甚歡，以太牢具上郭主冢，賜
> 粟萬斛，錢五十萬。永元初，璜為長樂少府，子舉為侍中，兼射
> 聲校尉。[41]

由明、章二帝繼續加恩郭氏之史實觀之，益證東漢君主對郭氏之用心，並
非徒屬心憐而已。明乎東漢政權之豪族實質，與夫籠制豪族之重要，然後
諸帝加恩郭氏黨戚之疑問，方可以豁然通解。故自光武以降，東漢帝室每
藉通婚以為籠絡豪族之手段，其因亦殆在是。雖然，籠絡豪族之道，固非
僅限通婚一事，如示以非常恩寵，厚其賞賜，遇以隆典，往往亦足以詣其
目的。惟帝室與豪族通婚，無疑為爭取豪族擁戴帝室之有效方法，故凡確
有實力之豪族，光武每以婚姻關係相結，明帝而下，其揆一也。是以東漢
所納皇后，多屬豪族出身，徵之於史，信非虛妄。《後漢書・皇后紀序》
云：

---

[39] 參閱《後漢書》卷三十二《陰識傳》，頁1130。

[40] 王夫之《讀通鑑論》卷六云：「東海雖賢，郭況雖富而自逸，光武不能自信，周旋東海
而優郭氏，皆曲意以求安，非果有鳲鳩之仁也。於是日慮明帝之不固，而倚陰氏以為之
援……。」（1975年7月中華書局〔北京〕，頁177。）

[41] 見《後漢書》卷十上，頁403-404。

> 漢法常因八月算人，遣中大夫與掖庭丞及相工，於洛陽鄉中閱視
> 良家童女，年十三以上、二十已下，姿色端麗，合法相者，載還
> 後宮，擇視可否，乃用登御。[42]

此東漢選納之制也。既云閱視「良家」，可知所選必非寒素者。然則外戚
之家，果多為豪族乎？證以《後漢書・皇后紀》所載諸后及貴人，十九出
身豪族，且其母有屬公主者，是可信也。夫互通婚姻，其事自帝室言之，
則為護持國祚之一貫政策，自豪族方面言之，則不過為爭取操持中央政柄
之資本。由是推論，謂東漢帝室與豪族之間，其關係往往藉婚姻以資維繫，
諒非穿鑿武斷之言也。茲更就諸后出身，鉤稽史料，以論析東漢帝室與豪
族之婚姻關係。

　明帝馬皇后，援之女也。《後漢書・馬援傳》云：

> 馬援字文淵，扶風茂陵人也。其先趙奢為趙將，號曰馬服君，子
> 孫因為氏。武帝時，以吏二千石自邯鄲徙焉。曾祖父通，以功封
> 通合侯……援三兄況、余、員，並有才能，王莽時皆為二千石。……
> （援）為郡督郵，送囚司命府……哀而縱之，遂亡命北地。遇赦，
> 因留牧畜，賓客多歸附者，遂役屬數百家。……因處田牧，至有
> 牛馬羊數千頭，穀數萬斛。[43]

據此節引文而觀，馬氏之為豪族，無待辭費。《後漢書・馬皇后紀》又云：

> 援征五溪蠻，卒於師，虎賁中郎將梁松、黃門侍郎竇固等譖之，

42　見同上，頁400。
43　見《後漢書》卷二十四，頁827-828。

由是家益失埶，又數為權貴所侵侮。后從兄嚴不勝憂憤，白太夫
人絕竇氏婚，求進女掖庭。……永平三年（60）春……遂立為皇
后。[44]

「家益失埶」云云，乃指政治地位言，非謂馬氏宗族，已淪為寒素之家也。
馬氏之得立為后，太后陰氏頗有力焉，此於下文將加辨析，於茲暫不置論。
然其關鍵所繫，恐仍視馬氏為豪族與否以作先決之條件。又其中馬嚴白太
夫人求進女掖庭一事，頗堪注意。察嚴之用心，謂非欲藉是以謀馬氏宗族
政治勢力之復興，安可得其實乎？馬嚴，后從兄也，由其不惜絕竇氏婚，
則當時權貴怙勢凌迫之情，必頗可觀，而進女掖庭之策，亦由嚴所決定，
是知凡一族中之分子，其利害安危，實交結而不可分。或問：馬后既立，
嚴乃閉門自守，猶復慮致譏嫌，遂更徙北地，斷絕賓客[45]，何也？對曰：
嚴之所為，亦有說焉。史云「慮致譏嫌」，斯其故歟？夫嚴之用心，乃在
求馬氏宗族之復興，其間自有私意存焉，故不得不遠徙絕客，以文飾其私
意。其後馬后敕嚴使移居洛陽，明帝召見，頗加榮寵[46]。試持此與廖、防
諸《傳》所載馬氏之隆盛侈縱互相參證[47]，則馬氏興復宗族之心意，乃彰
然而明矣。《後漢書》馬援等《傳》之贊語曰：

　　明德既升，家祚以興。[48]

則范曄已揭馬氏之用心，明載之於史籍。據是，益可證明東漢帝室與豪族

---

[44] 見《後漢書》卷十上，頁408-409。

[45] 參閱《後漢書》卷二十四《馬嚴傳》，頁859。

[46] 參閱同上。

[47] 參閱同上《馬廖、馬防傳》，頁853-858。

[48] 見同上，頁863。

之婚姻關係，其實質有如是者。

　　章帝竇皇后，融之曾孫，東海恭王彊女沘陽公主之長女也。《後漢書·竇融傳》云：

> 竇融字周公，扶風平陵人也。七世祖廣國，孝文皇后之弟，封章武侯。融高祖父，宣帝時以吏二千石自常山徙焉。……王莽居攝中，為強弩將軍司馬……以軍功封建武男。女弟為大司空王邑小妻。家居長安，出入貴戚，連結閭里豪傑，以任俠為名。[49]

則西漢之世，竇氏已為豪族。同《傳》又云：

> 及更始敗……咸以融世任河西為吏，人所敬向，乃推融行河西五郡大將軍事。……及隴蜀平，詔融與五郡太守奏事京師，官屬賓客相隨，駕乘千餘兩，馬牛羊被野。……引見，就諸侯位，賞賜恩寵，傾動京師。數月，拜為冀州牧，十餘日，遷大司空。[50]

所載賞賜之厚，封拜之隆，可謂至矣。所以然者，融為豪族故也。考融當日之勢力，於諸豪族中，殆屬最強，故光武籠絡不遺餘力，恩寵之盛，京師為之傾動。然則光武果以婚姻關係維繫竇氏耶？證諸《後漢書·竇融傳》，信不誣也：

> 融長子穆，尚內黃公主……穆子勳，尚東海恭王彊女沘陽公主。（融弟）友子固，亦尚光武女涅陽公主。……竇氏一公、兩侯、三公

---

[49] 見《後漢書》卷二十三，頁795。

[50] 見同上，頁797及頁807。

主、四二千石，相與並時。自祖及孫，官府第邸相望京邑，奴婢
以千數，於親戚、功臣中莫與為比。[51]

倘明乎東漢豪族政權之本質，與夫帝室籠絡豪族之一貫政策，則光武以竇
氏三子尚三公主，其用心所在，不待解釋，自可瞭然。又據《後漢書‧竇
融傳》載：融在宿衛十餘年，年老，子孫縱誕多不法。其子穆等以封在安
豐，欲令姻戚悉據故六安國，遂矯稱陰太后詔令六安侯劉盱去婦，因以女
妻之。其後事覺，又坐賂遺小吏，郡捕繫，與子宣俱死平陵獄，勳亦死洛
陽獄[52]。案竇氏之衰敗，雖謂與東漢初年抑壓豪族之措施頗有關連，惟其
得罪之由，亦屬咎由自取。顧其中可堪注意者，厥為竇穆不惜矯詔令劉盱
去婦，因以女妻之一事。是知東漢帝室，固常用婚姻以為籠制豪族之政策，
而豪族亦每藉婚姻關係，以為擴展宗族勢力之手段；觀上文所述史實，即
可得而推知。穆、勳得罪以後，竇家誠已廢壞，惟百足之蟲，死而不僵，
恐其宗族之勢力，於地方仍有留存，故東漢帝室之於竇氏，仍維持若即若
離之態度，如穆之從弟固，少以尚涅陽公主為黃門侍郎，坐穆有罪，廢於
家十餘年。明帝十五年（72）冬，以固明習邊事，拜為奉車都尉。章帝即
位，加號涅陽公主為長公主，增邑三千戶，徵固代魏應為大鴻臚[53]。據是，
可見竇氏中人，明帝時已復為朝廷所重用，洎乎章帝之世，竇氏復盛。史
云建初二年（77），竇后與女弟俱以選例入見長樂宮，三年（78），遂立為
皇后，妹為貴人。同年，竇固代馬防為光祿勳，明年，復代馬防為衛尉[54]。
竇憲由郎稍遷侍中、虎賁中郎將，弟篤為黃門侍郎。兄弟親幸，並侍宮省，

---

[51] 見同上，頁808。
[52] 參閱同上。
[53] 參閱《後漢書》卷二十三《竇固傳》，頁809-811。
[54] 參閱《後漢書》卷十上《竇皇后紀》，頁415及同書卷二十三《竇固傳》，頁811。

賞賜累積，寵貴日盛，自王主及陰馬諸家，莫不畏憚[55]。其興盛之速，享祿之隆，倘非豪族，能至是乎？又據《後漢書・馬嚴傳》云：

> （嚴）言於帝曰：「……竇勳受誅，其家不宜親近京師。」是時勳女為皇后，竇氏方寵，時有側聽嚴言者，以告竇氏兄弟，由是失權貴心。[56]

夫竇勳得罪應誅，未及服刑而先死洛陽獄，其事去當時原未甚遠，乃人人所習知。章帝雖非察察為明，亦非昏庸之主，豈不知竇家之「不宜親近京師」耶？惟帝室既以籠絡豪族為其一貫政策，則其加恩示寵之舉措，自以豪族之勢力為其權衡標準。證以竇憲枉奪沁水公主田一事，章帝雖比之指鹿為馬，且斥之為孤雛腐鼠，然終不繩其罪[57]。論史者或以為竇氏所恃者，乃宮闈之勢，然竇氏倘非具有相當實力之豪族，則憲雖以田還主，竇后為毀服深謝[58]，恐章帝亦須論其罪也。且猶須抉而出之者，厥為竇后與女弟俱以例選入見長樂宮一事。夫東漢選納之制，既遣中大夫與掖庭丞及相工閱視良家，則豪族欲謀其女中選，自易聯絡主者，甚或予以賄賂。（參見下文何氏以金帛賂遺主者事）故竇勳雖已得罪，而其二女仍得以例入選，其中關鍵，史籍雖乏明文，然其理實可以推繹而知者也。又桓帝竇皇后，章德皇后從祖弟之孫女也。父武，為融玄孫。則其出身豪族，不喻可知。據《後漢書・竇皇后紀》載：桓帝延熹八年（165），鄧皇后廢，后以選入掖庭為貴人。其冬，立為皇后，而御見甚希[59]。竇皇后之立，並不由寵，

---

[55] 參閱《後漢書》卷二十三《竇憲傳》，頁812。

[56] 見《後漢書》卷二十四，頁861。

[57] 參閱《後漢書》卷二十三《竇憲傳》，頁812。

[58] 參閱同上。

[59] 參閱《後漢書》卷十下，頁4450。

其中因素，固非一端，下文將予考辨，今暫不加討論，惟就東漢豪族政權
之實質言，則竇后以選入掖庭，其中不無帝室籠絡豪族之用心，而其所得
立為后，蓋亦有竇氏宗族勢力為其影響。是則東漢帝室與豪族之婚姻關
係，其實質若何，即就竇后立不由籠一例，可以得而明矣。

　　和帝鄧皇后，鄧禹之孫也。父訓，護羌校尉；母陰氏，光烈皇后從弟
女也[60]。然則鄧氏者，亦為豪族乎？《後漢書‧鄧禹傳》云：

> 鄧禹字仲華，南陽新野人也。年十三，能誦詩，受業長安。時光
> 武亦游學京師，禹年雖幼，而光武知非常人，遂相親附。[61]

鄧禹出身士族，較諸富而多客之豪族，自有殊異，然年十三，即能誦詩，
又可受業長安，則其必非寒素者矣。且禹夙為光武所親附，又屬開國功臣，
功業彪炳，封賞自厚，降至明帝，已演而為豪族矣。如建武十三年（37），
天下平定，光武定封禹為高密侯。中元元年（56），復行司徒事。明帝即
位，拜為太傅。永平元年（58），薨，謚曰元侯。帝分禹封為三國：長子
震為高密侯，襲為昌安侯，珍為夷安侯。禹少子鴻，有功，徵行車騎將軍[62]。
明帝分禹封為三國，殆與東漢開國之策略有關，蓋必須削弱功臣之勢力，
然後乃可中央集權。而另一方面，帝室亦以婚姻關係籠絡鄧氏，此昭然而
易睹。如高密侯震卒，子乾嗣。乾尚明帝女沁水公主。乾卒，子成嗣。成
卒，子褒嗣。褒尚安帝妹舞陽公主。昌安侯襲嗣子藩，亦尚明帝女平皋長
公主[63]。鄧氏一門，凡尚三公主，豈偶然哉！按和帝鄧皇后，其父訓，為

---

[60] 參閱《後漢書》卷十上《鄧皇后紀》，頁418。

[61] 見《後漢書》卷十六，頁599。

[62] 參閱同上，頁605。

[63] 參閱同上，頁606。

禹第六子 [64]。禹曾孫香之女，亦為桓帝后 [65]。則帝室與鄧氏之婚姻關係，誠密切而無間，倘謂與帝室籠絡豪族之一貫政策全無干連，非審確矣。又史書載：鄧氏自中興後，累世寵貴，凡侯者二十九人，公二人，大將軍以下十三人，中二千石十四人，列校二十二人，州牧、郡守四十八人，其餘侍中、將、大夫、郎、謁者不可勝數，東京莫與為比 [66]。其宗族之貴盛，誠有可觀。究其貴盛之由，果何在乎？讀者史倘徒知禹之為開國功臣、鄧后之以女主臨朝，而忽乎鄧氏具有豪族之勢力，與夫帝室與豪族之婚姻實質，則於東漢政治史上之真相，其所瞭解者，仍有未達一間也。

安帝閻皇后，暢之女也。祖父章，永平中為尚書，以二妹為貴人。后有才色，元初元年（114），以選入掖庭 [67]。試參證前文所述選納之制，可知閻氏必出身於良家，其宗族雖非豪雄，亦絕非寒素者。惟閻氏宗族於安帝前之勢力若何？史籍並無明文，意殆不及前述郭、陰、馬、竇、鄧諸家。今考鄧太后崩前六年，閻后嘗害宮人李氏，時鄧氏宗族猶未得勢，安帝仍未親政也 [68]。可見閻氏當時之勢力，雖不足與鄧氏相較，疑亦頗有可觀。又《後漢書・閻皇后紀》載：鄧太后崩，安帝始親政，閻顯及弟景、耀、晏並卿校，典禁兵。又云：太后臨朝，閻氏兄弟權要，威福自由 [69]。則安帝親政前，閻氏不免受鄧氏之抑壓，然鄧太后崩，閻氏兄弟頗與朝權，及閻太后臨朝，權勢更盛，則閻氏已進而為勢力龐大之豪族矣。夫史籍所載，書闕有間，未足以考見帝室於安帝親政前，有無籠絡閻氏宗族之用心，且未足以肯定閻於安帝前，是否即為具有龐大勢力之豪族，惟其中不容否認

---

[64] 參閱《後漢書》卷十六《鄧訓傳》，頁607。

[65] 參閱《後漢書》卷十六《鄧騭傳》，頁612。

[66] 參閱同上，頁619。

[67] 參閱《後漢書》卷十下《閻皇后紀》，頁435。

[68] 參閱同上，頁435-436。

[69] 參閱同上，頁436-437。

者，厥為閻后之出身，本屬良家，再證以害李宮人一事，則其時宜已具有相當之實力。若其隆盛，所憑藉者，即因閻后之得選入掖庭。是則其後閻氏兄弟以外戚干政，雖謂與典兵宿衛有關，使無與帝室互通婚姻之關係，又焉克臻乎是？約而言之，閻氏宗族勢力之發展，或在安帝親政之先，而其成為勢力龐大之豪族，乃在安帝親政之後。由是推繹，謂閻太后臨朝時，其兄弟以外戚干政，即豪族干政之表現，則不但未有掩卻東漢政治史上之真相，且亦與本文論旨相符會也。

順帝梁皇后，商之女，恭懷皇后弟之孫也。順帝崩，桓帝即位，梁太后臨朝。商子冀以大將軍輔政[70]。史書載西漢之世，梁氏即以貲十萬徙茂陵[71]。足證其為豪族。案梁商之曾祖，乃為梁統，《後漢書·梁統傳》云：

> 更始二年（24），召（統）補中郎將，使安集涼州，拜酒泉太守。會更始敗，赤眉入長安，統與竇融及諸郡守起兵保境，謀共立帥。初以位次，咸共推統，統固辭……遂共推融為河西大將軍，更以統為武威太守。[72]

梁統與竇融同起兵保境，其位次且在融上，則其勢力，自足與竇氏相埒。其後竇、梁二氏，咸歸光武，此光武籠絡之功也。光武以婚姻關係籠絡竇氏，使為己用，前文已有述論，然則光武亦以婚姻關係籠絡梁氏，一若其施諸竇氏者乎？證以史籍所載，殆非臆測之詞也。《後漢書·梁松傳》云：

> 松字伯孫，少為郎，尚光武女舞陽長公主，再遷虎賁中郎將。……

---

[70] 參閱《後漢書》卷十下《梁皇后紀》，頁438-439。
[71] 參閱《後漢書》卷三十四《梁統傳》，頁1165。
[72] 見同上。

> 光武崩，受遺詔輔政。[73]

梁松為統之嗣子，光武以公主尚之，又使其受遺詔輔政，意其用心，乃在藉豪族之勢力，以維護其嗣續而已。梁氏倘非具有相當實力，又安可肩輔政之重任哉！降至章帝，籠絡豪族之政策，亦因之而弗改，故章帝納松弟竦之二女，皆為貴人。及後小貴人生和帝，竇皇后養為己子，恐梁氏得志，終為己害，遂譖殺二貴人，而陷竦等以惡逆[74]。其中原委，頗與帝室續嗣及外戚勢力問題相牽涉，下文將有考論，茲暫不加申述。又據《後漢書‧梁商、梁冀傳》載：

> 商字伯夏，雍之子也。……永建元年（126），襲父封乘氏侯。三
> 年（128），順帝選商女及妹入掖庭……陽嘉元年（132），女立為
> 皇后，妹為貴人。……及帝崩，沖帝始在襁褓，太后臨朝。[75]

梁雍，竦之子也。竦受竇氏構陷，宗族勢力誠有挫折，惟竇太后崩，和帝即徵還竦妻子，封子棠為樂平侯，棠弟雍乘氏侯，雍弟翟單父侯，邑各五千戶，位皆特進，賞賜第宅奴婢車馬兵弩雜物以巨萬計，寵遇光於當世。諸梁內外親疏並以補郎、謁者[76]。則梁氏宗族，已復隆於斯世矣。是以順帝之選商女及妹入掖庭，固可謂帝室有意籠絡梁氏，而梁氏亦藉是以加強干政之資本；二者相結之現象，即以聯姻關係出之。茲更舉述史實，以明帝室與梁氏之婚姻實質焉。《後漢書‧梁皇后紀》云：

---

[73] 見《後漢書》卷三十四，頁1170。

[74] 參閱《後漢書》卷三十四《梁竦傳》，頁1172。

[75] 見《後漢書》卷三十四，頁1175及1179。

[76] 參閱《後漢書》卷三十四《梁竦傳》，頁1175。

> 桓帝懿獻梁皇后諱女瑩，順烈皇后之女弟也。帝初為蠡吾侯，梁
> 太后徵，欲與后為婚，未及嘉禮，會質帝崩，因以立帝。……建
> 和元年（147）六月始入掖庭，八月立為皇后。時太后秉政而梁冀
> 專朝，故后獨得寵幸，自下莫得進見。[77]

梁太后徵蠡吾侯，欲與女弟為婚，乃東漢豪族與帝室中人相結之常有手
段。會梁冀鴆殺質帝，太后遂與冀定策禁中，使冀持節以王青蓋車迎帝入
南宮，即皇帝位，是為桓帝[78]。則桓帝之立，乃藉梁氏為其奧援，其後梁
太后女弟得立為后，自亦勢所必然。而梁氏之尊顯，亦窮極滿盛，威行內
外。一門前後七封侯，三皇后，六貴人，二大將軍，夫人、女食邑稱君者
七人，尚公主者三人，其餘卿、將、尹、校五十七人[79]。此可見帝室與豪
族之間，其婚姻實質，確有利害因素存焉。

靈帝何皇后，家本屠者，以選入掖庭；光和三年（180），立為皇后。
何皇后之得以當選入宮，乃以金帛賂遺主者[80]，則其家貲之富，必頗可觀。
又據《後漢書‧何進傳》引蹇碩與趙忠等書云：

> 中常侍郭勝，進同郡人也，太后及進之貴幸，勝有力焉，故勝親
> 信何氏……。[81]

可知何氏不徒家富貲財，且又能與宮掖中人相結，當亦具有相當勢力。是

---

[77] 見《後漢書》卷十下，頁443-444。
[78] 參閱《後漢書》卷七《桓帝紀》，頁287及同書卷三十四《梁冀傳》，頁1179。
[79] 參閱《後漢書》卷三十四《梁冀傳》，頁1185。
[80] 參閱《後漢書》卷十下《何皇后紀》及李賢等注，頁449。
[81] 見《後漢書》卷六十九，頁2284。按：袁宏《後漢紀》卷二十五《靈帝紀下》郭勝作郭
脈，頁494。

則何氏雖本屠者，亦地方之豪家矣。當時帝室有無籠絡何氏之意，史文隱晦，未能確知，然何氏不惜賂遺主者，又藉中常侍之力，使后得以中選入掖庭，其用心所在，蓋亦欲由是干與政事，隆興宗族耳。故皇后何氏方立，即徵進為侍中、將作大匠、河南尹。黃巾賊起，則以進為大將軍，封慎侯。洎何太后臨朝，進與太傅袁隗輔政，錄尚書事[82]。據是推論，謂何氏實藉乎聯姻帝室之關係，而得榮寵，位居重權，信不誣也。由何氏之例，亦足證明當時帝室與豪族之婚姻關係，其實質為何如。

獻帝伏皇后，大司徒湛之八世孫也。興平二年（195），立為皇后[83]。按伏湛九世祖勝，所謂濟南伏生也。湛高祖父孺，武帝時，客授東武，因家焉。父理，為當世名儒。湛少傳父業。光武即位，拜為司直，行大司徒事[84]。是則伏氏一門，乃為名儒士族，光武之所以優禮伏湛，高其位置，實亦與此有關。蓋尊經崇儒，偃武修文，亦治術之一端也。且湛之於青、徐二州，亦頗具有威望，《後漢書・伏湛傳》云：

> 賊徐異卿等萬餘人據富平，連攻之不下，唯云願降司徒伏公。帝知湛為青、徐所信用，遣到平原，異卿等即日歸降，護送洛陽。[85]

故東漢帝室之於伏氏，寵遇頗隆，建武三年（27），湛竟得代鄧禹為司徒。而伏氏與帝室之間，亦有婚姻關係存焉。如順帝之世，以伏晨女孫為貴人。晨曾孫完，亦尚桓帝女陽安長公主。完女為獻帝皇后[86]。惟伏氏雖屬名儒士族之家，究與具有實力之豪強頗相殊別，故獻帝之世，伏完雖為外戚，

---

82 參閱《後漢書》卷六十九，頁2246及2248。
83 參閱《後漢書》卷十下《伏皇后紀》，頁452。
84 參閱《後漢書》卷二十六《伏湛傳》，頁893-894。
85 見同上，頁895。
86 參閱《後漢書》卷十下《伏皇后紀》，頁453。

而政柄則在曹操，其中關鍵，自與京師兵柄之控制有關。《後漢書・伏皇
后紀》云：

> 自帝都許，守位而已，宿衛兵侍，莫非曹氏黨舊姻戚。[87]

夫操持京師兵柄，與外戚之升降實互為影響，其詳有待另文申論。伏氏雖
為外戚，而終受制於曹氏，其後伏皇后且遭廢黜，以幽崩[88]。可證外戚徒
恃宮闈之勢，殆不足以干政。夫聯姻帝室，目的固在增加干政之資本，惟
其宗族本身，必須具有雄厚實力，且亦同時操持京師兵柄，方克以有為也。
伏氏僅為士族而非豪族，於當時或有令人信向之高名，然其實力，不僅難
為帝室之奧援，且於宗族之安全，仍未足以自保，是可慨也。《後漢書・
伏皇后紀》云：

> （伏后）所生二皇子，（操）皆酖殺之。后在位二十年，兄弟及宗
> 族死者百餘人，母盈等十九人徙涿郡。[89]

據是，謂東漢外戚之興敗，每與宗族休戚相關，蓋信而有徵矣。是故東漢
外戚之於中央政柄及兵柄，不惜巧取豪奪，於宗族興衰安危言之，亦屬勢
所必然。茲依時代先後之次，撮錄史實，以見外戚衰敗與其親族姻故之關
連。至外戚宗族興盛之由與帝室聯姻之關係，前文已有敘及，茲可從略，
俾免冗沓之譏焉。

---

[87] 見同上。
[88] 參閱同上，頁454。
[89] 見同上。

3 親族姻故之休戚與共

《後漢書・竇憲傳》云：

> 憲既負重勞，陵肆滋甚。（永元）四年（92），封鄧疊為穰侯。疊
> 與其弟步兵校尉磊及母元，又憲女婿射聲校尉郭舉，舉父長樂少
> 府璜，皆相交結。元、舉並出入禁中，舉得幸太后，遂共圖為殺
> 害。帝陰知其謀，乃與近幸中常侍鄭眾定議誅之……收捕疊、璜、
> 舉，皆下獄誅，家屬徙合浦。遣謁者僕射收憲大將軍印綬。……
> 憲及篤、景、瓌皆遣就國。帝以太后故，不欲名誅憲，為選賢能
> 相督察之。憲、篤、景到國，皆迫令自殺，宗族賓客以憲為官者
> 皆免歸本郡。……永元十年（98）……逼瓌令自殺。[90]

竇氏宗族賓客以憲為官者，必頗不少，及竇氏敗滅，皆免歸本郡，其休戚
相關之切，有如是者。而禍端之起，則以疊、磊、元、璜、舉交結共圖不
軌，其中璜、舉乃竇氏之姻屬，可見當時親族之禍福，殆非限於一姓，父
姓而外，每亦擴至母族與妻族。又《後漢書・鄧騭傳》云：

> 及太后崩，宮人先有受罰者，懷怨恚，因誣告悝、弘、闔先從尚
> 書鄧訪取廢帝故事，謀立平原王得。（安）帝聞，追怒，令有司奏
> 悝等大逆無道……騭以不與謀，但免特進，遣就國。宗族皆免官
> 歸故郡，沒入騭等貲財田宅，徙鄧訪及家屬於遠郡。……又徙封
> 騭為羅侯，騭與子鳳並不食而死。騭從弟河南尹豹、度遼將軍舞

---

[90] 見《後漢書》卷二十三，頁819-820。

陽侯遵、將作大匠暢,皆自殺……。[91]

可見親族之禍福,實與族中主要人物之興敗相連,族人為一己利害計,自不得不支援族中主要人物,而主要人物亦藉乎親族之力以成其勢矣。又《後漢書・閻皇后紀》云:

> 及少帝薨,(江)京白太后,徵濟北、河間王子。未至,而中黃門孫程合謀殺江京等,立濟陰王,是為順帝。顯、景、晏及黨與皆伏誅,遷太后於離宮,家屬徙比景。[92]

閻氏之敗,黨與、家屬咸受牽連,誅滅者有之,遠徙者亦有之,皆可見其休戚之關係。若夫梁氏得罪權禍,其連及之廣,免黜之多,尤酷於他族。《後漢書・梁冀傳》云:

> (桓帝)使黃門令具瑗將左右廄騶、虎賁、羽林、都候劍戟士,合千餘人,與司隸校尉張彪共圍冀第,使光祿勳袁盱持節收大將軍印綬……冀及妻壽即日皆自殺。……諸梁及孫氏中外宗親送詔獄,無少長皆棄市。……其它所連及公卿列校刺史二千石死者數十人,故吏賓客免黜者三百餘人,朝廷為空……。[93]

上文謂外戚親族休戚與共,殆非限於一姓,覘梁氏一例,益信之而愈堅。冀及妻壽既自殺,中外宗親無少長皆棄市,而其黨與、故吏、賓客,或受誅死,或遭免黜,朝廷為空,則豪族之主要人物,其興衰安危,所影響於

---

[91] 見《後漢書》卷十六,頁616-617。

[92] 見《後漢書》卷十下,頁437。

[93] 見《後漢書》卷三十四,頁1186。

他人者，亦云鉅矣。由是言之，豪族勢力之可以得而坐大，而人又肯為之盡命者，蓋與本身利害休戚相關，勢有不得不然也。是則當時豪族及黨與，不惜盡力擯斥他族，其用心所在，亦以本身利害休戚為出發而已。又《後漢書‧竇皇后紀》云：

> 時太后父大將軍武謀誅宦官，而中常侍曹節等矯詔殺武，遷太后於南宮雲臺，家屬徙比景。[94]

此節史料，已可見外戚及其親族休戚之關係，惟所載猶未詳悉，茲更徵引史料以為佐證。《後漢書‧竇武傳》云：

> 詔以少府周靖行車騎將軍，加節，與護匈奴中郎將張奐率五營士討武。……武、紹走，諸軍追圍之，皆自殺，梟首洛陽都亭。收捕宗親、賓客、姻屬，悉誅之，及劉瑜、馮述，皆夷其族。徙武家屬日南，遷太后於雲臺。[95]

竇氏宗親賓客姻屬，咸不免於誅屠，黨附者亦夷族，休戚相依，密切如此，雖欲獨善，以保身名，莫能已也。故東漢一代，凡干政外戚，皆有宗親、賓客、姻屬以為奧援，其理即在乎是。且夫賓客之眾寡，才智之高下，於豪族勢力之擴展，亦不無助力，故圖謀干政之外戚，多能廣納賓客，甚或優禮才智之士。而具有才智者，亦每藉外戚以為進身，或實現其理想。故黨附外戚之輩，良莠兼雜，固未可以一丘之貉視之也。又《後漢書‧何皇后紀》云：

---

94 見《後漢書》卷十下，頁446。
95 見《後漢書》卷六十九，頁2244。

后兄大將軍進欲誅宦官，反為所害……并州牧董卓被徵，將兵入洛陽……遂廢少帝為弘農王而立協，是為獻帝。……董卓又議太后踧迫永樂宮，至令憂死，逆婦姑之禮，乃遷於永安宮，因進鴆，弒而崩。[96]

又《後漢書‧何進傳》云：

董卓遂廢帝，又迫殺太后，殺（太后母）舞陽君，何氏遂亡……。[97]

何進欲誅宦官，反為所害，其後董卓將兵入洛陽，兵柄政柄，乃由彼所操持，於是遂廢少帝，又迫殺太后及其母。可見徒以太后之尊，苟乏親族勢力為其援，殆不足以自保，更無論護持帝室矣。而宗親、姻屬甚或賓客故吏之安危，亦每不克自主，此顯而易知也。是則外戚勢力之消長，與親族姻故實休戚相關，何氏衰亡之史實，斯足以為證焉。

然則除上述臨朝諸后外，其他外戚勢力之消長，是否亦與親族休戚相關？稽諸載籍，亦猶是焉。如章帝時，馬防兄弟貴盛，奴婢各千人以上，資產巨億，皆買京師膏腴美田。又大起第觀，連閣臨道，彌亙街路，多聚聲樂，曲度比諸郊廟。賓客奔湊，四方畢至。刺史、守、令，多出其家。歲時賑給鄉閭，故人莫不周洽。防又多牧馬畜，賦斂羌胡，帝不喜之，數加譴敕，所以禁遏甚備，由是權埶稍損，賓客亦衰[98]。按帝之禁遏馬氏，其事蓋在馬太后崩後。太后崩，馬氏失勢，豫遂投書怨誹。又防、光奢侈好樹黨與。（建初）八年（83），有司奏免豫，遣廖、防、光就封，豫隨廖

96　見《後漢書》卷十下，頁450。

97　見《後漢書》卷六十九，頁2253。

98　參閱《後漢書》卷二十四《馬防傳》，頁857。

歸國，考擊物故[99]。和帝永元初，郭璜為長樂少府，子舉為侍中，兼射聲校尉。及大將軍竇憲被誅，舉以憲女壻謀逆，故父子俱下獄死，家屬徙合浦，宗族為郎吏者，悉免官[100]。又和帝永元十四年（102）夏，有言陰皇后與外祖母鄧朱出入宮掖，共挾巫蠱道，事發覺，朱及二子奉、毅與后弟軼、輔、敞辭語相連及，以為祠祭祝詛，大逆無道。奉、毅、輔考死獄中。父綱特進自殺，軼、敞及朱家屬徙日南比景縣，宗親以外昆弟皆免還田里[101]。桓帝延熹八年（165），詔廢鄧皇后，送暴室，以憂死。從父河南尹萬世及會等皆下獄死。統等亦繫暴室，免官爵，歸本郡，財物沒入縣官[102]。同時繫暴室之宗親有：侍中沘陽侯鄧康、越騎校尉鄧弼、侍中監羽林左騎鄧德、右騎鄧壽、淯陽侯鄧秉、議郎鄧循等[103]。靈帝光和元年（178），策收宋皇后璽綬。后自致暴室，以憂死。父及兄弟並被誅[104]。上舉諸例，皆可證明族中主要人物之興敗，勢必有所株連，即為本身利害計，亦唯有出諸支持一途，此東漢干政外戚，必有親族姻故為其奧援，其理非在斯歟！

綜而論之，東漢政權之實質，乃以豪族為中心。故籠制豪族，實為東漢立國以來之一貫政策。而其籠制之道，雖非一端，然就史籍所載觀之，知東漢帝室，每以姻戚關係結納豪族。故東漢外戚，出身多為豪族，其理在是。豪族為求勢力之擴展，宗族之興隆，則又每以聯姻帝室為手段。東漢帝室與豪族之間，其相結之密切也此。復次，東漢外戚之興敗，亦與親族姻故休戚與共，或福或禍，固非僅限父姓，父姓而外，每亦延及母族及妻族，而其黨與故吏，自亦有所牽連。是以外戚之家，不惜悉力擯斥他族，

---

99 參閱《後漢書》卷二十四《馬廖傳》，頁855。

100 參閱《後漢書》卷十上《郭皇后紀》，頁404。

101 參閱《後漢書》卷十上《陰皇后紀》，頁417及同書卷三十二《陰識傳》，頁1130。

102 參閱《後漢書》卷十下《鄧皇后紀》，頁445。

103 參閱《後漢書》附《志十二・天文下》，頁3257。按：《志》原屬司馬彪《續漢書》。

104 參閱《後漢書》卷十下《宋皇后紀》，頁448。

且又有母族、妻族、黨與、故吏相率為其奧援，其故亦在於此。明乎上述諸端，然後東漢帝室與外戚之錯綜關係，乃可無所疑滯，碻然易審。若夫外戚之升降，則又每與帝室嗣續相牽涉，顧此非數言可得而盡，下文將加探討焉。

三　帝室嗣續與外戚之升降

　　東漢君主嗣位之際，輒有外戚勢力參與，察其參與之由，不外欲求中央政柄之操持而已。故東漢之世，中央政柄屢在外戚，而帝室嗣續，亦每由外戚所專決。然外戚彼此之間，政柄時或轉移，考其轉移之跡，則每不出闈闥之外，是則東漢母后及外戚，宜皆與帝室嗣續相牽涉。試持是說求諸史籍，則當時政柄遞替之原委，皆可較然明審，凡史文之隱約難明者，亦咸煥然可通；而其時外戚之升降，亦藉是而見焉。夫東漢外戚操持中央政柄之史實，人所熟知，惟其轉移漸替之跡，則言者罕詳，竊不自揆，爰就所知，述為斯篇，誠知固陋，恐未足以明達是說也。

1　帝室嗣續與郭陰馬三氏

　　史云東漢開國未幾，光武即立貴人郭氏為后，其子彊為太子。其後后以寵稍衰，數懷怨懟。建武十七年（41），遂廢為中山王太后[105]。郭后寵衰怨懟，恐非得罪之由，上文已有辨析。意者陰氏之立，與郭后之黜廢有莫大關係。惟徒言不足以取信，今試掇拾史料，鉤稽推繹，以闡明其事跡。《後漢書・陰皇后紀》所載，本末頗為詳悉，茲謹節錄如下，藉資取證焉：

---

[105] 參閱《後漢書》卷十上《郭皇后紀》，頁402-403。

> 光武即位……以（陰）后為貴人。帝以后雅性寬仁，欲崇以尊位，
> 后固辭，以郭氏有子，終不肯當，故遂立郭皇后。建武四年（28），
> 從征彭寵，生顯宗於元氏。九年（33）……乃詔大司空曰：「吾微
> 賤之時，娶於陰氏……以貴人有母儀之美，宜立為后，而固辭弗
> 敢當，列於媵妾。……」十七年（41），廢皇后郭氏而立貴人。制
> 詔三公曰：「皇后懷執怨懟，數違教令，不能撫循它子，訓長異室。
> 宮闈之內，若見鷹鸇。既無《關雎》之德，而有呂、霍之風，豈
> 可託以幼孤，恭承明祀。……陰貴人鄉里名家，歸自微賤……宜
> 奉宗廟，為天下母。……」[106]

陰氏麗華本為光武所心悅，故欲崇以尊位，然陰氏固辭弗肯當，於是遂立
郭氏。其後陰氏有子，光武乃有建武九年（33）之詔，以為陰氏宜立為后，
此建武十七年（41）廢皇后郭氏張本。郭氏僅以寵衰怨懟，並無他罪著明，
而光武喻以呂、霍，論者或以為深文，惟詔書明謂「不能撫循它子，訓長
異室」，則宮闈之內，郭、陰二氏，恐有牴牾之情。惜乎史文隱晦，其詳
不得而知，然陰氏固辭后位於前，而卒接受於後，則其所謂固辭，必非本
意；此中關鍵，誠可注意。史書載云「以郭氏有子，終不肯當」，因疑所
涉及者，乃帝室嗣續問題。然則當時皇位之繼承權，果與外戚勢力有關連
耶？《後漢書・東海恭王彊傳》云：

> 建武二年（26），立母郭氏為后，彊為皇太子。十七年（41）而郭
> 后廢，彊常戚戚不自安，數因左右及諸王陳其懇誠，願備蕃國。

光武不忍，遲回者數歲，乃許焉。[107]

又《後漢書・郅惲傳》云：

> （郭）后既廢，而太子意不自安，惲乃說太子曰：「久處疑位，上
> 違孝道，下近危殆。……《春秋》之義，母以子貴。太子宜因左
> 右及諸皇子引愆退身，奉養母氏，以明聖教，不背所生。」太子
> 從之，帝竟聽許。[108]

倘立必以長，太子名位已定，又何必慼慼不自安？夫唯繼承權之可易，則
外戚之活動必不止息。郅惲既云「久處疑位」，可知嗣位之不固定，又謂
「下近危殆」，則當時形勢，必有可堪注意者，而太子之不自安，殆與陰
氏家族之活動有關，其奈史料難徵，未可確斷。然不容否認者，即為當時
太子嗣位，須有輔翼之外戚，而郭后之黜廢，太子之引愆退身，恐與外戚
勢力之消長相連，而外戚升降之跡，亦由是可覘其端倪矣。《後漢書・陰
識傳》云：

> 及顯宗立為皇太子……帝每巡郡國，識常留鎮守京師，委以禁兵。[109]

外戚與太子之關係，稽之上節引文可見。而陰識之職任，又屬統領禁兵，
則操持兵柄與輔導東宮關係之重，蓋可知矣。又《後漢書・桓榮傳》云：

> 二十八年（52），大會百官，詔問誰可傅太子者。群臣承望上意，

---

[107] 見《後漢書》卷四十二，頁1423。
[108] 見《後漢書》卷二十九，頁1031-1032。
[109] 見《後漢書》卷三十二，頁1130。

皆言太子舅執金吾原鹿侯陰識可。博士張佚正色曰：「今陛下立太子，為陰氏乎？為天下乎？即為陰氏，則陰侯可，為天下，則固宜用天下之賢才。」帝稱善，曰：「欲置傅者，以輔太子也。今博士不難正朕，況太子乎？」即拜佚為太子太傅，而以榮為少傅……。[110]

群臣承望上旨，皆言陰識可傅太子，則光武豈無為陰氏之心哉！光武蓋世英主，權戚之檢束，雖較後世為愈，然壞法者亦不尠，其所以即拜張佚為太子太傅，蓋欲塞眾口而掩其私意耳，此亦施用權術之一端也。雖然，光武誠有為陰氏之私意，然其最大用心，乃在藉豪族以鞏固嗣續之權益。為劉氏天下計，自宜用具有實力之豪族，故光武雖以張佚為太子太傅，然輔導護持之責，則仍歸之於陰識，其理即在乎是。

其後光武崩，太子即位，是為明帝，而其皇位之不安也如故，此誠可注意也。茲不避繁冗之譏，節取原文以證。《後漢書·廣陵思王荊傳》云：

光武崩……（荊）書與彊曰：「君王無罪，猥被斥廢，而兄弟至有束縛入牢獄者。……今新帝人之所置，彊者為右。願君為高祖陛下所志，無為扶蘇、將閭叫呼天也。」彊得書惶怖，即執其使，封書上之。顯宗以荊母弟，祕其事，遣荊出止河南宮。時西羌反，荊不得志，冀天下因羌驚動有變，私迎能為星者與謀議，帝聞之，乃徙封荊廣陵王，遣之國。其後荊復呼相工謂曰：「我貌類先帝，先帝三十得天下，我今亦三十，可起兵未？」相者詣吏告之，荊惶恐，自繫獄，帝復加恩，不考極其事。……荊猶不改。其後使

巫祭祀祝詛，有司舉奏，請誅之，荊自殺。[111]

又《後漢書・楚王英傳》云：

> （永平）十三年（70）男子燕廣告英與漁陽王平、顏忠等造作圖
> 書，有逆謀，事下案驗。有司奏英招聚姦猾，造作圖讖，擅相官
> 秩，置諸侯、王公、將軍、二千石，大逆不道，請誅之。帝以親
> 親不忍，乃廢英徙丹陽涇縣……英至丹陽，自殺。[112]

又《後漢書・南安王康傳》云：

> 康在國不循法度，交通賓客。其後，人上書告康招來州郡姦猾漁
> 陽顏忠、劉子產等，又多遺其繒帛，案圖書，謀議不軌。事下考，
> 有司舉奏之。顯宗以親親故，不忍窮竟其事，但削祝阿、隰陰、
> 東朝陽、安德、西平昌五縣。[113]

又《後漢書・阜陵質王延傳》云：

> 永平中，有上書告延與姬兄謝弇及姊館陶主壻駙馬都尉韓光招姦
> 猾，作圖讖，祠祭祝詛。事下案驗……有司奏請誅延，顯宗以延
> 罪薄於楚王英，故特加恩，徙為阜陵王，食二縣。[114]

---

[111] 見《後漢書》卷四十二，頁1446-1448。

[112] 見同上，頁1429。

[113] 見同上，頁1431。

[114] 見同上，頁1444。

綜而觀之，可知當日皇位繼承權之不固，若本極固定者，則此輩何得謀議不軌，妄欲有所舉措耶？光武諸子，因逆謀而得罪者，若是其多，論者或謂明帝苛切嚴明，有以致之，然此為別一問題，非茲篇所能論及。今所欲抉發者，乃為明帝所居之皇位，實屢有動搖跡象，若非外戚陰氏為之輔，則其果能保持皇位與否，殊未可知也。上引史文謂明帝「人之所置，彊者為右」，雖屬廣陵思王峻誘之言，殆亦得其真相。是則方明帝之立為太子，光武即以陰氏典掌禁兵，輔導東宮，其意即在斯歟？

若夫明帝馬皇后之立，太后陰氏有所助焉。《後漢書・馬皇后紀》云：

> （馬）后從兄嚴……求進女掖庭。……由是選后入太子宮。……奉承陰后，傍接同列，禮則修備，上下安之。遂見寵異，常居後堂。顯宗即位，以后為貴人。時后前母姊女賈氏亦以選入，生肅宗。帝以后無子，命令養之。……皇太后曰：「馬貴人德冠後宮，即其人也。」遂立為皇后。……及帝崩，肅宗即位，尊后曰皇太后。[115]

章帝本貴人賈氏子，而竟為馬后所養，諒與奉承太后而又見寵於明帝有頗大關係。蓋嗣位之君，固須有外戚以為輔翼，然外戚之升降，亦每與帝室嗣續有所關連，賈氏本馬后前母姊女，其後卒受排抑，此自與馬氏宗族欲謀專固權勢有關，讀史者可從下舉史料得其消息焉。《後漢書・馬皇后紀・附傳》云：

> 賈貴人……建武末選入太子宮，中元二年（57）生肅宗，而顯宗以為貴人。帝既為太后所養，專以馬氏為外家，故貴人不登極位，

---

115 見《後漢書》卷十上，頁408-410。

賈氏親族無受寵榮者。及太后崩，乃策書加貴人王赤綬，安車一
駟，永巷宮人二百，御府雜帛二萬匹，大司農黃金千斤，錢二千
萬。[116]

賈氏未始不可為后，且又有子，然馬氏藉太后陰氏之力，既奪養其子，又
超登后位，則馬、賈二氏之間，豈無衝突者乎？及章帝即位，專以馬氏為
外家，貴人不登極位，賈氏親族無受寵榮者，此自非章帝本意，其中宜有
后族壓抑之情，觀太后崩後，章帝迅即加恩賈氏，理可明焉。然則外戚之
升降與夫勢力之消長，誠與援立皇儲有關，斯又一例證矣。

2 帝室嗣續與臨朝諸后

　　章帝竇氏之得立為后，馬太后與有力焉。《後漢書・竇皇后紀》謂：
建初二年（77），后與女弟俱以選例入見長樂宮，進止有序，風容甚盛，
馬太后亦異焉。因入掖庭，見於北宮章德殿。后性敏洽，傾身承接，稱譽
日聞。明年，遂立為皇后，妹為貴人 [117]。考竇后祖穆父勳，永平中坐事
死，由是其家廢壞 [118]。然其後后族兄弟並顯貴，擅威權，則亦與帝室之
嗣續有關。《東觀漢記・敬隱宋皇后傳》云：

　　時竇皇后內寵方盛，以貴人名族，節操高妙，心內害之，欲為萬
　　世長計，陰設方略，讒毀貴人，由是母子見疏。[119]

116　見同上，頁414。

117　參閱同上，頁415。

118　參閱《後漢書》卷二十三《竇融傳》，頁808-809。

119　見吳樹平《東觀漢記校注》卷六，頁202。

又《後漢書・竇皇后紀》云：

> 后寵幸殊特，專固後宮。初，宋貴人生皇太子慶，梁貴人生和帝。
> 后既無子，並疾忌之，數間於帝，漸致疏嫌。因誣宋貴人挾邪媚
> 道，遂自殺，廢慶為清河王……。[120]

由太子慶之廢，益證當時嗣位之無定，其立廢之機，端視輔翼外戚之勢力
為何如耳。宋貴人出身名族，竟罹讒毀自殺之禍，恐竇后「內寵方盛」或
「寵幸殊特」諸語，未足以為近情之解釋。案建初三年（78），宋貴人生
慶，四年（79），立為太子，時章帝年僅二十四耳，其所以亟亟立慶，貴
人豈無寵者耶？然貴人卒自殺，太子亦遭廢，斯證竇后宗族之勢力，必甚
有可觀者。史云「欲為萬世長計」，乃指竇族而言，非所以為帝室也。又
《後漢書・梁竦傳》云：

> 肅宗納其二女，皆為貴人。小貴人生和帝，竇皇后養以為子，而
> 竦家私相慶。後諸竇聞之，恐梁氏得志，終為己害。建初八年（83），
> 遂譖殺二貴人，而陷竦等以惡逆。[121]

帝室嗣續與外戚升降之關連，即就「竦家私相慶」一語，已可得而推知。
又《後漢書・竇皇后紀・附傳》云：

> 梁貴人者……梁竦之女也。……建初二年（77）與中姊俱選入掖
> 庭為貴人。四年（79），生和帝。后養為己子。欲專名外家而忌梁

---

120 見《後漢書》卷十上，頁415。
121 見《後漢書》卷三十四，頁1172。

氏。八年（83），乃作飛書以陷竦。竦坐誅，貴人姊妹以憂卒。自
是宮房慴息，后愛日隆。及帝崩，和帝即位，尊后為皇太后。皇
太后臨朝……兄憲弟篤、景並顯貴，擅威權……。[122]

竇后既養和帝為己子，又陷梁竦於死，何也？夷考其實，竇氏之所為，亦
欲專名外家而已。則皇位繼承與外戚升降之間，其關係可得而知矣。史云
貴人姊妹以憂卒，其排抑之勢為何如耶！竇后本無子，然可奪人之子而又
害其母，其中豈無后族勢力以為奧援？且竇后深處宮廷，飛書陷竦，恐非
易易，此中必有后族黨類活動於其間也。考章帝時，竇氏已代馬氏而興，
其中升降之跡雖不易分析，然史書明謂：建初二年（77），竇后立；三年
（78），竇固增邑一千三百戶；七年（82）代馬防為光祿勳；明年，復代
馬防為衛尉[123]。即此，已可見竇、馬二氏勢力消長之端倪矣。及和帝即
位，年十歲，太后臨朝，竇憲以侍中內幹機密，出宣誥命。憲弟篤為虎賁
中郎將，篤弟景、瓌並中常侍，於是兄弟皆在親要之地。憲以前太尉鄧彪
仁厚委隨，故以為太傅，令百官總己以聽，其所施為，輒外令彪奏，內白
太后，事無不從[124]。夫竇氏兄弟之貴盛，太后臨朝故也，太后之得而臨
朝，則因養和帝為己子，於此，可覘帝室嗣續與外戚升降之關係焉。惟苟
無太子慶之廢，則和帝又何從而得立？是則當時儲位之決定，乃有外戚勢
力以為影響；外戚輔翼護持之力，殆不可或忽焉，斯又一例證也。

　　和帝陰皇后，光烈皇后兄執金吾識之曾孫，永元四年（92），選入掖
庭，以先后近屬，故得為貴人。有殊寵。八年（96），遂立為皇后。自和
熹鄧后入宮，愛寵稍衰，數有恚恨。后外祖母鄧朱出入宮掖。十四年（102）

---

[122] 見《後漢書》卷十上，頁416。
[123] 參閱《後漢書》卷二十三《竇固傳》，頁811。
[124] 參閱《後漢書》卷二十三《竇憲傳》，頁813。錢大昕《三史拾遺》卷四云：「中常侍，
　　宦者之職，非外戚所宜居，恐有誤。」（見《廿二史考異》附錄一，頁1449。）

夏，有言后與朱共挾巫蠱道，事發覺，遷於桐宮，以憂死[125]。上文所述陰、鄧二氏之牴牾，雖未顯明，惟其跡猶可尋也。《後漢書・鄧皇后紀》所載較詳，茲藉是以申論焉：

> （永元）七年（95），（鄧）后復與諸家子俱選入宮。……八年（96）冬，入掖庭為貴人……承事陰后，夙夜戰兢。……陰后見后德稱日盛，不知所為，遂造祝詛，欲以為害。帝嘗寢病危甚，陰后密言：「我得意，不令鄧氏復有遺類。」后聞，乃對左右流涕言曰：「我竭誠盡心以事皇后，竟不為所祐，而當獲罪於天。婦人雖無從死之義，然周公身請武王之命，越姬心誓必死之分，上以報帝之恩，中以解宗族之禍，下不令陰氏有人豕之譏。」即欲飲藥。宮人趙玉者固禁之，因詐言屬有使來，上疾已癒。后信以為然，乃止。明日，帝果瘳。十四年（102）夏，陰后以巫蠱事廢，后請救不能得……至冬，立為皇后。[126]

陰后恚恨之言，誠足令人怖懼，然鄧氏平素志在典籍，能力異乎眾庶[127]，惟一聞陰后言，即欲飲藥死，其惶恐失措若此，則情勢之逼迫，蓋可想見。陰后密言「我得意」云云，自指和帝崩後言，時鄧氏未登后位，擬從死者，冀解宗族之禍耳。及聞帝疾已癒，信以為然，止不肯死，此益可證后族之升降，實與嗣位之君有關。稍後有言陰后與外祖母鄧朱共挾巫蠱道，事覺被廢，其間陰、鄧二氏勢力衝突之消息，略可覘其端矣。上引史文謂鄧氏得聞陰后「密言」，則宮闈之內，豈無外戚黨類活動於其中？方陰后之廢，

---

125 參閱《後漢書》卷十上《陰皇后紀》，頁417。
126 見《後漢書》卷十上，頁419-421。
127 參閱同上，頁418。

鄧氏嘗加請救，不能得。此事誠或有之，顧必非鄧氏及其家族黨類之本意。蓋古今不乏自願犧牲之烈士，但決無甘為刀俎之魚肉者也，況親族之安危，每繫於是者乎！茲更徵引史料，以證外戚與嗣君之關係。

《後漢書·殤帝紀》云：

> 孝殤皇帝⋯⋯和帝少子也。元興元年（105）十二月辛未夜，即皇帝位，時誕育百餘日。尊皇后曰皇太后，太后臨朝。⋯⋯封皇兄勝為平原王。[128]

又《後漢書·安帝紀》云：

> 殤帝崩，太后與兄車騎將軍鄧騭定策禁中。其夜，使騭持節，以王青蓋車迎帝⋯⋯引拜帝為長安侯。皇太后詔曰：「⋯⋯其以祜為孝和皇帝嗣⋯⋯。」⋯⋯太尉奉上璽綬，即皇帝位，年十三。太后猶臨朝。[129]

又《後漢書·鄧皇后紀》云：

> 元興元年（105），帝崩，長子平原王有疾，而諸王子夭沒，前後十數，後生者輒隱祕養於人間。殤帝生始百日，后乃迎立之。尊后為皇太后，太后臨朝。⋯⋯及殤帝崩，太后定策立安帝，猶臨朝政。[130]

---

128 見《後漢書》卷四，頁195-196。
129 見《後漢書》卷五，頁203-204。
130 見《後漢書》卷十上，頁421及423。

據以上所舉，可知殤帝、安帝得而踐阼，皆外戚鄧氏迎立之力也。史云諸王子夭沒，前後十數，後生者輒隱祕養於民間，似其數在不少；而《後漢書・志》云：和帝崩，有皇子二人，一勝，一即殤帝 [131]，則又似僅此二子者。其說既不符會，而殤帝乃迎自民間，所生母又無考，其究為和帝之子乎？誠不能無疑也。《後漢書・清河孝王慶傳》云：鄧太后以殤帝襁褓，遠慮不虞，留慶長子祜與嫡母耿姬居清河邸。至秋，帝崩，遂立祜為和帝嗣，即皇帝位 [132]。則排平原王勝之大計，大后慮之夙矣。《後漢書・周章傳》云：

> 和帝崩，鄧太后以皇子勝有痼疾，不可奉承宗廟，貪殤帝孩抱，養為己子，故立之，以勝為平原王。及殤帝崩，群臣以勝疾非痼，意咸歸之。太后以前既不立，恐為後怨，乃立和帝兄清河孝王子祜，是為安帝。章以眾心不附，遂密謀閉宮門……廢太后於南宮，封帝為遠國王，而立平原王勝。事覺，策免，章自殺。[133]

其中所載，與《鄧皇后紀》頗異。論者因謂：后養殤帝為己子，故立之，及勝疾非痼，均不過據當時周章所自執之詞 [134]。然考其實，竊有所疑。案勝有痼疾，本《傳》及《安帝紀》雖皆明載，惟此乃范書立言有體，不得不然，實則《安帝紀》所云「素被痼疾」之語，僅於太后詔書見之，而

---

[131] 參閱《後漢書》附《志十四・五行二》，頁3293。

[132] 參閱《後漢書》卷五十五，頁1803。

[133] 見《後漢書》卷三十三，頁1157-1158。原文為：「而立平原王事覺勝策免章自殺」。王先謙《集解》引黃山語曰：「此文勝字當在事覺上。《安紀》永初元年『司空周章密謀廢立，策免，自殺』。《平原懷王勝傳》：『延平元年封，八年薨』，與《紀》合。則勝無策免事，諸王之廢，亦不得為策免，此策免自屬章也。」（見《後漢書集解》卷三十三，1956年藝文印書館〔臺北〕影印長沙王氏校刊本，頁416。）

[134] 參閱王先謙《後漢書集解》卷三十三，同上。

《平原王勝傳》載事本甚簡略，文字以《紀》為從，亦無足怪。勝疾誠或有之，恐非痼者耳，司馬彪（246？-306？）《續漢書》謂勝有微疾[135]，其說似可信從。太后迎殤帝，殆有預謀，方殤帝立，即留祜居清河邸，其事足資參證。又《後漢書·志》云：

> 安帝永初元年（107）……是時鄧太后攝政，以清河王子年少，號精耳，故立之，是為安帝。不立皇太子勝，以為安帝賢，必當德鄧氏也。[136]

則鄧氏立安帝之用心，實為外戚干政專權而已。且也，姑以勝有痼疾為事實，苟其奧援強大，亦未嘗不可廢安帝而即位，周章起事，宜有勢力為其背景，而其敗，益證外戚擁戴輔翼之力，於嗣君言，實不可或缺也。

　　鄧太后崩，安帝親政，外戚閻氏，由是貴顯。若其勢力擴展之跡，亦與上述史例同軌。《後漢書·閻皇后紀》云：

> 后有才色。元初元年（114），以選入掖庭，甚見寵愛，為貴人。二年（115），立為皇后。后專房妒忌，帝幸宮人李氏，生皇子保，遂鴆殺李氏。……后寵既盛，而兄弟頗與朝權，后遂與大長秋江京、中常侍樊豐等共譖皇太子保，廢為濟陰王。四年（117）春，后從帝幸章陵，帝道疾，崩於葉縣。后、顯兄弟及江京、樊豐等謀曰：「今晏駕道次，濟陰王在內，邂逅公卿立之，還為大害。」乃偽云帝疾甚……驅馳還宮。明日……告天請命。其夕，乃發喪。

---

[135] 司馬彪《續漢書》云：「及和帝崩，是日倉卒，上下憂惶。后乃收斂皇子，皇子勝長，有微疾，殤帝甚百餘日，后欲自養長，立為皇子。其夜即位，尊皇后為太后。」（見周天游《八家後漢書輯注》，頁318。）

[136] 見《後漢書》附《志十六·五行四》，頁3335。

> 尊后曰皇太后。皇太后臨朝……太后欲久專國政，貪立幼年，與
> 顯等定策禁中，迎濟北惠王子北鄉侯懿，立為皇帝。[137]

皇子保曾位太子，終以譖廢，其位之不固，無待言矣。閻后鴆殺宮人李氏，
匪特專房妒忌而已，亦有爭奪權柄因素存焉。考鄧太后崩於建光元年
（121），宮人李氏死於元初二年（115），則閻后之害李氏，乃在鄧太后崩
前六年，此亦可見閻氏勢力增長之漸。而北鄉侯立，自屬外戚閻氏擁戴之
力，此不待辨析而可見也。又《後漢書‧順帝紀》云：

> 安帝崩，北鄉侯立……及北鄉侯薨，車騎將軍閻顯及江京與中常
> 侍劉安、陳達等白太后，祕不發喪，而更徵立諸國王子……。[138]

又《後漢書‧閻皇后紀》云：

> 少帝立二百餘日而疾篤，顯兄弟及江京等皆在左右。……及少帝
> 薨，京白太后，徵濟北、河間王子。未至，而中黃門孫程合謀殺
> 江京等，立濟陰王，是為順帝。[139]

東漢外戚之擅權，其故不止一端，要亦與皇位之繼承權，頗有關係。上引
史文謂少帝薨，祕不發喪，更徵立諸國王子，此誠外戚及其黨類恣縱之表
現，然其用心，亦在專固外戚之權勢耳。若夫順帝之踐位，自屬中黃門孫
程等合謀之功，而其謀之得逞，則又與溝通北軍一事有關連，另篇已有分

---

137 見《後漢書》卷十下，頁435-436。
138 見《後漢書》卷六，頁294。
139 見《後漢書》卷十下，頁437。

析，今可不必置論 [140]。自斯以降，外戚、宦官，乃相比亂政矣。

順帝陽嘉元年（132），立貴人梁氏為后，加后父梁商位特進，更增國土。三年（134），以商為大將軍。因稱疾不起，四年（135），使太常桓焉奉策就第即拜，商乃詣闕受命，其性慎弱無威斷，獨少過失 [141]。及薨，其子冀嗣為大將軍，專擅威柄，凶恣日積，若其勢力，亦與帝室嗣續互為影響。《後漢書·沖帝紀》云：

> 孝沖皇帝諱炳，順帝之子也，母曰虞貴人。建康元年（144）立為皇太子，其年八月庚午，即皇帝位，年二歲。尊皇后曰皇太后。太后臨朝。……永憙元年（145）春正月戊戌，帝崩於玉堂前殿，年三歲。[142]

又《後漢書·質帝紀》云：

> 沖帝不豫，大將軍梁冀徵帝到洛陽都亭。及沖帝崩，皇太后與冀定策禁中，丙辰，使冀持節，以王青蓋車迎帝入南宮。丁巳，封為建平侯，其日即皇帝位，年八歲。……大將軍梁冀潛行鴆殺……年九歲。[143]

又《後漢書·桓帝紀》云：

---

[140] 詳見拙文《東漢外戚存亡與洛陽北宮建置形勢的關係》，《中國學人》第一期，1970年3月新亞研究所（香港），頁29-40。此文已收入本書。

[141] 參閱《後漢書》卷三十四《梁商傳》，頁1175。

[142] 見《後漢書》卷六，頁275-276。

[143] 見同上，頁276及282。

本初元年（146），梁太后徵帝到夏門亭，將妻以女弟。會質帝崩，太后遂與兄大將軍冀定策禁中，閏月庚寅，使冀持節，以王青蓋車迎帝入南宮，其日即皇帝位。時年十五。太后猶臨朝政。[144]

夫三帝即位，咸外戚梁氏援立之功，三帝皆非梁太后子，梁氏豈有所愛？僅為后族利益計耳。茲舉例以為證，凡所未能詳者，以義類推之可也。《後漢書‧李固傳》云：

固以清河王蒜年長有德，欲立之……冀不從，乃立樂安王子纘，年八歲，是為質帝。……冀忌帝聰慧，恐為後患，遂令左右進鴆。……因議立嗣……固、（胡）廣、（趙）戒及大鴻臚杜喬皆以為清河王蒜明德著聞，又屬最尊親，宜立為嗣。先是蠡吾侯志當取冀妹，時在京師，冀欲立之。……中常侍曹騰等聞而夜往說冀曰：「將軍累世有椒房之親，秉攝萬機，賓客縱橫，多有過差。清河王嚴明，若果立，則將軍受禍不久矣。不如立蠡吾侯，富貴可長保也。」冀然其言……竟立蠡吾侯，是為桓帝。[145]

梁氏不立清河王蒜，以其嚴明，恐受禍也。為長保后族富貴計，自以幼弱為利。惟援立雖與外戚有關，若其繼承權本有定制，不可移易，則外戚何從得居援立之功？抑且外戚之家，倘非豪雄之族，或未操持京師兵柄，則親子雖為皇帝，其母及其親族，勢亦不足有為，今試節取有關史料，以為證明：史云沖帝母虞美人，以良家子年十三選入掖庭，順帝既未加美人爵號，而沖帝早夭，大將軍梁冀秉政，忌惡他族，故虞氏抑而不登，但稱「大

---

[144] 見《後漢書》卷七，頁287。
[145] 見《後漢書》卷六十三，頁2083及2085-2086。

家」而已。質帝母陳夫人，少以聲伎入孝王宮，得幸，生質帝。亦以梁氏故，榮寵不及焉。孝崇匽皇后，本蠡吾侯媵妾，生桓帝。桓帝即位，明年，追尊翼為孝崇皇，陵曰博陵，以后為博陵貴人。和平元年（150），梁太后崩，乃就博陵尊后為孝崇皇后[146]。夫桓帝母始受制於梁太后，**繼復為梁**冀所制，冀未誅而后已崩，雖尊為后，未得一日供養京師，梁氏之排抑他族之切，有如是者。而當日閨闈之內，竟亦為外戚勢力之所及，下例足可見之。《後漢書‧梁皇后紀》云：

> 桓帝懿獻梁皇后諱女瑩，順烈皇后之女弟也。……建和元年（147）六月，始入掖庭，八月，立為皇后。時太后秉政而梁冀專朝，故后獨得寵幸，自下莫得進見。……每宮人孕育，鮮得全者。帝雖迫畏梁冀，不敢譴怒，然見御轉稀。[147]

梁皇后刻忍若此，雖或有怨忌嫉妒之心存焉，然與外戚干預皇儲一事，恐亦不無關連。蓋外戚之升降，**關鍵雖由兵柄所決**，惟援立嗣君，亦有重大影響。

梁冀誅後，桓帝立鄧香女猛為皇后。《後漢書‧鄧皇后紀》云：

> 桓帝鄧皇后……和熹皇后從兄子鄧香之女也。母宣，初適香，生后。改嫁梁紀，紀者，大將軍梁冀妻孫壽之舅也。后少孤，隨母為居，因冒姓梁氏。冀妻見后貌美，永興中進入掖庭，為采女，絕幸。……及懿獻后崩，梁冀誅，立后為皇后。……而后恃尊驕忌，與帝所幸郭貴人更相譖訴。八年（165），詔廢后，送暴室，

---

146 參閱《後漢書》卷十下《梁皇后紀》附註，頁440-442。

147 見《後漢書》卷十下，頁443-444。

以憂死。[148]

鄧猛之進掖庭，由冀妻孫壽援引，即外戚梁氏之力也。若其援引用心，亦欲有以專固其權勢耳。如《後漢書‧梁冀傳》所載，文意極為明顯，茲引述如下，藉資參證：

> 壽引進猛入掖庭，見幸，為貴人，冀因欲認猛為其女以自固，乃易猛姓為梁。[149]

且猶有可堪注意者，即鄧猛入宮，雖由梁氏之力，然梁冀既誅，猛竟不受牽連，又得更立為后，此自與桓帝之愛寵有關。其後與帝所幸郭貴人譖訴，竟遭詔廢，則郭貴人宜立為后矣。然考諸史實，是又不然。然則其中有無足資疏解之處，可以得而言者？《後漢書‧竇皇后紀》云：

> 延熹八年（165），鄧皇后廢，后以選入掖庭為貴人。其冬，立為皇后，而御見甚稀，帝所寵唯采女田聖等。永康元年（167）冬，帝寢疾，遂以聖等九女皆為貴人。及崩，無嗣，后為皇太后。……太后素忌忍，積怒田聖等……遂殺田聖。又欲盡誅諸貴人，中常侍管霸、蘇康苦諫，乃止。[150]

郭貴人者，桓帝所寵也，而卒不得立為后。設或郭氏與鄧后同時失寵，桓帝亦未嘗不可別立，如田聖者，非其選乎？然皆弗得立。竇皇后立不由寵，御見甚稀，其故安在？豈其中另有隱情耶？《後漢書‧陳蕃傳》云：

---

[148] 見同上，頁444-445。

[149] 見《後漢書》卷三十四，頁1186。

[150] 見《後漢書》卷十下，頁445-446。

> 初，桓帝欲立所幸田貴人為皇后。蕃以田氏卑微，竇族良家，爭
> 之甚固。帝不得已，乃立竇后。及后臨朝，乃委用於蕃。蕃與后
> 父大將軍武，同心盡力，徵用名賢，共參政事，天下之士，莫不
> 延頸想望太平。[151]

桓帝不立田聖，恐非嫌其卑微，亦諒非陳蕃一人固爭所可為力，蓋當時竇
族之勢力，有不可輕忽者焉，而其間又有外朝清流之壓力，使桓帝不得不
立竇氏者。茲引史實就此略加論證，並一言當時外戚之清濁焉。

竇武，融之玄孫。父奉，定襄太守。武少以經行著稱，常教授於大澤
中。不交時事，名顯關西[152]。則竇氏於當時，實為地方名門大族。竇憲
之誅，於竇氏宗族言，挫折誠大，然餘勢仍存，則無可疑也。若夫竇氏宗
族自中興以來之勢力，上文已加申述，今可不論。是則桓帝延熹八年（165）
以竇氏為貴人，其冬即立為皇后者，豈無宗族勢力影響於其間？且竇武少
以經行著稱，名顯關西，則陳蕃樂為之固爭者，理宜然矣。《後漢書・竇
武傳》又云：

> （武）在位多辟名士，清身疾惡，禮賂不通，妻子衣食，裁充足
> 而已。是時羌蠻寇難，歲儉民饑，武得兩宮賞賜，悉散與太學諸
> 生，及載肴糧於路，匄施貧民。[153]

是則竇武之所為，殆與一般外戚異。太學諸生，黨錮前後最稱譽者，為李
膺、陳蕃、王暢三人，顧後來最尊之名，則有三君之目；君者，言一世之

---

[151] 見《後漢書》卷六十六，頁2169。

[152] 參閱《後漢書》卷六十九《竇武傳》，頁2239。

[153] 見同上。

所宗也。三君者誰？竇武、劉淑、陳蕃是也 [154]。袁山松《後漢書》載七言謠云：

> 天下忠誠竇游平，天下義府陳仲舉，天下德弘劉仲承。[155]

游平，竇武字也，當時名聲之大，可以概見。三君以次，曰八俊曰八顧曰八及曰八廚，猶古之八元八凱也 [156]。三君為三十二位清流之首，自得太學諸生所擁戴。竇武廁位三君，雖在其女立為皇后之後，顧前此亦以經行著稱而名顯關西矣。高名之來，原非一蹴可至，竇武位列清流，實亦有其本身條件。然則桓帝欲立所幸田聖為后，陳蕃爭之甚固，帝不得已，乃立竇后者，此非一人之功，蓋有外朝清流促壓之力，又有外戚宗族勢力以為影響。雖然，東漢外戚，本多驕橫恣縱之徒，其與閹寺共屬濁流也固宜。竇氏亦外戚也，雖屬三君之一，然於帝室嗣續之決定，仍不欲輕易放棄。《後漢書·竇武傳》云：

> 永康元年（167）……其冬，帝崩，無嗣。武召侍御史河間劉儵參問國中王子侯之賢者。儵稱解瀆亭侯宏。武入白太后，遂徵立之，

---

[154] 參閱《後漢書》卷六十七《黨錮列傳·序》，頁2186-2187。

[155] 見丁福保編《全漢三國晉南北朝詩·全漢詩》卷五《雜歌謠辭》引，1959年5月中華書局（北京），頁103。按：周天游《八家後漢書輯注》之袁山松《後漢書》未有收錄此謠。

[156] 《後漢書》卷六十七《黨錮列傳·序》云：「李膺、荀昱、杜密、王暢、劉祐、魏朗、趙典、朱寓為『八俊』，俊者，言人之英也。郭林宗、宗慈、巴肅、夏馥、范滂、尹勳、蔡衍、羊陟為『八顧』，顧者，言能以德行引人者也。張儉、岑晊、劉表、陳翔、孔昱、范康、檀敷、翟超為『八及』，及者，言其能導人追宗者也。度尚、張邈、王考、劉儒、胡母班、秦周、蕃嚮、王章為『八廚』，廚者，言能以財救人者也。」（頁2187。）

是為靈帝。拜武為大將軍，常居禁中。[157]

考東漢之世，昏庸之主，必稱桓、靈。其中又以靈帝貪聚淫侈為尤甚。則竇氏所立之「賢者」，誠不能令人無疑[158]。意竇氏之立靈帝，其所考慮者，未嘗無為天下之心意，顧宗族興衰安危所繫，諒亦有私心存焉。竇武之行事，雖與前此外戚頗異，然亦有可異議者。如當其立靈帝受封也，盧植上書說武曰：「今同宗相後，披圖案牒，以次建之，何勳之有？豈橫叨天功以為己力乎？宜辭大賞，以全身名。」武不能用[159]。其後謀誅宦官，事泄，王甫讓陳蕃曰：「先帝新棄天下，山陵未成，竇武何功？兄弟父子，一門三侯。又多取掖庭宮人作樂飲讌，旬月之間，貲財億計。大臣若此，是為道邪？」[160]王甫所讓，殆屬誣罔之辭。按《後漢書·竇武傳》載：武兄子紹為虎賁中郎將，性疏簡奢侈，武每數切厲相戒，猶不覺悟，乃上書求退紹位。又自責不能訓導，當先受罪[161]。此或竇武矯情以示公，惟矯

---

157 見《後漢書》卷六十九，頁2241。

158 史云靈帝開西邸賣官，自關內侯、虎賁、羽林入錢各有差。私令左右買公卿，公千萬、卿五百萬。作列肆於後宮，使諸采女販賣，更相盜竊爭鬥。帝著商賈服飲宴為樂。又於西園弄狗，著進賢冠帶綬。又駕四驢，帝躬自操轡驅馳周旋。（參閱《後漢書》卷八《靈帝紀》，頁342及346）斂天下田畝稅十錢，以修宮室。發太原河東狄道諸郡材木及文石，每州郡部送至京師。黃門常侍輒令譴呵不中者，因強折錢買，十分雇一。因復貨之於宦官，復不為即受，材木遂至腐積，宮室連年不成。刺史二千石及茂才孝廉遷除，皆責助軍修宮錢，大郡至二三千萬，餘各有差。當之官者，皆先至西園諧價，然後得去。有錢不畢者，或至自殺。其守清者，乞不之官，皆迫遣之。又造萬金堂於西園，引司農金錢繒帛，仞積其中。又還河間買田宅，起第觀。帝本侯家，宿貧，每歎桓帝不能作家居，故聚為私藏，復藏寄小黃門常侍各數千萬。常云：「張常侍是我父，趙常侍是我母。」（參閱《後漢書》卷七十八《宦者張讓傳》，頁2535-2536。）其侈虐之跡，不可勝計，則劉儵之所稱，與夫竇氏之所立，恐非國中王子侯之最賢者。

159 參閱《後漢書》卷六十四《盧植傳》，頁2113-2114。

160 參閱《後漢書》卷六十六《陳蕃傳》，頁2170。

161 參閱《後漢書》卷六十九，頁2239。

情者必好名，安有好名而多取掖庭宮人，作樂飲讌，旬月之間，貲財億計者耶？然其一門三侯，不能辭退大賞，則為事實。可見身屬清流之外戚，雖或有清正之志節，究不能免乎權勢之欲；況此乃宗族升降所繫，勢有不得不然者乎！顧盧植、王甫同謂竇氏無功於帝室，則有未諦。苟無竇氏之定策迎立，靈帝又何從而即位？至若竇武以外戚而置身清流，自屬陳蕃諸人推翁之功，其推翁之故，則欲有以連結之也。蓋士大夫處女后臨政之朝，如欲匡濟生靈，非藉外戚之力，不足以有為也。《後漢書・陳蕃傳》論曰：

> 桓、靈之世，若陳蕃之徒，咸能樹立風聲，抗論惛俗。而馳驅嶮阨之中，與刑人腐夫同朝爭衡，終取滅亡之禍者，彼非不能絜情志，違埃霧也。愍夫世士以離俗為高，而人倫莫相恤也。以遯世為非義，故屢退而不去；以仁心為己任，雖道遠而彌屬。及遭際會，協策竇武，自謂萬世一遇也。懍懍乎伊、望之業矣！功雖不終，然其信義足以攜持民心。漢世亂而不亡，百餘年間，數公之力也。[162]

則陳蕃、竇武，雖同居乎清流之首，然其公私之心，允宜有所別異，未可相提比論也。

　　及竇氏誅，宦官得志，無所憚畏，父兄子弟，皆為公卿，列校牧守令長，布滿天下。然闈闥之內，外戚黨類之活動猶未止息，而皇位繼承之決定權，仍出之於攘奪，此可注意者也。《後漢書・董皇后紀》云：

> 孝仁董皇后……生靈帝。及竇太后崩，始與朝政……中平五年（188），以后兄子衛尉脩侯重為票騎將軍，領兵千餘人。初，后

162　見《後漢書》卷六十六，頁2171。

自養皇子協，數勸帝立為太子，而何皇后恨之，議未定而帝崩。
何太后臨朝，重與太后兄大將軍進權埶相害，后每欲參干政事，
太后輒相禁塞。后忿恚詈言曰：「汝今輈張，怙汝兄耶？當勅票騎
斷何進頭來。」何太后聞，以告進。……何進遂舉兵圍驃騎府，
收重，重免官自殺。后憂怖，疾病暴崩，在位二十二年。[163]

又《後漢書‧何進傳》云：

初，何皇后生皇子辯，王貴人生皇子協。群臣請立太子，帝以辯
輕佻無威儀，不可為人主，然皇后有寵，且進又居重權，故久不
決。六年（189），帝疾篤，屬協於蹇碩。……及帝崩，碩時在內，
欲先誅進而立協。……進驚……引兵入屯百郡邸，因稱疾不入。
碩謀不行，皇子辯乃即位，何太后臨朝，進與太傅袁隗輔政，錄
尚書事。[164]

靈帝不敢立協為太子，雖謂皇后有寵，實則與進居重權有極大關係。帝室
嗣續與外戚勢力之間，其關連之密切也如此。及靈帝崩，辯得即位，此外
戚何氏維護之力也。帝室嗣續若無外戚以為奧援，則其皇位繼承權是否穩
定，殆可推論而知也。董太后自養協，數勸靈帝立為太子，意其所欲，乃
在參干政事，隆興宗族，而其仗恃，即為兄子重之兵力，此亦可見干政外
戚與兵柄之關係。其後董氏敗滅，力不足也，何氏兵猛勢雄，董氏自非其
敵，此上引史文所易見者。抑且何氏之勝，宦寺之徒，亦有力焉，史書明

---

[163] 見《後漢書》卷十下，頁446-447。

[164] 見《後漢書》卷六十九，頁2247-2248。

謂靈帝怒欲廢何氏，而諸宦官為之固請得止 [165]。宦官力足以止帝廢后，固足見其權勢之隆盛，而何氏有宦官以為奧援，亦史事之本真也 [166]。使何后不幸早廢，欲與董氏互爭長短，庸可得乎？靈帝崩於中平六年（189），皇子辯即位，尊皇后何氏為太后。太后臨朝。后兄進欲誅宦官，反為所害。并州牧董卓被徵，將軍入洛陽，遂廢少帝為弘農王而立協，是為獻帝 [167]。夫董卓秉性麤猛，其立獻帝之故，以其為董太后所養，而自與太后同族 [168]。則當時宗族之觀念，深入於人心為何如！

　　東漢君主與外戚，其關係之密切，可考知者，已概述如上。當夫新舊君主交替，外戚勢力，輒干預於其間。明帝以降，略同一揆。而帝室嗣續之專決，幾全經由外戚，其中僅順帝之立，乃中黃門孫程等合謀之功，然踐祚以後，仍須藉外戚梁氏父子為之輔，則東漢外戚之勢力，所影響於帝室嗣續，亦云鉅矣。

3　嗣子之數與舅權之重

　　東漢諸帝嗣子之多寡有無，與本篇前文所考論者，亦有相當關係，茲特為之辨析於此，俾免有所疑滯焉。

　　考東漢諸帝嗣子之數，光武帝十子，明帝九子，章帝八子，至和帝則僅二子。安帝唯一子，順帝又僅一子。質帝、桓帝皆無子，靈帝二子，長為董卓所弒，次即獻帝也。趙翼（1727-1814）《廿二史劄記》卷四「東漢諸帝多不永年」條總論其因曰：

---

[165]　參閱《後漢書》卷十下《何皇后紀》，頁450。

[166]　《後漢書》卷六十九《何進傳》載何后之得中選入宮，乃中常侍郭勝之力；又謂何后及進之貴幸，中常侍郭勝有力焉。斯可證也。（頁2248。）

[167]　參閱《後漢書》卷八《靈帝紀》，頁357-359及卷十下《何皇后紀》，頁450。

[168]　參閱《後漢書》卷七十二《董卓傳》，頁2319及2323。

光武乃定王發之後，本屬旁支，譬如數百年老榦之上特發一枝，
雖極暢茂，而生氣已薄。迨枝上生枝，則枝益小而力益弱，更易
摧折矣。……皆氣運使然，非人力所能為也。[169]

夫氣運之說，言者頗多，茶餘飯後，借為談助，固無不可，惟治史者則不
應漫無辨別，遽爾信從。然則和帝以降，諸帝嗣子之所以或寡或無者，其
故安在？約而言之，理有二端：一曰權勢之專固，二曰女后之嫉妒。至於
外戚專固權勢與夫帝室嗣續關係之史料，前文已多引述，申論亦詳，茲可
不贅。然專固權勢，是否於諸帝嗣子之多寡有無，確有影響？而女后之嫉
妒，是否與此亦有關連？則猶有待今之抉發也。茲就專權與嫉妒二事，鉤
取史料，試加合併論證如下。

　　《後漢書·鄧皇后紀》云：

元興元年（105），帝崩，長子平原王有疾，而諸王子夭沒，前後
十數，後生者輒隱祕養於人間。[170]

則和帝嗣子之數，本在不少，而諸王子夭沒，前後竟凡十數，其中原委，
自與外戚鄧氏欲謀專固權勢有關，前文已加辨析。然則其中有無女后嫉妒
之因素，導致王子之夭沒？今案史文隱晦，書闕有間，誠不易遽下論斷，
惟衡以常情，推以義例，女后嫉妒與王子夭沒之間，恐亦有所關連，並非
徒事臆測而已。如安帝之世，閻后鴆殺宮人李氏，即有「專房妒忌」之意。
至皇太子保遭譖廢為濟陰王，則與外戚閻氏之欲專固權勢有關，此史籍所

---

[169] 見王樹民《廿二史劄記校證》上冊，2001年12月中華書局（北京），頁93。
[170] 見《後漢書》卷十上，頁421。

明載者 [171]。惟其事之得以明載，則亦有故。《後漢書・閻皇后紀》云：

> 中黃門孫程合謀殺江京等，立濟陰王，是為順帝。……帝母李氏
> 瘞在洛陽城北，帝初不知，莫敢以聞。及太后崩，左右白之，帝
> 感悟發哀，親到瘞所，更以禮殯，上尊諡恭愍皇后。[172]

使濟陰王不得立，左右又不白其事，則宮人李氏之遭害，是否亦可見諸史
籍，殊未可知。史書既云閻后專房妒忌，則慘遭閻后毒手者，諒不止李氏
一人。安帝崩時三十二歲，未必僅得一子，其中或有遭戕害之禍者歟？蓋
閻后本無子，為專固外戚權勢計，自須排除安帝親子而以外藩入繼。夫入
繼者經由外戚定策選立，皆屬幼弱之君，闈闥之內，既無根植之勢，朝廷
之上，又乏擁戴之臣，於是女后臨朝，外戚秉政，而大權自無旁落之虞矣。
惟閻氏有否因嫉妒及專權而戕害安帝親子？則史乏明文，姑試推臆如此。
至順帝之僅有一子，沖帝母虞氏之抑而不登，諒與梁冀之專權暴濫、兇頑
恣縱、忌害他族有關，前文已有引述，可置弗論。又《後漢書・梁皇后紀》
云：

> 后既無子，潛懷怨忌，每宮人孕育，鮮得全者。[173]

此節史料，似可說明東漢諸帝嗣子或寡或無之故。梁后之枉害孕育宮人，
自與其潛懷怨忌有關，然后之獨得寵幸，則因太后之秉政及梁冀之專朝，
是則桓帝之所以無子者，固與女后之嫉妒有直接關係，而於外戚之欲謀專

---

[171] 參閱《後漢書》卷十下《閻皇后紀》，頁435-436。

[172] 見同上，頁437-438。

[173] 見《後漢書》卷十下，頁444。

固權勢，諒亦有所聯繫，此理至易明也。試持此例與和帝諸子夭沒及順帝
母李氏遭鴆兩事互相參證，則和帝二子，安帝僅一子，無足怪矣。又《後
漢書・何皇后紀》云：

> 靈思何皇后……性彊忍，後宮莫不震懾。光和三年（180），立為
> 皇后。……時王美人任娠，畏后，乃服藥欲除之，而胎安不動……
> 四年（181），生皇子協，后遂酖殺美人。[174]

何皇后之酖殺王美人，其意固在維護皇子辯之繼承權，然史文明謂其性彊
忍，後宮莫不震懾，王美人懷胎，竟服藥欲除之，則靈帝嗣子之慘遭戕害，
其數殆在不少，此理可推知也。故靈帝嗣子之數，僅有二人，理即在乎是
歟？是則東漢諸帝嗣子之或寡或無，乃人力之所為，宜無關乎氣運，《廿
二史劄記》之說，非其實矣。

　　復次，東漢之世，母舅地位頗受尊崇。夫母系社會大多重舅權，而父
系社會亦有重舅權者，故僅就舅權重否一項，於文化人類學誠不視為證明
母系之條件。然西漢初年，母系遺俗遺存頗多，而當時帝室舅權尊重之史
實，又確然可審，吾師牟潤孫先生嘗加辨析，可為定論[175]。然則東漢帝
室母系遺俗是否仍未盡泯？此則猶待詳考，未宜遽加斷定。惟其時外戚之
擅政，則頗疑與舅權之重有相當關連。爰就東漢足以表見舅權尊重之史
料，略加闡釋，非敢妄謂有所論斷，僅欲為本篇論旨添一佐證云爾。

　　《後漢書・樊宏傳》云：

---

[174] 見同上，頁449-450。

[175] 詳見《漢初公主及外戚在帝室中之地位試釋》，《注史齋叢稿》，1959年8月新亞研究
　　　所（香港），頁74-77。

> 樊宏……世祖之舅……更始立，欲以宏為將。宏叩頭辭曰：「書生
> 不習兵事。」竟得免歸，與宗家親屬作營壍自守……世祖即位，
> 拜光祿大夫，位特進，次三公。建武五年（29），封長羅侯。十三
> 年（37），封弟丹為射陽侯……十五年（39），定封宏壽張侯。……
> 及病困，車駕臨視留宿，問其所欲言。宏頓首自陳：「無功享食大
> 國，恐子孫不能保全……。」二十七年（51）卒。……賻錢千萬，
> 布萬匹，諡為恭侯，贈以印綬，車駕親送葬。……樊氏侯者凡五
> 國。[176]

上舉引文，可注意者約凡三事：光武由起事至建國，樊宏並無軍功，其作
營壍自守，亦欲保護宗家親屬而已。雖然，彼所保護之人，其中自有與光
武關係較深之戚屬，惟仍不足以謂建立殊勳，故宏「自陳無功享食大國」，
其理在是。可見光武之尊崇樊宏，本非由其軍功，而實以其具有母舅身分。
此其一。及宏病困，車駕臨視留宿；夫車駕臨視，已屬殊寵，況又留宿乎？
倘宏非光武之母舅，恐不至乎是。此其二。宏卒，賻賜特厚，車駕親臨送
葬；宏非開國功臣，使非其舅，或未必尊崇如此。此其三。持是數端以謂
光武尊崇母舅，或不至甚穿鑿武斷也。《後漢書·廣陵思王荊傳》云：

> 廣陵思王荊……令蒼頭詐稱東海王彊舅大鴻臚郭況書與彊曰：「……
> 今新帝人之所置彊者為右。願君王為高祖、陛下所志……。」[177]

按彊本為皇太子，郭后廢而封為東海王[178]。荊性刻急隱害，說彊固欲有

---

[176] 見《後漢書》卷三十二，頁1119-1121。

[177] 見《後漢書》卷四十二，頁1146-1147。

[178] 參閱《後漢書》卷四十二《東海恭王彊傳》，頁1423。

所圖謀，然說彊必詐稱況，則不能不謂以母舅之故矣。《後漢書‧陰識傳》
云：

> 及顯宗立為皇太子，以識守執金吾，輔導東宮。[179]

又《後漢書‧郭皇后紀》云：

> 顯宗即位，（郭）況與帝舅陰識、陰就並為特進，數授賞賜，恩寵
> 俱渥。[180]

光武以陰識輔導東宮，其中自有借重豪族勢力之意，然設非當時重視舅
氏，則肩輔導之責者，又何必陰識耶？明帝即位，帝舅並為特進，此亦可
證當時帝舅地位之尊重也。《後漢書‧馬皇后紀》云：

> 建初元年（76），（章帝）欲封爵諸舅，太后不聽。明年夏，大旱，
> 言事者以為不封外戚之故，有司因此上奏，宜依舊典。[181]

李賢（665-684）等注云：

> 漢制，外戚以恩澤封侯，故曰舊典也。[182]

章帝非馬太后所出，欲封諸舅，冀極意承懽耳。言事者以為夏大旱乃不封

---

[179] 見《後漢書》卷三十二，頁1130。
[180] 見《後漢書》卷十上，頁403。
[181] 見同上，頁411。
[182] 見同上。

外戚之故，有司因此上奏，此固可云意在媚太后以要福，惟若非帝舅地位尊重，則言事者及有司何敢以封爵諸舅與災異相提並論？於此亦可見母舅地位之重焉。章帝以後，諸帝沖齡即位者多，且有以外藩入繼者，於是太后乃多稱制臨朝，而外戚之權位重矣。今考諸帝即位之年歲：和帝即位時，年僅十歲；殤帝即位時，生僅百餘日；安帝即位時，年十三；順帝由宦官擁立，時年十一；沖帝即位纔二歲；質帝即位纔八歲；桓帝即位年十五；靈帝即位年十二；弘農王即位年十七；獻帝即位纔九歲。其外藩入繼者，安帝由清河王子入繼，質帝由千乘王子入繼，桓帝由蠡吾侯子入繼，靈帝由解瀆亭侯子入繼。此四帝也。然安帝崩，閻太后立北鄉侯懿嗣位，當時稱少帝。是則四帝之外，尚有一帝也[183]。是以當時太后父兄權尊勢重，乃屬理所當然，固不可以為論證舅權尊重之條件。惟安帝本清河孝王慶子，為閻太后所立，即位時年僅十三耳，其力豈足自行封賞親族？耿寶並無策立之功，又非具有凌駕外戚閻氏之勢，而竟得擢居大將軍之位，謂非以母舅之故，其可得乎？《後漢書‧耿寶傳》云：

> 寶女弟為清河孝王妃，及安帝立，尊孝王，母為孝德皇后，以妃為甘園大貴人。帝以寶元舅之重，使監羽林左車騎，位至大將軍。[184]

---

[183] 參閱《後漢書》諸帝《紀》及《廿二史劄記》卷四「東漢諸帝多不永年」及「東漢多母后臨朝外藩入繼」兩條。（王樹民《廿二史劄記校證》上冊，頁93-95。）

[184] 《耿寶傳》原文云：「寶女弟為清河孝王妃及安帝立尊孝王母為孝德皇后以妃為甘園大貴人」。錢大昕《廿二史考異》卷十一云：「按：《安帝紀》建光元年，追尊皇考清河孝王曰孝德皇，皇妣左氏曰孝德皇后，祖妣宋貴人曰敬隱皇后，又追尊孝德皇元妃耿氏為甘陵大貴人。此《傳》以孝德皇后為孝王之母，誤矣。」（頁201。）按：范書此傳不誤。「尊孝王」句宜斷，錢氏以此屬下，故誤以為「尊孝王母為孝德皇后」耳。中華書局（北京）校點本不誤，今從之。

此節引文，最可注意者，為「元舅之重」一語，此實東漢舅權尊重之證也[185]。蓋安帝即位之初，閻氏權勢已固，若非當時舅權尊重，閻氏不可施其抑壓之力，使耿寶不得躋身高位耶？然終不肯為之，則閻氏不敢不恤人言之心意，殆可得而推知矣。故就寶以元舅之重而位至大將軍一事言，可知東漢舅權之尊重也。

夫東漢之世，太后稱制臨朝者多，以名義言，太后之兄弟即為諸帝舅氏，故當時舅權尊重之事實，殆亦與外戚易於干政一事有所關連。其奈史料不足，未容詳論，爰就若干史料，鉤索推闡，試發其覆於此，其亦為治東漢史者所不廢歟？

四　結語

前漢自成、哀以下，天地縱橫，人皆有冀於非望。光武漢室遠房枝裔，遭逢王莽之篡，隨兄伯升崛起南陽，族人姻戚，乃其所憑。除王莽之秕政，噓高皇之死灰，謀臣武將，破堅摧剛，執猛擾戾，洪規遠略，海內一統。東都之業，炳炳麟麟。夫光武初興，勢非最強，然終能廓清四海，位舉群雄，雖曰瞻智寬博，計慮如神，使非群材畢湊，豪族景附，則其中興之業，庸有成乎？故欲藉劉揚之兵眾，則納郭氏以結其心；冀陰識之來歸，則先聯姻於陰氏；考諸載籍，彰彰然矣。明、章二帝，亦為令主，方諸文、景，無所遜焉。惟欲示恩豪族，每亦聯姻是用。此蓋光武立國之遺意，亦東漢君主固其國祚之道也。和帝以後，皇統屢絕，諸帝嗣子，或寡或無，入繼者多外藩，**繼**體者必幼主，斯皆外戚專固權勢所使然，亦女后嫉妒有以促成之也。自是權歸女主，母后稱制，而外戚擅權之跡，乃昭然易見矣。夫

---

[185] 《後漢書》卷六十九《何進傳》載袁紹說進誅宦官，亦有「元舅之重」一語，可參證。（頁2249。）

得勢外戚，出身多自豪族，故外戚干政，猶豪族干政耳。當斯之時，人主不勝脅迫，公卿而下，又多外戚之附從，欲加斧鉞，唯藉閹寺，於是宦豎用事，寵加私愛，志士窮棲，海內嗟毒，故自章帝以降，外戚、宦官之亂政，洵為東漢一代之大事。夫宦官亂政，非本文範圍，可置弗論，而外戚擅權之史實，本亦人所詳知，不俟多所論述。惟其擅政之由，果何在乎？外戚集團之升降，其關鍵又為何？倘昧乎東漢政權之實質，又弗深究帝室、豪族聯姻之用心，則凡有所論述，必不得其深解。至外戚親族姻故之休戚，帝室之嗣續，與夫當時舅權之尊重，苟為論述所及，亦略加措意焉。篇中所論，豈敢云其必是，姑作管窺，仍同蠡測云爾。茲總結本文論證之要點如下：

1 東漢政權之建立，乃以豪族為根柢，帝室與豪族之間，其關係往往藉婚姻以資維繫。此自帝室言之，當為爭取豪族擁戴之手段；自豪族言之，則不外為增加操持中央政柄之資本。

2 東漢外戚之升降，不僅為一家之榮辱，即其親族姻故，每亦休戚與共。是以外戚之家，不惜悉力擯斥他族，其家之母族、妻族、黨與、故吏相率為其援，理由即在此。

3 外戚彼此之間，政柄時或轉移，而其勢力消長，則又每與帝室嗣續相牽涉，故當時帝室嗣續之決定，頗多經由外戚，而闈闥之內，牴牾時生，夷考其實，知與皇位之繼承有莫大關係。是故謂帝室嗣續有豪族勢力為之影響，殆非武斷之論。

4 東漢諸帝嗣子非寡即無，故多外藩入繼，其所以致是者，約而言之，理有二端：外戚欲謀專固權勢，一也；女后之嫉妒，二也；《廿二史箚記》委諸氣運，蓋推想之論耳。

5 東漢之世，母舅地位頗受尊崇，此雖不足證明當時仍有母系遺俗，惟外
戚擅政之難易與否，必與之有關連，是可斷言。

——原載《新亞學報》第九卷第二期，新亞研究所（1970 年 9 月）

論馬援之遭謗

一

王夫之（1619-1692）《讀通鑑論・光武》云：

> 光武之於功臣，恩至渥也，位以崇，身以安，名以不損，而獨於
> 馬援寡恩焉。抑援自取之乎！宣力以造人之國家，而卒逢罪譴者，
> 或忌其強，或惡其不孫，而援非也，為光武所厭而已矣。老氏非
> 知道者，而身世之際有見焉。其言曰：「功成名遂身退。」蓋亦察
> 於陰陽屈伸之數，以善進退之言也。平隴下蜀，北禦匈奴，南定
> 交阯，援未可以已乎？武谿之亂，帝愍其老而不聽其請往，援固
> 請而行。天下已定，功名已著，全體膚以報親，安祿位以戴君，
> 奚必馬革裹尸而後為愉快哉！光武於是而知其不自貴也；不自貴
> 者，明主之所厭也。夫亦曰：苟非貪俘獲之利，何為老於戎馬而
> 不知戒乎？明珠之謗，有自來矣。老而無厭，役人之甲兵以逞其
> 志，誠足厭也。故身死名辱，家世幾為不保……。[1]

馬援為光武中興之功臣，平隴下蜀，北禦匈奴，南定交阯，勳業誠彪炳矣；
誠人之禍，皆如所言，智誠睿矣。武陵五溪蠻夷之亂，援因復請行，時年
六十二。其後兵困壺頭，援亦中病，於是自效之功臣，忽變為不保令終之
罪將。會病卒，其妻孥惶懼，不敢以喪還舊塋，槁葬而已。自來論者或歸

---

[1] 見《讀通鑑論》卷六，1975年7月中華書局（北京），頁178-179。

咎於援「過其才為之不已」，有以致之 [2]。夫之之論，蓋引申其說而更詳言之。若其議論要點，括而言之，不外二端：援功成名遂而不身退，殆不自貴者也，故為光武所厭，此其一；老於戎馬而不知戒，人或疑其有貪利之心，明珠之謗，有自來矣，此其二。然光武之所以大怒兵困失利於前，又益怒乎明珠之謗於後，何也？夷考其故，頗疑其中必有涉及國家利害之事實，足使譖陷之言，得以中光武之所忌，不止兵困失利、明珠之謗而已。夫之以為援之年老自效，遂啟光武之厭，雖亦言之成理，惟於光武之心意，解釋未免略嫌迂曲，且於涉及國家利害一事，似未特為注意。爰就史傳稽勾節錄，草此短篇，以表出之。至其他政治問題，非茲篇範圍及其主旨之所在，姑暫存而不論焉。

二

《後漢書‧馬援傳》云：

> （建武）二十四年（48），武威將軍劉尚擊武陵五溪蠻夷，深入，軍沒，援因復請行。時年六十二，帝愍其老，未許之。援自請曰：「臣尚能被甲上馬。」帝令試之。援據鞍顧眄，以示可用。帝笑曰：「矍鑠哉，是翁也！」遂遣援率中郎將馬武、耿舒、劉匡、孫永等，將十二郡募士及刑四萬餘人征五溪。[3]

試就史文意義推考，光武於援之自效，似無厭之之意。且用兵蠻夷，非同兒戲，倘援確無足以勝任之能力，英明果斷、屢經戰陣如光武者，又安肯

---

[2] 參閱袁宏《後漢紀》卷八《光武紀》，《兩漢紀》下冊，2002年6月中華書局（北京）校點本，頁148。

[3] 見《後漢書》卷二十四，1965年5月中華書局（北京）校點本，頁842-843。

遣之遠征？若其所以令試被甲上馬，乃欲驗其體力耳，實則是否用援之決定，殆夙慮之深矣。又同《傳》云：

> 初，軍次下雋，有兩道可入，從壺頭則路近而水嶮，從充則塗夷而運遠，帝初以為疑。及軍至，耿舒欲從充道。援以為弃日費糧，不如進壺頭，搤其喉咽，充賊自破。以事上之，帝從援策。三月，進營壺頭。賊乘高守隘，水疾，船不得上。會暑甚，士卒多疫死，援亦中病，遂困……耿舒與兄好畤侯弇書曰：「前舒上書當先擊充，糧雖難運而兵馬得用，軍人數萬爭欲先奮。今壺頭竟不得進，大眾怫鬱行死，誠可痛惜。前到臨鄉，賊無故自致，若夜擊之，即可殄滅。伏波類西域賈胡，到一處輒止，以是失利。今果疾疫，皆如舒言。」弇得書，奏之。帝乃使虎賁中郎將梁松乘驛責問援，因代監軍。會援病卒，松宿懷不平，遂因事陷之。帝大怒，追收援新息侯印綬。[4]

從壺頭則路近，從充道則運遠，兩事俱上，而光武從援策，則其意在速近，理可知也。夫光武平日料敵制勝，明見萬里之外，「常言『伏波論兵，與我意合』，每有所謀，未嘗不用」[5]，是知光武咎援失利，非因其策之得失，而實與耿舒所述援之行軍態度有關。耿舒書云「伏波類西域賈胡，到一處輒止，以是失利」諸語，殆非光武所願聞，故即遣使乘驛責問援者，以此。惟光武之大怒，則在援卒之後，所以然者，則由梁松宿懷不平，遂因事陷之，有以致於斯也。上引史料敘述層次了然，略加審察，即可得知。至梁松之所以有不平於援者，厥有二事。《馬援傳》云：

4　見同上，頁843-844。
5　參閱同上，頁837。

援嘗有疾，梁松來候之，獨拜牀下，援不答。……松由是恨之。[6]

此一事也。又同《傳》云：

初，（援）兄子嚴、敦並喜譏議，而通輕俠客。援前在交阯，還書
誡之曰：「……龍伯高敦厚周慎，口無擇言，謙約節儉，廉公有威，
吾愛之重之，願汝曹效之。杜季良豪俠好義，憂人之憂，樂人之
樂，清濁無所失，父喪致客，數郡畢至，吾愛之重之，不願汝曹
效也。……」季良名保，京兆人，時為越騎司馬。保仇人上書，
訟保「為行浮薄，亂群惑眾，伏波將軍萬里還書以誡兄子，而梁
松、竇固以之交結，將扇其輕偽，敗亂諸夏」。書奏，帝召責松、
固，以訟書及援誡書示之。松、固叩頭流血，而得不罪。詔免保
官。伯高名述……由此擢拜零陵太守。[7]

此又一事也。李賢（655-684）等注松宿懷不平之故，僅舉「援往受其拜」
一事，所見殆未周備。夫杜保本無確罪，竟坐援書而免官；龍述本無他功，
竟由此而擢拜，何也？援書謂保「豪俠好義，憂人之憂，樂人之樂，清濁
無所失，父喪致客，數郡畢至」，殆其罪證。裴松之（372-451）以為援之
此誡，稱龍美而言杜惡，「致使事徹時主」，「與其所誡自相違伐」，深所不
取[8]。然援書於龍、杜均云愛之重之，未嘗言杜過惡，特以多通賓客，豪
俠好義，乃光武所疾惡，故一聞保「為行浮薄，亂群惑眾」之訟，即加罪

---

6 見同上，頁842。
7 見同上，頁844-845。按：「以之交結」，王先謙《後漢書集解》曰：「『以』字無義，
　疑當作『與』，音近而訛。」（1956年藝文印書館〔臺北〕影印長沙王氏校刊本，頁315。）
8 參閱《三國志》卷二十七《魏書・王昶傳》注，1959年12月中華書局（北京）校點本，
　頁747。

謗；若龍述之敦厚周慎，屏居自守，則為光武所喜，故免保官之同時，即加擢拜。其中抑揚之意，昭昭然矣。此乃光武示其喜惡於眾，使臣下知所戒慎，亦治術之一端也。然有一事須加注意者，則為梁松本坐援書，叩頭流血，光武所親見也，而使之乘驛責援代監其軍，其中豈無深意存焉？上引史文載援「兄子嚴、敦並喜譏議，而通輕俠客」，則亦深啟光武之惡，而竟得不罪，此或書由援發，免保官已足明示獎懲，故於嚴、敦之所為，特予寬貸而不問歟？然援之戚屬，好通賓客者亦頗不少，故方壺頭兵困，光武即遣梁松責問，豈其加罪之意，已夙存於心中耶？茲特節錄史料，以見馬援及其戚屬之行事焉。

三

《後漢書・馬援傳》云：

> 初，援兄子壻王磐子石，王莽從兄平阿侯仁之子也。莽敗，磐擁富貲居故國，為人尚氣節而愛士好施，有名江淮間。後游京師，與衛尉陰興、大司空朱浮、齊王章共相友善。援謂姊子曹訓曰：「王氏，廢姓也。子石當屏居自守，而反游京師長者，用氣自行，多所陵折，其敗必也。」後歲餘，磐果與司隸校尉蘇鄴、丁鴻事相連，坐死洛陽獄。而磐子肅復出入北宮及王侯邸第。援謂司馬呂种曰：「建武之元，名為天下重開。自今以往，海內日當安耳。但憂國家諸子並壯，而舊防未立，若多通賓客，則大獄起矣。卿曹戒慎之！」及郭后薨，有上書者，以為肅等受誅之家，客因事生亂，慮致貫高、任章之變。帝怒，乃下郡縣收捕諸王賓客，更相

牽引，死者以千數。[9]

磐、肅父子得罪之由，咸與交通賓客一事有關，是知此乃當時國家大防，而光武不惜苛於用刑者也。援乃磐、肅戚屬，雖未因是連坐受譴，惟謂光武於此並無介介於懷，恐亦未必然也。抑且援未遭謗前之所為，間或有未合當時大防之戒，而足啟光武平日之惡者。今試稽勾史實，略加疏解，以證成其說焉。

《馬援傳》云：

> （建武）十一年（35）夏，璽書拜援隴西太守。……諸種有數萬，
> 屯聚寇鈔，拒浩亹隘。……虜遂大潰……援中矢貫脛，帝以璽書勞
> 之，賜牛羊數千頭，援盡班諸賓客。……賓客故人，日滿其門。[10]

又《北堂書鈔》七四引華嶠（？-293）《漢後書》云：

> 馬援為隴西太守，遇長吏如兄弟，委以任之。[11]

衡以當日大防之戒，援「遇長吏如兄弟」，恐未必為君主所喜。若夫以牛羊數千頭「盡班諸賓客」，是施恩也；「賓客故人，日滿其門」，則其數似不在少；施恩而得眾，則尤深啟君主之所惡矣。《馬援傳》又云：

> （援）四子：廖、防、光、客卿。客卿幼而歧嶷，年六歲，能應

---

[9]　見《後漢書》卷二十四，頁850-851。

[10]　見同上，頁835-836。

[11]　見華嶠《漢後書》卷一，周天游《八家後漢書輯注》，1986年12月上海古籍出版社（上海），頁527。

接諸公，專對賓客。嘗有死罪亡命者來過，客卿逃匿不令人知。
外若訥而內沉敏，援甚奇之，以為將相器，故以客卿字焉。[12]

夫援乃食祿朝廷之命官，其幼子竟逃匿死罪亡命者，不令人知，此乃干犯
國法，觸君之忌，自不待言。馬家子弟平日之行徑，必有頗類於此，客卿
耳濡目染，然後方至於是也。援為家長，且常在外，其事於當時或弗得知，
然其治家不嚴之罪，又豈能辭？《馬援傳》又云：

> 初，援軍還，將至，故人多迎之，平陵人孟冀，名有計謀，於坐
> 賀援。援謂之曰：「吾望子有善言，反同眾人邪？昔伏波將軍路博
> 德開置七郡，裁封數百戶；今我微勞，猥饗大縣，功薄賞厚，何
> 以能長久乎？先生奚用相濟？」冀曰：「愚不及。」援曰：「方今
> 匈奴烏桓尚擾北邊，欲自請擊之。男兒要當死於邊野，以馬革裹
> 尸還葬耳，何能臥牀上在兒女手中邪！」[13]

故人迎勞，事本尋常，而史籍載之，且又著一「多」字，試持此與援平日
交往賓客故人之事互相參證，可見援雖以當時大防誡其戚屬，而不能自免
於讒隙，豈其智慮不足以為反身之察，因以啟光武之惡而不自覺乎？援自
謂「功薄賞厚」，欲謀長久之道，則援已知光武僅以籠絡施之於己，夫籠
絡必無誠，無誠則勢危，援之自效遠征，蓋有不得已焉。王夫之《讀通鑑
論》譏其「不自貴」而為明主所厭，又斥其「奚必馬革裹尸而後為愉快」，
是弗真知援者矣。《馬援傳》又云：

---

12 見《後漢書》卷二十四，頁852。
13 見同上，頁841。

初，援在交阯，常餌薏苡實，用能輕身省慾，以勝瘴氣。南方薏
苡實大，援欲以為種，軍還，載之一車。時人以為南土珍怪，權
貴皆望之。援時方有寵，故莫以聞。及卒後，有上書譖之者，以
為前所載還，皆明珠、文犀。馬武與於陵侯侯昱等，皆以章言其
狀，帝益怒。援妻孥惶懼，不敢以喪還舊塋，裁買城西數畝地槁
葬而已。賓客故人莫敢弔會。嚴與援妻子草索相連，詣闕請罪，
帝乃出松書以示之，方知所坐，上書訴冤，前後六上，辭甚哀切，
然後得葬。[14]

明珠、文犀之譖，光武之所以「益怒」者，何也？今就上舉引文略加推
論，殆亦足為本文論旨之一助歟？按援前所載薏苡實，乃在交阯軍還之
時，史云人或以為南土珍怪，援方有寵，故莫以聞。惟光武事後得聞譖
陷之言，恐或以為己之未得其狀於當時，乃援勢力盛大所致。夫明主豈
容勢盛之臣下？光武所以益怒於援者，殆或以此。抑且壺頭兵困，光武
即遣梁松責問於援，則其早有見罪之意，非昭然若揭耶？所以然者，以
援及其戚屬好通賓客故也，而好通賓客為當時之大防，倘以明珠、文犀
之載還，與施恩賓客故人一事相連，則光武之所以益怒於援，亦有由矣。
使其譖之從來，僅為疑援貪俘獲之利，則光武何故盛怒一至於斯？茲更
舉述《馬援傳》所載朱勃上書訟冤之言，以為本文論旨之助焉：

臣聞王德聖政，不忘人之功，採其一美，不求備於眾。……夫大
將在外，讒言在內，微過輒記，大功不計，誠為國家之所慎也。……
夫戰或以久而立功，或以速而致敗，深入未必為得，不進未必為

---

14 見同上，頁846。據《太平御覽》五五四引謝承《後漢書》，「松書」作「訟書」，試就
上下文義推之，疑以「訟」為是。參閱周天游《八家後漢書輯注》，頁15。

非。人情豈樂久屯絕地，不生歸哉！[15]

據此，可見光武咎援失利，非因其進兵壺頭之策，而實因其久屯而不進也，此意前文已有所論，茲僅藉是以為前論之旁證耳。或謂光武聽信耿舒失利誣陷之言，乃其春秋既高，智有所困，不知光武於援及其戚屬平日之行事，意夙有所不懌，智豈有所困哉！朱勃又云：

> 夫明主醲於用賞，約於用刑。高祖嘗與陳平金四萬斤以間楚軍，不問出入所為，豈復疑以錢穀間哉？[16]

與金而不疑，此高祖之信用陳平也[17]。朱勃持此為例，殆為明珠、文犀之謗而發乎？讒言謂援以車載還南土珍怪，勃雖心知其冤，然亦缺乏確據證明其必無，故訟冤時僅舉高祖與金之例，以為不應疑臣下於錢穀間，則光武視此為援應譴之罪證，理可知矣。夫戰將立功於外，偶貪俘獲之利，雖亦為光武所不悅，然其不責當時弗願舉報之人，而追怒於援卒之後，恐非明主治國之常道也。頗疑光武所以益怒於援，殆與援及其戚屬平日之行事有關，好珍寶而又施恩於賓客故人，則明珠、文犀之用，必涉及國家安危，此豈英斷如光武者所可容！是故昧乎當時國家之大防，則於梁松因事陷援之「事」，究為何「事」，必不可豁然通解也。朱勃又云：

> 臣聞《春秋》之義，罪以功除；聖王之祀，臣有五義。若援，所

謂以死勤事者也。願下公卿平援功罪，宜絕宜續，以厭海內之望。臣年已六十，常伏田里，竊感欒布哭彭越之義，冒陳悲憤，戰慄闕庭。[18]

按欒布本燕王臧荼將，以兵敗為漢虜，彭越聞之，乃請贖為大夫。及使齊還，越已梟首雒陽，布奏事越頭下，故祠而哭之也。夫越之身遭刑戮，其是非姑不必論，然以謀反罪誅，乃史籍所明載者[19]。今勃以布自況，則其以越譬援也審矣。凡功臣之逢罪譴者，或忌其彊，或惡其不遜，而援非也；勃以援與越相提並論，豈非比譬不倫乎？夫比譬不倫，猶事之小者，倘援並無反罪而竟以反罪之彭越喻之，則大失訟冤之義矣，朱勃豈其人哉！復次，援以讒言得罪，其誣罔之詞，史籍雖謂與兵困、珍怪二事有關，惟光武咎援牴觸國家大防之心意，必為人人所知見，又不必予以隱諱，然後勃之訟書，方敢持彭越、欒布之事例以為譬況，且奏之於朝堂之上也。由是言之，馬援得罪之由，與夫國家大防之關係，其密切如此，從可知矣！而壺頭兵困、明珠文犀之咎責，不過發其事端，梁松等乃因之以成援罪而已。

四

若夫《後漢書・馬援傳》後論，所云雖未顯晰，惟其中亦有足堪玩味之微意，可與本文論旨相證相成而不悖者：

論曰：馬援騰聲三輔，遨游二帝，及定節立謀，以干時主，將懷負鼎之願，蓋為千載之遇焉。然其誡人之禍，智矣，而不能自免

---

18 見《後漢書》卷二十四，頁849-850。
19 參閱《漢書》卷三十四《彭越傳》，頁1881及卷三十七《欒布傳》，頁1980。

於讒隙。豈功名之際，理固然乎？夫利不在身，以之謀事則智；
慮不私己，以之斷義必屬；誠能回觀物之智而為反身之察，若施
之於人，則能恕，自鑒其情，亦明矣。[20]

上文所論，最可注意者約凡兩事：其一為許援智能誡人之禍，其二則謂
援不能回觀物之智而為反身之察。按援誡人之言，皆與交通賓客一事有
關，如前在交阯，還書以誡兄子嚴、敦，舉龍述、杜保二人為例，是也。
又如援兄子壻王磐及子肅，皆得罪於當時，其罪即與游京師長者及多通
賓客有關，援均能預見其禍而先發誡言。凡人能遠慮未發之禍，誠為智
矣，然《傳》論於援弗能回觀物之智而為反身之察，頗示憾意，則援得
罪之由，與其平日所諄諄誡於人者，必有相連關係，此理可推知也。實
則范曄於援得罪之先，已述援及其戚屬多通賓客故人之狀，而於得罪之
後，又屢敘其告誡他人交通賓客之事，皆以「初」字發其端，則范氏於
史料之安排，已有深意存焉，《傳》論云云，亦已示其微意，特以文字頗
隱曲，遂啟後來論者之嚾嚾耳。

　　考光武為政之術，頗採法家綜覈之治，故峻文深憲，責成吏職，二
千石長吏有纖微之過者，必見斥罷。又不以功臣任職，至使英姿茂績，
委而勿用。雖寇、鄧之高勳，耿、賈之鴻烈，分土不過大縣數四，所加
特進朝請而已[21]。議者或謂此乃光武深圖遠算，欲制御元功而保全之，
不知光武本「精明而陰狠」[22]，若多通賓客而犯大防，則不惜起大獄，
痛責懲，馬援因謗得罪，乃其一例。夫光武遇功臣之苛切，非止一端，

---

20 見《後漢書》卷二十四，頁852。
21 參閱《後漢書》卷三十三《朱浮傳》，頁1141及卷二十二《朱景王杜馬劉傅堅馬傳》後
　　論，頁787。
22 參閱徐復觀《漢代專制政治下的封建問題》，《大陸雜誌》第三十八卷第七期，1969年4
　　月大陸雜誌社（臺北），頁21-22。

其詳猶待細考，茲僅摘取馬援遭謗之由，特為透出，藉以見光武之寡恩
忌刻焉爾。

——原載《新亞學報》第十卷第一期（下），新亞研究所（1973 年 7 月）

劉縯遭害原因的分析

一

　　劉縯（伯升）是劉秀（光武）的兄長，招集宗族、賓客起事，又在劉秀之前，在東漢史上，自然是個值得注意的人物。可惜他大業未成，卻遭劉玄（更始）等人的謀害。不少論史的人，在提到這件重要史實時，往往同情劉縯的遭遇，而對於劉玄等人的行為，則表示了責備。劉縯的遭遇，的確有值得同情的地方，但他本人，也應負上相當責任。王夫之（1619-1692）在《讀通鑑論・後漢更始》裡，就對劉縯的所作所為，採取批評的態度。下面是王氏的意見：

> 力均則度義，義均則度德；力可恃也，義可恃也，至於德而非可以自恃矣。伯升果有天下之志，與更始力相上下而義相匹，則以德相勝，而天下惡能去己？諸將之欲立更始，無亦姑聽之而待其自弊，如其不弊，則天且授之，人且歸之，而惡能與爭？如其弊，則姑順諸將之欲，自全於禍福之外，遵養以待時。故高帝受巴、蜀、漢中之封，而待三秦之怨、三齊之反以屈項羽，而羽終屈。伯升不知出此，婞婞然與張邛、朱鮪爭。夫天下之大寶，豈有可自爭而自得者乎？其見害於諸將也，不揆而犯難也。李軼且扼腕而思害焉，況他人乎？[1]

---

[1] 見《讀通鑑論》卷六，1975年7月中華書局（北京），頁143。

在這段文字裡，王氏指出劉縯不知「自全於禍福之外，遵養以待時」，當各將領計議立劉玄時，竟然表示不肯同意，終於遭受人家的殺害。他的見解，當然有可取的價值。但我們都知道，《讀通鑑論》一書，立論根據，只不過限於《通鑑》的記述，在發揮議論時，難免略欠周全。在這裡，我們試利用早於《通鑑》的史料，對劉縯遭害一事，作比較全面的分析。這種分析，一方面，可以證明王氏所論，的確是有根據的；另一方面，我們亦可以看出：王氏所見所云，也還有不足的地方。

二

劉縯反對立劉玄的記載，見范曄（398-445）《後漢書・齊武王縯傳》：

> 諸將會議立劉氏以從人望，豪傑咸歸於伯升。而新市、平林將帥樂放縱，憚伯升威明而貪聖公懦弱，先共定策立之，然後使騎召伯升，示其議。伯升曰：「諸將軍幸欲尊立宗室，其德甚厚，然愚鄙之見，竊有未同。……願各詳思之。」諸將多曰「善」。將軍張卬拔劍擊地曰：「疑事無功。今日之議，不得有二。」眾皆從之。[2]

原來在王莽末年的時候，起事群雄，不是自稱劉氏子孫，便以輔漢為名[3]。所以那時各將領議立的人選，是劉姓的劉縯和劉玄；前者受一般豪傑的擁戴，後者也有新市、平林將帥的支持。就實力而論，他們應該沒有太大的距離。任何一人得立，其他一人的勢力，必然受到限制或打擊，這是無可避免的結果，也是歷史上權位鬥爭的常有現象。劉縯是劉玄的唯一競爭對

2　見《後漢書》卷十四，1965年5月中華書局（北京）校點本，頁551。

3　詳見趙翼《廿二史劄記》卷三「王莽時起兵者皆稱漢後」條，王樹民《廿二史劄記校證》，2001年11月中華書局（北京），頁72-73。

手，結果並未得立，即使他善自掩抑、韜光養晦，也不能保證他將來不被
殺害，何況他還不避嫌疑，公然以候選人的身分，提出反對的意見！他的
遭害，的確如王夫之所說，是「不揆而犯難」。而且他反對的理由，衡以
當時情勢，也是有問題的。《齊武王縯傳》載有他反對的意見：

> 今赤眉起青、徐，眾數十萬，聞南陽立宗室，恐赤眉復有所立，如
> 此，必將內爭。今王莽未滅，而宗室相攻，是疑天下而自損權，非
> 所以破莽也。且首兵唱號，鮮有能遂，陳勝、項籍，即其事也。舂
> 陵去宛三百里耳，未足為功。遽自尊立，為天下準的，使後人得承
> 吾敝，非計之善者也。今且稱王以號令。若赤眉所立者賢，相率而
> 往從之；若無所立，破莽降赤眉，然後舉尊號，亦未晚也。[4]

這番話，乍看起來，理由似乎相當充分，但劉縯忽略了最重要一點，就是
當時起事的人，無非為了日後的功名富貴，他們所恐懼的，是人家有所立
而自己所追隨的人不得立。劉氏不能充分了解將領的心意，竟然說出「若
赤眉所立者賢，相率而往從之」，真是不切實際的話。史書說各將領多贊
同他的意見，恐怕不符事實的本真，否則，即使張邛拔劍擊地，也不會出
現「眾皆從之」的場面。而且，劉縯的話，雖沒有明確指出諸將所立的不
賢，但卻表示要看赤眉所立的賢、不賢，也就是說，他並不把劉玄視為賢
君的理想人選；這種語調，不但使劉玄懷恨於心，也會惹起部分將領的反
感。

　　所以，劉縯之未得立，固然是由於新市、平林將帥的預謀，但他措詞
不當，也不能說沒有影響。而劉玄和部分將領要害他的殺機，應該起於他

---

[4] 見《後漢書》卷十四，頁551。袁宏《後漢紀》卷一所載略同，參閱《兩漢紀》下冊，2002
　年6月中華書局（北京）校點本，頁6-7。

侃侃陳辭，表示反對的時候。做了皇帝的人，要對付曾經阻止自己做皇帝
的競爭者，在我國歷史上，並不是不常見的現象。

三

劉縯既然是劉玄的競爭對手，本身當然有強大的實力。據《後漢書·
齊武王縯傳》的記述：

> 伯升自發舂陵子弟，合七八千人，部署賓客，自稱柱天都部。……
> 會下江兵五千餘人至宜秋，乃往為說合從之執，下江從之。……
> 遂斬（甄）阜、（梁丘）賜……遂進圍宛，自號柱天大將軍。……
> 自阜、賜死後，百姓日有降者，眾至十餘萬。[5]

劉縯初起，只不過有舂陵子弟七八千人，其後「眾至十餘萬」，軍力的發
展，不可謂不迅速。其中雖亦包括新市、平林的兵將，但他本身的實力，
必然不可輕視。這一點，對劉玄所居君位的安危，構成很大的威脅。還有，
劉縯當時具有的聲勢，也不是劉玄等人所能容忍。如《齊武王縯傳》：

> 王莽素聞其名，大震懼，購伯升邑五萬戶，黃金十萬斤，位上公。
> 使長安中官署及天下鄉亭皆畫伯升像於墊，旦起射之。[6]

敵人所畏懼的對象，不是劉玄，也不是新市、平林的將帥，而是劉縯，他
們的不愉快，是不難了解的。的確，劉縯的聲勢，是日漸增加了，然而他
自己的生命，也日漸接近危險的境地。又據《齊武王縯傳》：

---

[5] 見《後漢書》卷十四，頁549-550。

[6] 見同上，頁550。

> 聖公（劉玄）既即位，拜伯升為大司徒，封漢信侯。由是豪傑失
> 望，多不服。平林後部攻新野，不能下。新野宰登城言曰：「得司
> 徒劉公一信，願先下。」及伯升軍至，即開城門降。……自是兄
> 弟威名益甚。更始君臣不自安，遂共謀誅伯升……。[7]

平林兵將攻不下新野，竟輕易降服於劉縯。從新野宰所說的話，可見劉氏
當時威信之大，平林兵將的不滿，是很容易想見的。一個具有很大威信的
人，如果是人君的話，自然十分理想，但劉縯只是人臣。這樣的人臣，幸
而遇到有特別容人之量的明君，還可以成為一位了不起的開國元勳，否
則，就會隨時遭害。劉玄和他的支持者因劉縯兄弟的「威名益甚」而不自
安，當然要共謀誅害了。

四

劉縯身處險境而不自知，對人家的警告，不但不肯提高警惕，還抱著
輕忽的態度，證據可見《後漢書・齊武王縯傳》：

> （更始）乃大會諸將，以成其計。更始取伯升寶劍視之，繡衣御
> 史申屠建隨獻玉玦，更始竟不能發。及罷會，伯升舅樊宏謂伯升
> 曰：「昔鴻門之會，范增舉玦以示項羽。今建此意，得無不善乎？」
> 伯升笑而不應。[8]

申屠建獻玦的用意，是取法范增請項籍下決心殺劉邦的故事[9]。這宗發生

---

7 見同上，頁551-552。
8 見同上，頁552。
9 司馬遷《史記》卷七《項羽本紀》：「項王即日因留沛公與飲。項王、項伯東嚮坐，亞

於楚漢之際的事件，距離當時並不甚遠，應該是人人所熟知。可是劉縯卻等閒視之，並不戒備。此外，我們可以再引述《齊武王縯傳》的傳文，來證明劉縯的輕忽：

> 初，李軼諂事更始貴將，光武深疑之，常以戒伯升曰：「此人不可復信。」又不受。[10]

由上文看來，劉縯是個極為自信的人，因此不易輕信人言。就是因為他的自信，終使他逃不過殺身的命運。《齊武王縯傳》：

> 伯升部將宗人劉稷數陷陳潰圍，勇冠三軍。時將兵擊魯陽，聞更始立，怒曰：「本起兵圖大事者，伯升兄弟也，今更始何為者邪？」更始君臣聞而心忌之，以稷為抗威將軍，稷不肯拜。更始乃與諸將陳兵數千人，先收稷，將誅之，伯升固爭。李軼、朱鮪因勸更始并執伯升，即日害之。[11]

劉玄君臣首先收捕劉稷，其實是以劉縯為鵠的。劉稷既是部將、宗人，且又勇冠三軍，劉縯決沒有坐視不救的道理。只要不肯坐視，起而「固爭」，就有殺害的藉口了。這種安排，當然是預先計畫的。在這事未發生前，劉秀也曾提出警告，可惜劉縯仍然一笑置之，毫不戒備。不過，根據這條材

父南嚮坐。亞父者，范增也。沛公北嚮坐，張良西嚮侍。范增數目項王，舉所佩玉玦以示之者三，項王默然不應。」（1962年5月中華書局〔北京〕校點本，頁312。）

10 見《後漢書》卷十四，頁552。袁宏《後漢紀》卷一亦云：「李軼初與世祖善，後諂新貴而疏世祖，世祖誡伯昇（升）曰：『此人不可親也。』伯昇不從。」（見《兩漢紀》下冊，頁7。）

11 見同上。袁宏《後漢紀》卷一：「更始大不悅，世祖惡之，謂伯昇曰：『事欲不善。』伯昇笑曰：『恆如是耳。』」（見同上）此可見劉縯的自信。

料，再以上文申屠建獻玦一事來合證，我們可以知道：劉玄本人，並沒有一定要殺劉縯的決心，決意要殺劉縯的，是劉玄的支持者，其中包括了新市、平林的將帥，還有後來投附新貴的李軼。這群人的目的，簡單地說，完全是為了要保持已得的功名富貴。他們知道，只有確保劉玄的君位，纔可以繼續維持自己的利益。劉稷之所以發怒，也因為他所追隨的人，是劉縯兄弟，他的前途所寄，也是劉縯兄弟，但立的卻是劉玄，難怪他按禁不住，要發出肇禍的怒言。可見劉縯的遭害，並不是個人之間的恩怨，實際上是集團與集團之間的利益衝突。劉秀是明白人，所以後來當劉玄破敗時，他不但封劉玄為淮陽王，還下詔「吏人敢有賊害者，罪同大逆」[12]。對於曾經參與謀害一事的朱鮪，亦能予以優容[13]。劉秀這樣做，固然是一種政治姿態，但我們可以看出，他並沒有把殺害兄長一事，完全歸罪劉玄或朱鮪一人。

五

據史書的敘述，劉玄是個懦弱無能而又深有自卑感的人[14]。如果這種

---

[12] 語見《後漢書》卷一上《光武帝紀》，頁24。

[13] 《昭明文選》卷四十二阮瑀《為曹公作書與孫權》及卷四十三丘遲《與陳伯之書》注引謝承《後漢書》：「光武攻洛陽，朱鮪守之。上令岑彭說鮪曰：『赤眉已得長安，更始為胡殷所反害，今公誰為守乎？』鮪曰：『大司徒公被害，鮪與其謀，誠知罪深，不敢降耳！』彭還白上，上謂彭復往明曉之：『夫建大事，不忌小怨。今降，官爵可保，況誅罰乎？』」（見謝承《後漢書》卷二《岑彭傳》，周天游《八家後漢書輯注》，1986年12月上海古籍出版社〔上海〕，頁12。）

[14] 有關劉玄懦弱無能的記載，見袁宏《後漢紀》卷一：「聖公素懦弱，流汗不敢言。」（見《兩漢紀》下冊，頁7。）這是初立時的樣子。又據《東觀漢記》卷八《劉玄傳》：「更始至長安，居東宮……更始上前殿，郎吏以次侍，更始愧惡，俯刮席，與小常侍語。郎吏怪之。」（見吳樹平《東觀漢記校注》，1987年3月中州古籍出版社〔河南〕，頁258。）這是在長安東宮時的表現。《後漢書》卷十一《劉玄傳》所載較詳，茲錄如下：「更始即帝位，南面立，朝群臣。素懦弱，羞愧流汗，舉手不能言。……更始既至（長安），

記述可以成立的話，也就怪不得劉縯敢於低估他的才能，輕忽他的圖謀。事實上，這種記述，可能有不盡不實的地方，即就現存史料觀察，我們已經可以看出疑點。《後漢書·劉玄傳》：

> 弟為人所殺，聖公結客欲報之。客犯法，聖公避吏於平林。吏繫聖公父子張。聖公詐死，使人持喪歸舂陵，吏乃出子張，聖公因自逃匿。[15]

劉玄那時還是處身微賤，就已有勇氣結客報仇，可見絕不是個懦弱自卑、忕忕偊偊的人。而且，從詐死救父一事，可見他亦具有相當謀略，不是個全無頭腦的庸人。只不過有關東漢史事的撰述，大多出自劉珍等（？-126）《東觀漢記》，甚至有由皇帝和皇后所刊定的[16]，范曄在剪裁綴輯史料的時候，有時不免因襲舊文，保存了一些不正確的記錄。劉知幾（661-721）在《史通·曲筆篇》裡，就有針對這方面的論述[17]。關於劉玄的才智，我們還可以引錄另一材料來說明。據《後漢書·鄭興傳》：

居長樂宮，升前殿，郎吏以次列庭中。更始羞怍，俛首刮席不敢視。諸將後至者，更始問虜掠得幾何，左右侍官皆京省久吏，各驚相視。」（頁469-470。）

[15] 見《後漢書》卷十一，頁467。《東觀漢記》卷八所載同。參閱吳樹平《東觀漢記校注》，頁2570。

[16] 《後漢書》卷四十二《東平憲王蒼傳》：「（顯宗）永平十五年春，行幸東平……帝以所作《光武本紀》示蒼，蒼因上《光武受命中興頌》。」（頁1436）；《東觀漢記》卷七所載略同，參閱吳樹平《東觀漢記校注》，頁240。又《後漢書》卷十上《馬皇后紀》：「肅宗即位，尊后曰皇太后……自撰《顯宗起居注》，削去兄防參醫藥事。」（頁410）

[17] 劉知幾《史通·內篇·曲筆第二十五》：「案《後漢書·更始傳》稱其懦弱也，其初即位，南面立，朝群臣，羞愧流汗，刮席不敢視。夫以聖公身在微賤，已能結客報讎，避難綠林，名為豪傑，安有貴為人主，而反至於斯者乎？將作者曲筆阿時，獨成光武之美，諛言媚主，用雪伯升之怨也。且中興之史，出自東觀，或明皇所定，或馬后攸刊，而炎祚靈長，簡書莫改，遂使他姓追撰，空傳偽錄者矣。」（見浦起龍《史通通釋》，1978年4月上海古籍出版社〔上海〕，頁197。）

> 更始諸將皆山東人，咸勸留洛陽。興說更始曰：「陛下起自荊楚，
> 權政未施，一朝建號，而山西雄桀爭誅王莽，開關郊迎者，何也？
> 此天下同苦王氏虐政，而思高祖舊德也。今久不撫之，臣恐百姓
> 離心，盜賊復起矣。……今議者欲先定赤眉而後入關，是不識其
> 本而爭其末，恐國家之守，轉在函谷，雖臥洛陽，庸得安枕乎？」
> 更始曰：「朕西決矣。」拜興為諫議大夫，使安集關西及朔方、涼、
> 益三州，還拜涼州刺史。[18]

根據上文，我們不難看出：劉玄也算得是個精明而有決斷的君主[19]，能夠
接納善言，認識大局，並非全是新市、平林的傀儡。如果在競爭的時候，
過分低估這樣的對手，對自己是不會有好處的。不幸的是，劉縯不但低估
了對手的才能，而且還輕忽了劉玄等人的圖謀，犯了不能「知彼知己」的
大忌。於是，正如上文所述，由於集團利益的衝突，劉縯在毫不戒備的情
況下，竟然慘遭人家的殺害。

六

　　根據現存的史料看，劉縯不愧是個亂世豪傑，做事精明而有遠見，但處
理自己的安危問題時，卻採取這樣輕忽的態度，究竟是甚麼緣故呢？照我們
了解，這是劉縯的性格使然。關於劉縯的性格表現，我們不妨引述一些資料，
好作一個具體的說明。《後漢書・齊武王縯傳》：

> 齊武王縯字伯升，光武之長兄也。性剛毅，慷慨有大節。自王莽篡

---

18 見《後漢書》卷三十六，頁1217-1218。
19 呂思勉即稱許劉玄為「英斷」之主。參閱呂著《秦漢史》第八章第一節，1962年9月太平
　　書局（香港），頁230。

漢，常憤憤，懷復社稷之慮，不事家人居業，傾身破產，交結天下
雄俊。[20]

又《後漢書·光武帝紀》：

伯升好俠養士，常非笑光武事田業，比之高祖兄仲。……地皇三年
（22）……時伯升已會眾起兵。初，諸家子恐懼，皆亡逃自匿，曰
「伯升殺我」。[21]

劉縯是個剛毅有大節的人，平日的行徑，已經鋒芒畢露，不守常規。他不是
個淡泊自甘、從事「家人居業」的農夫，更不是個善自隱藏、遵養待時的豪
雄。他的破家交結雄俊，是要轟轟烈烈地幹一番大事。正因為他是個這樣的
人，所以日常的舉措，必然不畏人忌，輕忽小節，而碰上大事時候，卻又能
表現高瞻遠矚的領袖風範。如《後漢書·岑彭傳》：

甄阜死，彭被創，亡歸宛，與前隊貳嚴說共城守。漢兵攻之數月，
城中糧盡，人相食。彭乃與說舉城降。諸將欲誅之，大司徒伯升曰：
「彭，郡之大吏，執心堅守，是其節也。今舉大事，當表義士，不
如封之，以勸其後。」更始乃封彭為歸德侯，令屬伯升。[22]

劉縯為岑彭向諸將解說，完全是領袖的容人胸襟。他又主張為了表彰義節，
「不如封之，以勸其後」，更可顯示出他是個不拘小節以圖大事的領導人物。
這種充滿自信、鋒芒畢露的人，又怎會重視樊宏、劉秀的警告！又怎會把申

---

[20] 見《後漢書》卷十四，頁549。
[21] 見《後漢書》卷一上，頁1-3。
[22] 見《後漢書》卷十七，頁654。

屠建獻珧的事放在心上！就是這一種人，因為過於自信的關係，往往會輕視人家的能力，疏於戒備對手的圖謀，給人以可乘之機。對於這一點，《齊武王縯傳》後論有幾句精闢的話，可以引述下來，作為本節的結束：

> 大丈夫之鼓動拔起，其志致蓋遠矣。若夫齊武王之破家厚士，豈游俠下客之為哉！……志高慮遠，禍發所忽。嗚呼！古人以蜂蠆為戒，蓋畏此也。[23]

七

根據上文的論述，我們可以了解：劉縯的遭害，跟他的性格有很密切的關係。他是個剛毅而自負的人，所以纔會不顧情勢，侃侃陳辭，反對諸將議立劉玄的意見，種下了日後的禍根。他反對無效以後，又不能自抑待時，竟然以人臣的身分，表現過人的聲勢，發揮自己的威信，構成了對別人的威脅。別人為了要確保自己的利益，當然要對付他。可惜他過分自信了，他輕視了對手危害自己的圖謀，忽略了親人預早的警告，不知謹慎自處，終於招來殺身之禍。我們承認，他也算得是個高瞻遠矚的豪傑，又有容人的胸襟，只是他感覺不到隱伏身旁的殺機。而且，他的鋒芒太露了，也露得太早了，具有才能而自信的人，往往會犯上這樣的毛病。

——原載《新亞學報》第十卷第一期（下），新亞研究所（1973 年 7 月）

---

23 見《後漢書》卷十四，頁555。

《後漢書》虞傅兩《傳》敘事牴牾考

一

清代學者章學誠（1738-1801），是我國著名的文史評論家。他的論著，在學術上有重大的貢獻和影響，尤其是在史學方面，他往往有精闢的見解，這是大家所認可的。他生在考據學盛行的乾嘉時代，獨倡文史校讎之學，跟考據學家相抗衡，所以他在當時並不特別受到人家的重視。他的著作，到他死後三十一年，纔陸續刻印出來。他到底是位有真知灼見的學者，他的成就，終於漸漸得到後人的公認。不過，章氏的學術地位，固然不容否定，但他的疏失，我們也不妨抉發出來。下面一段文字，是章氏批評范曄（398-445）《後漢書》敘事牴牾的意見，他所批評的論據，是否毫無問題？我現在先把章氏的話引錄下來，再作詳細的討論。

章學誠《讀書箚記·信摭》云：

> 《後漢書》虞詡、傅燮合傳，內敘永初四年，羌胡殘破并、涼，朝議欲棄涼州一事。於《虞詡傳》則云：詡辟大尉李修府。會大將軍鄧騭欲棄涼州，詡說修非計。修謂微子之言，幾敗國事。因問計於詡。詡請四府九卿，各辟彼州牧守令長子弟，除為冗官，以羈縻之。修集四府皆從其議。而鄧騭兄弟以詡異議，欲中傷之，卒授朝歌長以難之。而於《傅燮傳》內，則云司徒崔烈議棄涼州，燮屬言曰：「斬司徒天下乃安！」尚書郎楊瓚奏燮廷辱大臣，帝以問燮，燮具言所以。帝從燮議。與《虞詡傳》所云互異，不知誰是誰非。史傳敘事牴牾，情理所有，然未有同列一篇之內，而互

歧如此者。范史銓配列傳，如文集之選錄文字，全不謀篇，此亦
其一端矣。[1]

章氏的話，主要在指出《後漢書》虞、傅兩《傳》同列一篇，但敘事互相
歧異，不知誰是誰非。章氏對范曄斥責的態度，是相當嚴厲的。他認為范
史銓配列傳，有如文集選錄文字，完全沒有經過思考安排。乍看之下，章
氏批評的論據十分充分，所謂「理直氣壯」，也難怪他在語句裡略含譏諷。
可是，我們如果檢讀虞、傅兩《傳》原來的史文，立刻就可以發覺章氏所
持論據的錯誤。

二

《後漢書・虞詡傳》：

（詡）辟太尉李修府，拜郎中。永初四年，羌胡反亂，殘破并、
涼，大將軍鄧騭以軍役方費，事不相贍，欲棄涼州，并力北邊，
乃會公卿集議。騭曰：「譬若衣敗，壞一以相補，猶有所完。若不
如此，將兩無所保。」議者咸同。詡聞之，乃說李修曰……修善
其言，更集四府，皆從詡議。[2]

虞詡所說的人，很可能是張禹而不是李修，下文將有提及，今暫不論。我
們現在要注意的，是虞詡議論不要放棄涼州的事，發生在永初四年（110）。
而永初是安帝的年號，這是我們所知道的，因此虞詡是安帝時人，應該不
容否定。那時所召開的集議，也自然是安帝時集議了。至於傅燮，又是甚

[1] 見《章實齋先生讀書劄記》卷一，1968年10月文華出版公司（臺北），頁13。
[2] 見《後漢書》卷五十八，1965年5月中華書局（北京）校點本，頁1866。

麼時候的人呢？《後漢書・傅燮傳》云：

> （燮）後為護軍司馬，與左中郎將皇甫嵩俱討賊張角。……及破
> 張角……以為安定都尉。以疾免。後拜議郎。會西羌反，邊章、
> 韓遂作亂隴右，徵發天下，役賦無已。司徒崔烈以為宜棄涼州。
> 詔會公卿百官，烈堅執先議。燮屬言曰：「斬司徒，天下乃安！」
> 尚書郎楊贊奏燮廷辱大臣。帝以問燮。燮對曰……帝從燮議。[3]

根據《後漢書・靈帝紀》的記述，張角起事的時間是靈帝中平元年（184）
春二月，而皇甫嵩破張角及其弟寶，是在同年十、十一兩月[4]；傅燮既與
皇甫嵩同討張角，他當然是靈帝時人。還有，根據上引史文，我們已知道
傅燮斥司徒崔烈，是破張角以後的事，而崔烈在靈帝中平二年（185）三
月，方由廷尉為司徒，中平四年（187）四月，由於太尉張溫免，崔烈又
由司徒而為太尉[5]。可見傅燮之斥司徒崔烈，必在靈帝中平二年（185）三
月或以後、四年（187）四月以前。據《後漢紀・靈帝紀》的敘述，袁宏
（328-376）把傅燮斥崔烈事繫於中平二年（185）三月下五月前[6]，可知
崔烈受斥當在這一年三、四月間。而虞詡說太尉不要放棄涼州，明明是安
帝永初四年（110），「此」帝不同「彼」帝，其間時間的差距，是十分清
楚的。我們怎能說虞、傅兩《傳》敘事牴牾？章氏誤會虞、傅是同時人，
因誤會而斥責范曄「全不謀篇」，也就不足為怪了。

　　不過，照常理而論，章氏是不應誤會的，因為他應該知道史書的撰作，
有合傳這種體裁。顧炎武（1613-1682）《日知錄》「史家月日不必順序」

---

[3] 見同上，頁1873-1876。

[4] 參閱《後漢書》卷八，頁348-350。

[5] 參閱同上，頁351-354。

[6] 參閱《後漢紀》卷二十五，《兩漢紀》下冊，2002年6月中華書局（北京）校點本，頁484-485。

云：

> 古人作史，取其事之相屬，不論月日……蓋史家之文常患為日月
> 所拘，而事不得以相連屬，故古人立此變例。[7]

顧氏的原意，本來只在指出史家敘事不必按照月日的順序，但也肯定了事
相連屬的重要。章氏自己所撰的《文史通義・釋通》在論及《史記》時，
亦這樣說：

> 楚之屈原，將漢之賈生同傳；周之太史，偕漢之公子同科；古人
> 正有深意，相附而彰，義有獨斷；末學膚受，豈得從而妄議耶！[8]

我們根據顧、章二氏的話，不妨再回過頭來看看虞、傅《傳》後的贊語：

> 先零擾疆，鄧、崔棄涼，詡、燮令圖，再全金方。[9]

范曄在贊語裡已很清楚地指出：虞、傅同列一篇，完全因為他們都反對放
棄涼州[10]。兩人議論事情的性質儘可相同，但兩人所處的時代卻不一定相
同。因事合傳，可以讓讀史者對「先零擾疆」的先後活動情況，有一個比
較完整的了解，正所謂「相附而彰」，而涼州必不可棄的重要性，並不因

---

7 見《日知錄》卷二十，黃汝成《日知錄集釋》，2006年12月上海古籍出版社（上海），
　頁1133。

8 見《文史通義・內篇四》，1956年12月古籍出版社（北京），頁131-132。

9 見《後漢書》卷五十八，頁1893。

10 王先謙在《後漢書集解》中就指出：「虞、傅同傳，以棄涼州，觀贊四語可知。」（見
　《後漢書集解》卷五十八《傅燮傳》「斬司徒天下乃安」句下，1956年藝文印書館〔臺
　北〕影印長沙王氏校刊本，頁669。）

時間的先後而有所減低，也就更可以清晰地表現出來。這是范曄有意「謀篇」，「正有深意」，並不是隨意「銓配」的。梁啟超（1873-1929）在《中國歷史研究法補篇》的第四章裡說得好：

> 合傳這種體裁，在傳記中最為良好。因為他是把歷史性質相同的人物，或者互有關係的人物，聚在一處，加以說明，比較單獨敘述一人，更能表示歷史真相。[11]

梁氏的意見，正好作為虞、傅兩《傳》同列一篇的理由。章氏可能在撰寫讀書箚記時，倉卒下筆，因虞、傅兩《傳》同列一篇，便誤會他們為同時人，同時也忽略了范曄在贊語裡所要表達的意思。

三

此外，虞、傅兩人反對放棄涼州所持的論點，大致雷同，這一點，很可能是導引章氏產生誤會的理由。為了方便說明，我們不妨先了解虞詡的意見。《後漢書·虞詡傳》云：

> 竊聞公卿定策當棄涼州，求之愚心，未見其便。先帝開拓土宇，劬勞後定，而今憚小費，舉而棄之。涼州既棄，即以三輔為塞；三輔為塞，則園陵單外。此不可之甚者也。諺曰：「關西出將，關東出相。」觀其習兵壯勇，實過餘州。今羌胡所以不敢入據三輔，為心腹之害者，以涼州在後故也。其土人所以推鋒執銳，無反顧之心者，為臣屬於漢故也。若棄其境域，徙其人庶，安土重遷，

---

11 梁啟超《中國歷史研究法補篇》，1961年6月臺灣中華書局（臺北），頁57。

必生異志。如使豪雄相聚，席卷而東，雖賁、育為卒，大公為將，猶恐不足當禦。……棄之非計。[12]

虞詡主張不可放棄涼州的主要論點，歸納起來，不外兩項。首先，他指出「涼州既棄，即以三輔為塞；三輔為塞，則園陵單外」；也就是說，涼州是西京的屏藩，捨棄了涼州，就會使西京失去了外圍的護衛；這是從地理形勢來立論。跟著，虞詡又指出涼州「習兵壯勇，實過餘州」，「若棄其境域」，「必生異志」，如果有人藉著這樣的條件起而作亂，即或有最勇猛的兵卒，有最高明的主帥，也恐怕不能抵禦；這是從涼州的實力來立論。至於傅燮反對放棄涼州的意見，又怎樣呢？《後漢書・傅燮傳》云：

今涼州天下要衝，國家藩衛。高祖初興，使酈商別定隴右；世宗拓境，列置四郡，議者以為斷匈奴右臂。今牧御失和，使一州叛逆，海內為之騷動，陛下臥不安寢。烈為宰相，不念為國思所以弭之之策，乃欲割棄一方萬里之土，臣竊惑之。若使左衽之虜得居此地，士勁甲堅，因以為亂，此天下之至慮，社稷之深憂也。[13]

傅燮之說，分析起來，也不外兩項要點。首先，他也是從國家的地理形勢來立論，指出「涼州天下要衝，國家藩衛」，跟虞詡的說法並無分別。其次，他也是根據涼州的實力，說出很可憂慮的理由：「若使左衽之虜得居

---

[12] 見《後漢書》卷五十八，頁1866。又王符在《潛夫論》卷五「救邊第二十二」的見解，亦大略與虞詡相合：「無邊亡國。是故失涼州則三輔為邊，三輔內入則弘農為邊；推此以相況，雖盡東海猶有邊也。今不屬武以誅虜，選材以全境，而云邊不可守，欲先自割便寇敵，不亦惑乎！」（見《漢魏叢書》，1966年1月新興書局〔台北〕影印本，頁175。）王符與虞詡同時，「其指訐時短，討謫物情，足以觀見當時風政」；生平見《後漢書》卷四十九《王符傳》，頁1630-1643。

[13] 見《後漢書》卷五十八，頁1875-1876。

此地，士勁甲堅，因以為亂，此天下之至慮，社稷之深憂也。」他所憂慮的理由，其實也就是虞詡所持的理由。虞、傅議論的事情，性質相同，論點也沒大分別，兩人的《傳》又同列一篇，如果不知道他們本來並不同時，一時不察，的確會像章氏產生那樣的誤會。

<h2 style="text-align:center">四</h2>

最後，還有一點要指出的，就是虞詡當時所說的人，究竟是李修還是張禹？據《後漢書・虞詡傳》的記述，虞詡所說的人，清清楚楚是太尉李修，而章氏在批評《後漢書》敘事牴牾時，也照傳文引述，並無特別說明（見上文），可見他也並不否定當時的太尉是李修的說法。正如上文所述，羌胡反亂是在安帝永初四年（110），而虞詡說太尉的事也在同年。據《後漢書・安帝紀》的記載：

> 永初元年（107）……秋九月……庚寅，太傅張禹為太尉。……（永初）五年（111）春正月……己丑，太尉張禹免。甲申，光祿勳李修為太尉。[14]

如果這段材料可靠的話，那麼，虞詡在永初四年（110）所說的太尉，應該是張禹而不是李修，因為直到永初五年（111），李修才由光祿勳而為太尉。照我們的了解，一般史書帝紀對重要官吏任免的年月，往往比列傳較為詳確，而袁宏的《後漢紀》和司馬光（1019-1086）的《資治通鑑》，亦把當時虞詡所說的太尉定為張禹[15]，可見《後漢書・安帝紀》的記載，應

---

[14] 見《後漢書》卷五，頁206-208。

[15] 參閱《後漢紀》卷十六，《兩漢紀》下冊，頁313及《資治通鑑》卷四十九，1963年4月中華書局（北京）校點本，頁1582。

該比同書《虞詡傳》的記載較為可靠。無論怎樣，《安帝紀》與《虞詡傳》的敘事牴牾，是顯而易見的，章氏不能注意及此，反而就議論涼州一事，指出虞、傅兩《傳》的牴牾，這裡頭的原因，完全因為他對這段史實，缺乏明確的時間觀念。時間觀念，對治史者來說，是相當重要的。否則，即使像章氏那樣的學者，有時也會犯了「無以自解」的謬誤。自然，一丁點的謬誤，絕不會損抑了章氏的學術地位，但同時也可看出，權威學者的意見，有時也不一定盡可相信。

——原載《錢穆先生八十歲紀念論文集》，新亞研究所（1974 年）

讀班昭《女誡》札記

一 班昭與《女誡》

班昭（約49-120）是我國歷史上一位很傑出的女性。她一名姬，字惠班，東漢扶風安陵（今陝西咸陽東北）人。她是班彪（3-54）的女兒、班固（32-92）的妹妹，年十四，嫁夫曹壽（字世叔），不幸丈夫早死，所以她很早就過著寡居的生活。

班氏出身官宦積學之家，學有淵源，年輕時就以博學高才著稱。班固著《漢書》，其中八表和《天文志》未能及時完成就去世了，漢和帝詔命她繼續完成兄長的撰述工作。後來和帝又召她入宮作皇后、貴人的老師，號為「曹大家」；每有人向朝廷貢獻異物，往往命她撰作賦、頌。《漢書》初出，文字艱僻，讀者多未能通，同郡馬融（79-166）早年師從關西大儒摯恂（生卒年不詳），博通經籍，後來成為大經學家，也曾伏於閣下向她受讀《漢書》。

班氏年七十多歲去世，皇太后為她素服舉哀，並遣使者監護喪事，極盡哀榮。她撰有賦、頌、銘、誄、問、注、哀辭、書、論、上疏、遺令，共十六篇，她的兒媳丁氏替她編輯成集，並寫了篇《大家讚》去表揚她[1]。《隋書經籍志》著錄有集三卷，已佚。今存《東征賦》、《女誡》、《上鄧太后疏》等，散見於《昭明文選》、《藝文類聚》及《後漢書》本傳。她又曾為班固《幽通賦》作注，現存《昭明文選》李注中。

---

[1] 有關班昭生平，參閱范曄《後漢書》卷八十四《列女班昭傳》，1965年5月中華書局（北京）校點本，頁2784-2792。

　　班氏為甚麼會撰寫《女誡》？據她的自述，主要是為了「有助內訓」[2]。
她這樣說：

> 吾性疏頑，教道無素，恒恐子穀負辱清朝。聖恩橫加，猥賜金紫，
> 實非鄙人庶幾所望也。男能自謀矣，吾不復以為憂也。但傷諸女
> 方當適人，而不漸訓誨，不聞婦禮，懼失容它門，取恥宗族。吾
> 今疾在沈滯，性命無常，念汝曹如此，每用惆悵。閒作《女誡》
> 七章，願諸女各寫一通，庶有補益，裨助汝身。[3]

班氏的兒子曹成字子穀，曾察孝廉，後徵拜中散大夫。她認為兒子「聖恩
橫加，猥賜金紫」，已「能自謀」，不必再為他擔憂，反而家中諸女到了適
婚年齡，如果不懂婦禮，恐怕會不容於夫家，又令宗族蒙羞。於是她以當
時禮教的標準，為她們提供一些具體的提示，希望這些提示對她們的儀
容、舉止以至待人處世方面，都會有幫助。在《女誡》中，她分別就卑弱、
夫婦、敬慎、婦行、專心、曲從、和叔妹等七方面提供意見。她的意見，
當然有時代的局限，未可全部在現代社會中硬套硬用，但其中也有一些話
語，對現代女性，應該仍有參考的價值或啟發的作用。

二　讀《女誡》札記

1　論「卑弱下人」：談《女誡》之一

> 古者生女三日，臥之床下，弄之瓦磚，而齋告焉。臥之床下，明

---

[2] 語見同上，頁2786。
[3] 見同上。

> 其卑弱，主下人也；弄之瓦塼，明其習勞，主執勤也；齋告先君，
> 明當主繼祭祀也；三者蓋女人之常道，禮法之典教矣。(班昭《女
> 誡·卑弱第一》) [4]

卑弱，在現代人的眼中，該不是個佳妙的詞語。把這個詞語拿來與「女性」兩字相提並論，似乎有意與天下女性為敵。而且立論的根據，又似乎是東漢時代班昭所撰的《女誡》。在開明人士的心目中，一定會以為筆者滿腦子舊禮教思想，竟敢在人類已踏足在月球的時代裡，公然轉販早該扔在毛廁的「廢物」！我或許是個拘謹的人，卻不是舊禮教的擁護者，更無意與天下女性為敵，但願意把《女誡》裡頭所主張的卑弱論點，提出來跟大家談談，而且我也樂於站在目下社會的立場，重新衡量卑弱對於現代女性的價值。

在《女誡》「卑弱第一」中，班昭認為女性的常道有三：(一) 卑弱下人；(二) 習勞執勤；(三) 主繼祭祀。其中卑弱一項，班昭特別取為這一誡的標目，可見她是有意強調的。

瞧見「卑弱下人」這四個字，我們眼前的女性，彷彿都是弱不禁風，一副可憐兮兮的樣子。自尊特強的女性，為了表示極度的反感，可能會立刻揎袖攘臂，準備來一場鬧哄哄的「開打」。但在開打之先，不妨看看班昭的解釋：

> 謙讓恭敬，先人後己；有善莫名，有惡莫辭；忍辱含垢，常若畏
> 懼；是謂卑弱下人也。[5]

---

[4] 見同上，頁2787。
[5] 見同上。

從上文的解釋，可見所謂卑弱云云，實際是指謙退之德。我看不出一個現代的女性，為甚麼不應該「謙讓恭敬，先人後己」？我看不出一個現代女性，為甚麼不應該「有善莫名，有惡莫辭」？至於「忍辱含垢，常若畏懼」，乍看之下，字面上的確有點委屈的意味，但究其實，可也並不盡然。在未說出理由之前，請先讀讀一則故事：

> 鄆州壽張人張公藝，九代同居……麟德中，高宗有事泰山，路過
> 鄆州，親幸其宅，問其義由。其人請紙筆，但書百餘忍字。高宗
> 為之流涕，賜以縑帛。[6]

這個大家耳熟能詳的故事，最能顯出我國大多數人的生活態度。九代同居，人與人間的關係，也夠複雜了，想要和平共處，除了一忍再忍，又有甚麼辦法？東漢與唐代，相去雖然頗遠，但由古迄今，自中而外，能忍還該是有效的和平共處法門。雖然，對於張公藝的能忍，歷來批評的人很多，有些人更直截了當表示不滿，認為有違真正自得之道。真正自得，誠然是動人耳目的高論，但高論畢竟是不切實際的「高論」而已！所以班昭勉誡女性「忍辱含垢」，不失為減少家庭糾紛的切實辦法。而且，進一步說，凡事有大小之別，人也有大我小我之分，着眼大處的人，都應該抑制個人的情感，甚至有時受點委屈。班昭以女性立場，拿「忍辱含垢」來勉誡女性，也不見得有甚麼過分的地方，何況下文「常若畏懼」的「若」字，其中還大有消息呢！「大勇若怯」，古有明訓，這四個字，正好用來作為「常若畏懼」一語的注腳。一言不合，振臂而起，泯不畏死的人，英雄誠然英雄，可是不免給人一個匹夫之勇的印象。偉大人物之所以偉大，並不是無

---

[6] 見劉昫等《舊唐書》卷一百八十八《孝友張公藝傳》，1975年2月中華書局（北京）校點
本，頁4920。本篇作於1969年，引文當時據百衲本。

所懼，而是有所畏。真正偉大而勇敢的女性，她的偉大與勇敢，就經常隱藏在畏懼裡。從報章上，我彷彿讀過這樣一則報道：某處因地震塌了屋，一個婦人給救出來了，雙腳傷得很厲害，然而她在痛苦呻吟當中，卻仍然歇斯底里地嘶叫著，請求人家拯救困在屋裡的孩子。她未滿周歲的孩子給救出來了，毫無損傷，但卻因驚恐和饑餓，正在哇呱哇呱地大哭。受了傷的母親，不再為自己的痛苦而呻吟了，立刻請別人把孩子抱過來，一面哄著她，一面解開衣襟，向啼哭的孩子餵乳。這一位偉大的女性，當她擔心孩子安危的時候，不是滿懷畏懼，表現出極度卑弱嗎？然而在餵乳的時候，她卻勇於忘記自己的痛苦，這種精神，在我看來，足可與「天下之大勇」匹敵而無愧！所以，一位女性，如果真能在家庭裡，把「常若畏懼」之情施諸翁姑、丈夫或其他戚屬，不但並不可恥，還值得我們欽敬。我們瞧見一位敢於打破禮教枷鎖，奮然伸張女權的婦運領袖，自會油然地生出佩服之念，但對於上文所提到的母親，我們就不禁佩服而又感動了。可見「卑弱下人」云云，即使在現代，也不能看作是惡劣的字眼。

說到「習勞執勤」，其實也是一般主婦應有之分。《女誡》的要求是：

> 晚寢早作，勿憚夙夜；執務私事，不辭劇易；所作必成，手跡整
> 理；是謂執勤也。[7]

一般過慣優裕生活的女性，瞧見上述種種要求，也許會產生頗以為苦之感，但身為主婦，由於責任心的驅使，自須「勿憚夙夜」，自須「不辭劇易」，自須「手跡整理」。號稱「女性第一」的歐西民主國家，主婦在社會中的地位，應該是很高了，但她們多不僱請備人，由早到晚，手自操作，不辭勞苦。她們雖未讀過我們所習知的《女誡》，但她們的日常生活，已

---

[7] 見《後漢書》卷八十四，頁2787。

經完全實踐了「習勞執勤」的要求，一個現代中國女性，如果徒知艷羨歐西的文明生活，卻又鄙視《女誡》裡頭所說的話，那只是自相矛盾、自欺欺人，夠不上成為真正現代的女性。

至於「主繼祭祀」一項，班昭的解釋是：

> 正色端操，以事夫主；清靜自守，無好戲笑；絜齊酒食，以供祖宗；是謂繼祭祀也。[8]

在頭四句裡，班氏勾勒出一個中國傳統女性的典型，這個典型，給我們一個端淑莊重的形象。這種形象，自不能概括全部女性，也不能強迫女性，都歸入這一版套。但端淑莊重，不失為美好形象之一，班昭樹此作為女性的典型，也許特意在糾正當時輕浮的習氣。矯枉過正，自然會令女性趨於拘謹，這也算是流弊的一端，不過輕浮過分，就會恣情放縱，一發而不可收拾。試看今日部分女性的輕浮和放縱，也就不能不承認端淑莊重的可貴，不能不同情班昭當日強調的苦心了。「絜齊酒食，以供祖宗」，對女性來說，是否有遵守的必要？我以為祭祀的形式，古今時代不同，可以不必拘論，但慎終追遠的心意，不論古代或現代的女性，都必須具備的。因為祭祀祖宗一事，從表面上看，彷彿是迷信的行為，實際上，卻是報本情感的表現。我們人人都有個根源，都應該報本，這就是人倫。「絜齊酒食」，只不過是形式而已。作為主婦，在報本的形式上特別着意，完全是為了要加強家庭中的人倫觀念，使子女充分明白人倫的重要，也是現代女性的責任，如果有人廢棄人倫觀念而希望取得家庭幸福，即在目前，我認為也是行不通的。

根據生理學家的研究，認為女性的壽命，平均較諸男性為長；又根據

---

8 見同上。絜：清潔。

心理學家的結論，亦認為女性忍耐痛苦的能力，應較男性為高；而社會學家的統計，又指出男性自殺的數目，每較女性為多；可見女性在生理和心理方面，都不能負上「弱者」的惡名。有人或許會拿了這類科學證據，來疵論班昭卑弱論調的不當，或許更會有熱心伸張女權的人，進一步抨擊筆者宣揚女性卑弱的無聊。如果真有這樣的疵論和抨擊，那真是皮相之見，不但誤解了班昭的意見，而且也忽略了筆者撰寫此文的用意。因為我們對於身體羸弱的人，纔會勸他多運動，好好注重健康；對於精神充沛、活力暢旺的人，由於他過分活潑了，過分好動了，我們就會勸他注重內斂持重的修養。班昭是一位睿智的女性，她勉誡同性從事卑弱的修養，在她的心目中，當然不會先把女性視為可憐的弱者。同樣地，筆者把女性和卑弱相提並論，其實也先存了一個女性並非弱者的觀念。不過所謂「並非弱者」，不一定是強者，因為男女的或強或弱，純粹是個別素質問題，我們又何必特別予以比較？我生平最討厭的，就是那些處處要與異性爭勝的人！如果有一位女性，確能從事男性所從事的任何工作，那只證明在這個世界上，多了一個「雌性男人」，又有甚麼值得自詡呢？其實女性的最可貴處，只因為她是女性！

——原載《晨風月刊》第三期（1969 年 12 月）

2　論「夫婦之道」：談《女誡》之二

　　夫婦之道，參配陰陽，通達神明，信天地之弘義，人倫之大節也。是以《禮》貴男女之際，《詩》著《關雎》之義。由斯言之，不可

不重也。(班昭《女誡‧夫婦第二》)⁹

　　夫為妻綱的思想，是我向來所不敢苟同的，因為這不但違背了現代男女平等的原則，而且跟古人所講陰陽匹配的真義，恐怕也不能完全相合。不過，男女究竟是不同性別的生物，在談到夫婦之道時，自然須各有分際，知所辨別。這種辨別分際的責任，本來並不限於女性，男性方面，也該特別注意。然而現在談的是班昭的《女誡》，在立論時，只好偏重於女性了。

　　夫婦之道，無疑是人生一大課題，環繞這一課題，歷來談論的人很多，博雅通人，也提供不少有價值的高見，但歸納他們的言論，說來說去，大抵還是不出「天地之弘義」、「人倫之大節」這類話頭的範圍。我不是社會問題專家，也不曾就一般家庭狀況，作過粗略的統計調查，因此在夫婦之道方面，實在不能提供值得人家一顧的理論，勉強說說，大概也是重述人家早已說過的老話。幸而《女誡》裡頭，在夫婦相處之道方面，倒有現成的話，我姑且借用過來，略為申論一番。班昭的話是：

　　　夫不賢，則無以御婦；婦不賢，則無以事夫。夫不御婦，則威儀
　　　廢缺；婦不事夫，則義理墮闕。方斯二事，其用一也。¹⁰

上文所見，最刺眼的，是「御婦」、「事夫」四字，因為所謂「御」，自然有以上治下之意，所謂「事」，則有由下侍上的意味。班昭運用這樣的字眼，最大的原因，是由於時代環境使然，後世的人，也不必用現代眼光，在文字上細意吹求。其實我們所要特別注意的，還是品德上的「賢」和「不賢」。照班昭的意思，夫不賢和婦不賢，都是同樣的不妙，可見即使是中

---

⁹　見同上，頁2788。
¹⁰　見同上。

國古代，賢德的要求，不但只限男性，即使在女性方面，也不能輕於忽略。要不然，從夫方面說，是「威儀廢缺」，從婦方面說，是「義理墮闕」。所謂威儀，從字面上看，的確有男權特重的意味。現代社會，雖然以父系為中心，但強調男權之重，到底不合時宜。因此，我以為解釋威儀兩字，不妨把意義偏重於丈夫氣度方面。一個有真正丈夫氣度的男子漢，在現代女性心目中，仍然是值得欣賞的。只有不辨是非的女性，纔會大談甚麼御夫之術，儘量打擊丈夫的自尊，把他弄得覥覥腆腆，猥賤不可名狀，自然談不上威儀不威儀了。當然，一個本身具有真正修養的男性，也會心有所主，懂得怎樣維持應有的自尊，能夠維持自尊的人，要保有男性的威儀，應該是不難的。至於「義理」兩字的意思，概括來說，大抵是情理之宜。《荀子‧彊國篇》云：「分義則明。」楊倞（唐人，生卒年不詳）注：「義，謂各得其宜。」[11]《孟子‧告子章句》上云：「理義之悅我心。」趙岐（約108-201）注：「理者，得道之理。」[12]戴震（1723-1777）《孟子字義疏證》有更明白的解釋，他說：「理也者，情之不爽失也。」[13]可見一位具有真正修養的女性，在家庭裡，要使事事物物，都能合乎情理，尤其是對待丈夫時，更須恰如其分，這就是禮，這就是分際。能夠事夫合乎分際的女性，又怎會讓義理有墮闕的機會？固然，御婦與事夫，單從字面而論，確然令人易於產生不平之感，但如果不為文字所障，那我們不難對《女誡》的原意，有充分的了解。我以為班昭的意思是：夫婦之道，最重要的，是相處關係，而相處的時候，不論夫或婦，都離不開道德修養的要求，都應同在「賢」與「不賢」方面來着眼，正因為要求同等，所以她纔說出「方斯二事，其用一也」的話。既然其用同一，我們也就不必有所不平了。

---

[11] 見梁啟雄《荀子柬釋》，1964年4月太平書局（香港），頁208。

[12] 見焦循《孟子正義》，1957年10月中華書局（北京），頁45。

[13] 見戴震《孟子字義疏證》卷上，1957年9月中華書局（北京），頁27。

　　女性的分際，既然這樣重要，但辨別分際的時候，卻又不能避免知識程度的要求。想要取得知識，唯一的途徑，就是「學」。班昭說：

> 察今之君子，徒知妻婦之不可不御，威儀之不可不整，故訓其男，檢以書傳，殊不知夫主之不可不事，義禮之不可不存也。但教男而不教女，不亦蔽於彼此之數乎！《禮》，八歲始教之書，十五而至於學矣。獨不可依此以為則哉！[14]

班氏對所謂「今之君子」，是抱著責備態度的。她責備他們只重視男性的教育，「故訓其男，檢以書傳」，但女性方面，難道就不該受教育嗎？她認為男女接受教育的機會應該完全均等，不能厚此薄彼。而且，她還進一步要求，在受教育的程序言，男與女，也是應該一律的，因為「威儀廢缺」，固然是一種弊病，而「義理墮闕」，又何嘗不是弊病呢？所以，男性「八歲始教之書，十五而至於學」，而女性的教育程序，亦不妨「依此以為則」。班昭的見解，在當時只重視男性教育的社會裡，是很突出的，因為她在談到夫婦之道時，並不局限於教女性怎樣事夫，而且要爭取男女教育平等。有平等的教育，纔有同等的知識水平，有了同等的知識水平，然後纔可以在夫婦的分際方面，對男女作同樣的要求。班昭的見解，表達無疑略為委婉，但她重視女性教育的語氣，卻是相當堅定的。不知現代提倡婦女教育的人，有沒有注意這一位女中俊傑的言論？

　　說到知識，如果站在班昭所處的時代來說話，當然指的是五經、六藝這一套東西。五經、六藝，自有本身不朽的價值，也不必由我來饒舌，不過我卻不願意效法古之儒者，硬要把天地宇宙的玄理，牽扯到五經、六藝上去。而且在目下的時代環境裡，把個人的見聞，局限於五經、六藝方面，

---

[14] 見《後漢書》卷八十四，頁2788。

不論男性或女性，也是有毛病的。然則女性的教育，該注意些甚麼？要是實用主義的教育家，自會主張凡女性必須學習煮飯、炒菜、浣衣、灑掃等事務；衣服被單的摺法，在可能範圍內，自然也須研究。我絕對贊成女性學習家政，熱心學習家政的女性，即在此時此地，也應該受人欣賞。可是，在熱心學習家政的同時，現代的女性，有沒有注意常識？常識對女性的重要，知堂老人在《談虎集》裡，也曾表示過高見。當然，缺乏常識，本是目下一般人的通病，也不限於女性，但因為我現在談的是《女誡》裡面的「學」，因此只好專就女性來說話。常識的範圍，是相當空泛的，恐怕不能予以界定，勉強說來，大抵科學、文藝，都可以包括在內。這樣說，並非筆者故意要用知識的大帽子來壓人，因為既云常識，只不過要求對知識有普通的了解，不是要凡女性必須成為某種知識的專家。由於教育普及，女性成為專家，在現代看來，一點也不稀奇，可是女性的專家，是否缺乏常識，倒是一個值得注意的問題。

常識的重要，要解說起來，不宜作抽象的理論，姑且舉些實例，隨便談談，或許較為具體。例如一位烹飪技術高超的主婦，她的技術，不但可以著書立說，而且可以公開表演，可是，如果她對營養學沒有粗淺的了解，那麼，她的家人，每天喫的雖甘美可口，但將來卻可能患上營養不良的病症。又例如一位女科學家，她固然可以在實驗室裡，埋頭研究她所專長的事物，但回到家裡，總該可以跟她正在讀幼稚園的孩子，講講安徒生的童話罷？居今之世，很多人都希望自己成為專家，更有許多人擺出專家的架子，但細察他們號稱專長的知識，卻一點也夠不上專家的資格，然而他們卻恬不知恥，竟然對於一切常識，都抱著輕蔑的態度，於是只讀了幾冊英文教科書的中國毛頭小子，卻頂了英文大師的名號，終日以不認識最普通的中國文字而沾沾自喜，而所謂研究國學的專家，可以發表洋洋灑灑的專論，卻分不出律詩與絕句的別異。其實缺乏常識的專家，又怎算得是真正

的專家！一位現代女性，即使有作專家的資格，但如果要過正常的家庭生活，常識還是不可或缺的。

現代，是人權至上的時代，是男女平等的社會，但不容否認，女性與家庭，一般來說，較諸男性與家庭的關係，是更為密切的。據聞美國某州，曾就當地婦女的志趣，作過一個詳細的統計。統計的結果是：當地大多數婦女的最大志趣，是婚姻生活和建立家庭。這個統計的結果，在統計學觀點上說，只屬一偏的現象，不能涵蓋全部女性的志趣，然而卻指出一個事實，就是許多女性，不論中外，對家庭的興趣，應該是相當濃厚的，而家庭生活與夫婦之道，是一個不能判分的整體。因此，筆者在這裡根據《女誡》的意見，嘮嘮叨叨說了一大堆「卑之無甚高論」的廢話，也不是全無意義罷？

——原載《晨風月刊》第四期（1970 年 1 月）

3　論「敬順之道」：談《女誡》之三

> 陰陽殊性，男女異行。陽以剛為德，陰以柔為用，男以彊為貴，
> 女以弱為美。故鄙諺有云：「生男如狼，猶恐其尪；生女如鼠，猶
> 恐其虎。」然則修身莫若敬，避彊莫若順。故曰敬順之道，婦人
> 之大禮也。（班昭《女誡·敬慎第三》）[15]

男女的強弱，我以為是個別素質問題，跟性別全無關係。這一點，我在「談《女誡》之一」裡，也曾略略表示過意見，現在把這個意見重新思考，覺得自己的想法還是相同。自然，性別不同，二者必有殊異的地方，

---

[15] 見同上。

於是，在我國傳統的說法裡，就有陰陽的分別。

陰和陽，本來是相對的，無所謂高下優劣，只不過「陽以剛為德，陰以柔為用」，把陽代表男，把陰代表女，這纔有「男以彊為貴，女以弱為美」的言論出現。其實，剛不一定高過柔，反而柔倒常可以制剛，所以古人把陰陽代表女性和男性，他們的原意，最初絕無貶女褒男的意思，只不過後來父權隆盛，纔漸漸造成了男尊女卑的觀念。至於「為貴」、「為美」的說法，本亦無所軒輊於其間，從班昭的語氣裡，我們即可看出，她並沒有肯定男女的強弱，她只是指出一個蘄向的標準，這個標準是：男性應該剛強，剛強則貴；女性應該柔弱，柔弱則美。也就是說，班昭並沒有把男強女弱的想法，拿來看作已成的事實，她只是提出一個標準──一個「應該」或「不應該」的標準。而且，這個標準，也不是班昭憑空捏造，實際上，她是根據當時社會的觀念，再經過觀察思考後，然後制訂出來的。何以見得這個標準，確與當時社會觀念相符？證據是當時流行的諺語，其內容是：「生男如狼，猶恐其尪；生女如鼠，猶恐其虎。」這幾句話，不一定是真理，但必然有當時的社會背景，也足以代表當時大多數人的意見。一個時代，大多數人的意見，往往是那時代的社會觀念，也就是那時代的生活標準。古今中外的教育家，他們孜孜不倦地從事教育訓導，還不是教我們怎樣去遵守某一社會的禮法？還不是教我們怎樣去適應某一社會生活標準？班昭把男剛女弱的標準，拿來訓導女性，她這種希望同性同類能夠適應社會的苦心，我們是可以完全理解的。

一個人，絕不能擺脫社會觀念。例如我們目下存身的社會，殺人是罪惡的，而且也觸犯了社會共同生活、共同約束的條文。因此，殺人者在現社會裡，不但須受社會法律的制裁，而且也會為社會人士所共棄。當然，在某種特殊情況下，殺人者有時也會贏得社會人士的同情，但同情是一回事，接受法律制裁又是另一回事。可是，我們要是生活於一個以殺人為榮

的社會裡，那我們目中所見的，必然是一大群項懸骷髏、在路上大搖大擺
的「英雄」。說不定，在那樣的社會裡，你和我雖沒有殺人的勇氣，也會
偷偷地買幾個骷髏回來，掛在項下幌呀幌的。可知班昭提出「為貴」、「為
美」的標準，是根據現實社會要求來說話。不過，退一步說，男女的強弱，
固然由個別素質來決定，但一般而論，男性的體力，往往是略強於女性的。
體力的強弱，當然不是決定高下的條件，這是人人都知道的，難道人類的
體力，會高於獅虎嗎！但體力的強弱，既然是一個事實，那麼，鼓勵男性
在陽剛方面發展，鼓勵女性在陰柔方面修養，也是一個各盡所長的辦法。
各盡所長以後，根據班昭的意見，陰陽的配合，也就更容易調和、更容易
融洽了。因此，她教女性以「敬」來修身，用「順」來避強——她提出了
「敬順之道」。瞧見「敬順」這兩個字，有人也許會問：《女誡》的標目，
為甚麼又說「敬慎第三」？順、慎不同，究竟是甚麼理由？原來古書有順、
慎通用之例，《荀子》一書，便屢見不鮮。現僅舉《易》坤一例，作為證
明：「履霜堅冰至，蓋言順也。」朱駿聲即指出這個「順」字，是「慎」
字的假借。從這麼一說，可見《女誡》裡頭所謂「敬順之道」，也就是「敬
慎之道」。不過，在下文討論時，為了行文方便，我們還是沿用《女誡》
內文的字眼。

　　所謂「敬順之道」，班昭的說明是：

> 夫敬非它，持久之謂也；夫順非它，寬裕之謂也。持久者，知止
> 足也；寬裕者，尚恭下也。[16]

根據班氏的意思，敬，就是持久，而所謂持久，就是要女性明白「止足」
的道理；至於順，意思是寬裕，而寬裕云云，就是要女性具有「恭下」的

---

[16] 見同上，頁2789。

態度。止足與恭下，為甚麼會跟持久、寬裕發生關連？我們單從上文引述的話，是不容易明白的。幸而班昭在這方面，有進一步的闡釋，她的闡釋，意義相當明確：

> 夫婦之好，終身不離。房屋周旋，遂生媟黷。媟黷既生，語言過矣。語言既過，縱恣必作。縱恣既作，則侮夫之心生矣。此由於不知止足者也。夫事有曲直，言有是非。直者不能不爭，曲者不能不訟。訟爭既施，則有忿怒之事矣。此由於不尚恭下者也。[17]

夫婦過著共同的生活，是終身不離的，因此日常居處飲食，都經常在一起。由於在一起的時間過久，不免會產生狎習相慢的毛病，在這種情形下，不守本分的女性，言談之間，可能會說出不該出口的話，在態度上，也會縱恣而不知檢點，或許會進而表現出損害丈夫自尊心的態度。可見女性在家庭裡，如果對丈夫缺乏持久的敬心，就會有踰越分際的行為，這就是《女誡》裡頭所說的「不知止足」了。而且，夫婦在共同生活裡，不免會有歧見，如果大家毫不相讓，各走極端，終日爭直、訟曲，鬧個不休，這就會破壞感情。自然，直，是必須爭的，曲，也是應該訟的，但在爭訟之前，女性方面，何妨先來一個同情的了解？何妨採取寬裕涵容的態度？要不然，衝突既起，怒氣萌生，最後夫婦反目相向，這是由於女性「不尚恭下」的緣故。

　　現代女性，是否需要有「知止足」的修養和「尚恭下」的態度？我以為是需要的。試看現時的家庭，勃谿時起，鬧得雞犬不寧，還不是夫婦之間，不懂敬順的道理！一位現代女性，如果真能珍惜丈夫的自尊，又對他採取同情了解的態度，實在是個維持夫婦感情的平實可行辦法。可是現時

---

[17] 見同上。

有些女性，動輒高呼伸張女權，又好抬出自由平等的理論，往往為了葱皮蒜頭的事，不惜大起爭執，到頭來，只好落得離散收場！班昭在《女誡》裡說：

> 侮夫不節，譴呵從之；忿怒不止，楚撻從之。夫為夫婦者，義以和親，恩以好合，楚撻既行，何義之存？譴呵既宣，何恩之有？恩義俱廢，夫婦離矣。[18]

過分損害丈夫的自尊，就會招來「譴呵」；訟爭而至忿怒不止，也會惹來「楚撻」。夫婦的匹配，本來有恩義存乎其中，如果惡言相加，橫施夏楚，又有甚麼恩義可言？恩義廢滅，結局只好決裂。班昭的話，雖則是針對當時的女性，究其實，現代女性之所以不能充分享受家庭的幸福，每每也與不知止足和不尚恭下有極大關係。

不過，我們在這裡雖然是根據《女誡》的話來申論，對象也只限於女性，可是，如果我們拿「敬順」這兩個字，單向女性方面要求，恐怕也是不公平的。在家庭裡，不論夫婦，都必須維持應有的禮貌，這就是相敬，換句話說，「知止足」這三個字，對男性來說，也是應有的內在修養。說到「尚恭下」，似乎不大適宜男性了罷？其實也不盡然，因為所謂恭下，完全是謙抑的表現，而謙抑的態度，也是男子漢所應具有的。在家庭之中，如果男性事事盛氣凌人，事事專制獨裁，也不是「齊」其家室的好辦法。「生男如狼，猶恐其尪」，並不是要男性成為家庭中的暴君。因為「尪」字的意思，固然是指體力的短小羸弱，但也有體行不正的意味。《女誡》原文所指的意思，大抵取義只限前者，我們如果把意義略加引申，將後者的意思包括進去，也不能算作穿鑿附會。因為剛強之所以為剛強，體力的

---

18 見同上。

條件，也還是不夠的，有了幹練持正的能力和態度，纔可以成為「莫之能禦」的真強者。班昭鼓勵男性向剛強方面發展，大抵也是以此為目標罷？

臨末，我還得說幾句略嫌「詞費」的話：敬順之道，固然是「婦人之大禮」，但，「禮之言履，謂履而行之也。」（《說文》徐灝箋）可見敬順云云，最重要的，還是實踐功夫。我在這裡囉嗦了半天，終不免忘其本末，落入「言詮」窠臼了。

——原載《晨風月刊》第五期（1970 年 3 月）

4 論「女有四行」：談《女誡》之四

> 女有四行，一曰婦德，二曰婦言，三曰婦容，四曰婦功。夫云婦
> 德，不必才明絕異也；婦言，不必辯口利辭也；婦容，不必顏色
> 美麗也；婦功，不必工巧過人也。（班昭《女誡·婦行第四》）[19]

女性的四行，歷來談論的人頗多，大家已然耳熟能詳，本不必再由我來多說，因此執起筆來，不覺有點躊躇。然而就在躊躇的當兒，我不禁回心一想：許多博雅通人的著述，其中不必論見，還不是拾人牙慧？這樣一想，勇氣陡增，也就心安理得，在這裡作「老生」的「常談」。

談到女性的德、言、容、功，班昭所強調的，是在「不必」兩字。所謂「不必」，當然有不要強求之意。凡事一加強求，就會過分，就會失去分際，而明辨分際，是班昭所要向女性諄諄訓誨的。所以，對班昭說的話，我們不妨這樣了解：所謂「婦德」，指的是女性的內在修養，而內在修養的要求，並不單限品德，個人的才具，也是不可忽略的。只不過要求的標

---

[19] 見同上。

準，不必「才明絕異」，而在恰如分際。「婦言」，簡單來說，指的就是女性的辭令。善於辭令的女性，看來頗為不少，但善於辭令而不流於「辯口利辭」的，纔真是明於吐屬之道的女性。「婦容」，當然女性的儀容，但光是「顏色美麗」，也還是不夠的，美女之所以為美，必須具有內在的美質，有了內在的美質，自然會有動人的風采。「婦功」的要求，是指女性的技藝而言，有高明技藝的女性，當然受人敬重，但技藝只是女性優點的一端，實在不必在這方面作過分的要求。「工巧過人」，本也沒甚毛病，但過分着重，不免會使女性急於爭勝，有了爭勝之心，要行動恰如分際，也就很不容易了。

為了讓女性有遵循的準則，班昭在《女誡》裡，替「四行」畫定一個可行的範圍：

> 清閑貞靜，守節整齊，行己有恥，動靜有法，是謂婦德。[20]

從班氏的說明，可見「婦德」的要求，概括來說，就是「謹行」。先培養「清閑貞靜」的品格，再用「守節整齊」來規範，然後內在的修養，纔得完全，纔可以達到端淑莊重的境界。有了內德的修養，還要用「有恥」來規範自己的行為，使自己的一動一靜，都合乎禮法的要求。能夠這樣纔是具有「婦德」的女性。在女性的辭令方面，《女誡》的要求是：

> 擇辭而說，不道惡語，時然後言，不厭於人，是謂婦言。[21]

這幾句話，意義不出「慎言」兩字。能「擇辭」，也就是辭令的修飾，修

---

[20] 見同上。

[21] 見同上。

飾了言辭纔出口，就不會信口雌黃，說出有失分際的話。作為有修養的女性，自然不該口出惡語，使人難堪。而且在說話的當兒，還須切中時機，不要招惹人家的討厭。換句話說，說話小心，是女性所須具有的修養。儀態方面，《女誡》對女性有下述要求：

> 盥浣塵穢，服飾鮮絜，沐浴以時，身不垢辱，是謂婦容。[22]

可見「婦容」的要求，不在面孔漂亮，不在塗脂抹粉，不在搔首弄姿，而只不過在乎整潔！整潔這一回事，本不必特別提出來說明，難道那時候的女性，特別蓬頭垢面，衣衫襤褸？我以為班昭所要表達的意思，只有一點，就是她反對人工的塗抹。穿上鮮絜的衣服，洗滌體上的垢污，露出本真面目，纔是最符合「婦容」的要求。可惜古今女性，大多只知把脂粉儘往臉上塗飾，而以露出天然容顏為恥，真是愚不可及！關於女性的技藝，《女誡》的要求一點也不苟：

> 專心紡織，不好戲笑，絜齊酒食，以奉賓客，是謂婦功。[23]

也就是說，「婦功」的要求，只在「勤事」兩字。頭兩句只說明凡女性必須專心工作，嚴守本分。男耕女織，是我國古代重農社會的要求，所以班昭對於女性，便提出「專心紡織」的勉誡了。戲笑，不一定不好，大抵也是班昭所不反對的，只不過特別喜好戲笑，便會給人一個輕浮的印象。班昭理想的女性，是端淑莊重的。所以，她便說出要女性「不好戲笑」的要求。至於「絜齊酒食，以奉賓客」，是主婦待客應有的禮節，主婦是家庭

22　見同上。
23　見同上。

中一個不可或缺的角色，自然有協助丈夫接待賓客的責任。

從上文的說明，我們大抵可以得到一個印象，就是班昭筆下的女性「四行」，所側重的，是女性的日常起居生活。而這種與日常起居生活有關的要求，據班昭的意見，竟然是「女人之大德，而不可乏之者也」。有人也許會大為詫異，《女誡》的要求，竟然這樣平凡？殊不知在世界上，最平凡的言論，往往最切實、最有價值；最平凡的人物，也往往是最了不起的。可惜這世上要做不平凡的人物太多，周遭也充斥了許多不平凡的言論。然而這一大堆不平凡的人物和言論，又有甚麼可取的價值？其實，我們評定一件事物的價值，如果單從「平凡」與「不平凡」來着眼，那是很危險的。一個人，一生中可以做出一兩件驚世駭俗的大事，但他決離不開起居生活，因此，班昭在談到女性的四行時，在這一方面着眼，實在是個明睿的抉擇。

然則《女誡》裡的「四行」，對女性來說，是否難於實行？班昭的意見是：

> 為之甚易，唯在存心耳。古人有言：「仁遠乎哉？我欲仁，而仁斯至矣。」此之謂也。[24]

文中古人的話，最後一句，略與《論語‧述而》所載不同。這幾句話，可能是孔子本人的意見，也可能是孔子引述前人或時人的話，但的確可以代表孔子的想法，卻是毫無疑問的。班昭引述前人的話，用意在證明成功與失敗，不在事的難易，而在人的存心。這一點，正好拿《孟子》引述顏淵的話來詮釋。顏淵的話是：「舜何人也，予何人也，有為者，亦

---

[24] 見同上。

若是！」[25]仁者的境界，是很難臻達的；聖賢的修養，也是很難企及的；但我們只要「欲仁」，只要「有為」，仁者的境界和聖賢的修養，也不是沒有攀躋的可能。孔、孟的道理，是平實可行的，而班昭最了不起的地方，就是能體會平實的價值，提出與日常起居生活有關的婦德、婦言、婦容和婦功，而且也拿前人的平實話，來勉誡一般女性。其實，我國古代偉大思想家的博大精深，往往在平實處表現出來，他們的言論，也大多在平實方面用心，後來的人，不能體會古人真正的心意，往往把古人的話，解釋得特別玄深、幽渺，真是自討苦吃！我們了解班昭在《女誡》所說的話，也應該着眼在平實可行方面。

最後，我們得回過頭來，談談現代女性與「四行」的關係。現代女性，如果遵循著《女誡》的意見，在德、言、容、功方面用心，是否不合時宜？筆者的私見是：時宜，的確是個不容忽視的問題，孔子號稱「聖之時者」，可見他還是要在時宜用心。凡能隨應變遷，適合當時當地情勢的，當為孔子所贊同。只不過，世界上的事物或言論，不少是萬古常新的，這即所謂「永恆性」，《女誡》的話，也該有永恆性罷？因為，現代女性，難道不該謹行、慎言？難道不該整潔、勤事？自然，由於時代不同，我們也不應過分拘泥，如「專心紡織」這句話，只適宜於農業社會，在目下社會裡，不但沒有凡女性必須紡織的需要，而且也根本沒有這個可能。社會愈進步，人的分工愈細，女性自然也不例外。所以，《女誡》的文字雖特別提出「紡織」一項，我們實在應該解釋為所事的職業或專業。專心所事，不但女性應該遵循，甚至是人人做事的準則。除了「紡織」這話以外，「女有四行」其他話語，我雖來回細讀，卻也看不出有甚麼跟現社會發生扞格的言論。因此，我在上面提到《女誡》的話有永恆

---

[25] 見《孟子・滕文公上》，朱熹《四書集注》，1959年9月藝文印書館（臺北）影印本，頁161。

性，該不是「阿其所好」，有意過譽。

——原載《華僑日報‧人文雙周刊》（1973 年）

5　論「專心正色」：談《女誡》之五

> 夫者天也。天固不可逃，夫固不可離也。行違神祇，天則罰之；禮
> 義有愆，夫則薄之。故《女憲》曰：「得意一人，是謂永畢；失意
> 一人，是謂永訖。」由斯言之，夫不可不求其心。然所求者，亦非
> 謂佞媚苟親也，固莫若專心正色。（班昭《女誡‧專心第五》）[26]

　　在中國傳統思想中，陰和陽、乾和坤、天和地，本來是相對的，並沒
有高下軒輊之分。把夫視為天，天是「不可逃」的，因而夫也「不可離」，
這也是中國傳統思想的一部分，不過卻有時代、社會的印記。在中國思想
發展過程中，總會加入不同時代、不同社會的不同元素，但同時又保有恆
久不變或歷久常新的成分，這是大家都知道的。班昭生於經學大盛的時
代，又成長於深研經史之家，她的思想，當然會受到家學和漢儒經說的影
響，所以她根據《儀禮》之說，指出：

> 夫有再娶之義，婦無二適之文，故曰夫者天也。[27]

她這樣說，在現代社會中，當然不合時宜，也違反了男女平等的真義。即

---

[26] 見《後漢書》卷八十四，頁2790。

[27] 見同上。李賢等注引《儀禮》云：「父在為母，何以期？至尊在，不敢伸也。父必三年
而後娶，達子志也。」又云：「夫者，妻之天也。婦人不二斬者，猶曰不二天也。」

在當時，也不是人人都有這樣的想法[28]。其實這則《女誡》的真正用意，主要在「不可不求其心」。所謂「不可不求其心」，並不是毫無原則地獻媚討好——「佞媚苟親」，而是要「專心正色」。如果對男性立說，我相信夫對婦也要「求其心」，只不過在那一時代、那一社會中的班昭，不會在《女誡》中，說出對男性告誡的話語而已。

　　《女誡》的內容有時代局限，那不必否認，但值得留意的是，班氏當時所提「專心正色」的要求，到了今天，是不是已經過時？還是仍有鮮活的意義和實踐的價值？原來所謂「專心正色」，班氏的要求是：

> 禮義居絜，耳無塗聽，目無邪視，出無冶容，入無廢飾，無聚會群輩，無看視門戶，此則謂專心正色矣。[29]

這是說，無論儀容、舉止或行為，女性都應遵循禮義，要符合這個要求，就須留意「六無」的提示，也就是不要犯上六種與人相處的禁忌。這六種禁忌是：不要諸事打聽，不要目光不定，不要在外作冶艷的打扮，不要在家完全不顧儀容，不要呼朋引類，不要儘往門戶外張看。這樣「不要」，那樣「不要」，似乎既囉嗦而又專斷，但試仔細想想，班氏對當時女性的提示，並不是毫無可取罷？為了讓人有更清晰的理解，班氏除了正面說出「專心正色」的要求外，更從相反的角度，指出「不能專心正色」，究竟是怎麼一回事：

> 若夫動靜輕脫，視聽陝輸，入則亂髮壞形，出則窈窕作態，說所

---

[28] 范曄《後漢書》卷八十四《列女傳》記載：呂榮、荀采的父親，就有過要女兒改嫁的意圖。而蔡琰在匈奴十二年，已生兩子，曹操以金璧贖歸後，重嫁於董祀。可見當時並非人人反對婦的「二適」。（參閱同上，頁2795、2798及2800。）

[29] 見同上，頁2790。

　　　　不當道，觀所不當視，此謂不能專心正色矣。[30]

「動靜輕脫」，指舉止、行為不莊重；「視聽陜輸」，指所視所聽不集中。無論是「輕脫」或「陜輸」，都會給人以浮誇、飄忽、欠誠摯、不穩重的印象。再加上在家「亂髮壞形」，不理會儀容的修潔，在外則濃妝艷抹、搔首弄姿，又隨意說不應該說的話，看不應該看的東西，這樣的表現，當然是「不能專心正色」。也就是說，作為端莊賢淑的女性，應該時時留意自己的儀表和自己的視、聽、言、動，不可輕浮、隨便。這樣的提示，這樣的要求，我認為不僅是班氏那個時代的女性應該遵守，即使是走在時代尖端的現代女性，其實也應該時時以此自我警惕、自我反省，雖然常常以個性鮮明、我行我素標榜的現代女性，未必會理會班氏的意見。班氏的「專心正色」論，主要以當時仕宦之家的女性為對象，她所指出的「不能專心正色」，應該是當時她常常見到的情況。她的提示，無疑有針對性，並非自說自話。

　　還可注意的是，「專心第五」是這一誡的標目，但提示的重點，卻顯然在「正色」。我們看班氏一再致意，正面反面叮嚀的話語，其實都在女性的儀容、舉止、行為方面，她對「專心」的提示，主要在夫「不可離」。她引述《女憲》「永畢」、「永訖」的話，不外鼓勵女性對夫要「定志專心」以「求其心」。不過我們都會同意，如果女性的儀容、舉止、行為都出軌——不合乎禮義的規範，就難以達到「求其心」的目的，最後可能出現「夫則薄之」或比「薄之」更嚴重的後果。

　　在現代講求男女平等的社會，不少人認為，我們如果對女性說夫「不可離」，當然也應該對男性說婦「不可離」；天重要，地何嘗不重要？天不可逃，地何嘗可逃？不過勉強不逃，只有增加大家的痛苦，為了免除痛苦，

---

[30] 見同上。

現代人大多主張採取乾脆、簡單的做法，就是「離」！但「離」就可以真的免除痛苦嗎？而且人人輕於言「離」，也使人容易放棄責任的承擔。所以最好的解決辦法，不是只求一「離」了之，而是要聽從班氏「求其心」的提示。要「求其心」，就不可不在「正色」方面多下功夫，也就是無論在家或在外，都要留意自己的儀容、舉止、行為。古人有所謂夫婦應「相敬如賓」的說法，其實並非鼓勵夫婦疏離，而是要他們在不廢禮節的原則下互「求其心」，也就是求取對方的真心，能夠這樣，才不會「禮義有愆」，而夫婦之間也不會疏離了。

6　論「莫尚於曲從」：談《女誡》之六

> 舅姑之心，豈當可失哉？物有以恩自離者，亦有以義自破者也。夫雖云愛，舅姑云非，此所謂以義自破者也。然則舅姑之心奈何？固莫尚於曲從矣。（班昭《女誡·曲從第六》）[31]

「舅姑」，即媳婦的家翁和家姑，也就是所謂公公、婆婆。這是一則提示媳婦該怎樣與家翁、家姑相處的誡言。

由古至今，舅姑與媳婦之間，尤其是婆媳之間，總會產生磨擦或衝突，主要的理由，是因為媳婦是人家的女兒，而舅姑是人家的父母。要改善兩者的關係，除非大家能視人之父母若己之父母，視人之女兒若己之女兒。不過父母、女兒之前到底有個「若」字，跟親生父母、親生女兒比較起來，中間仍有一點分別，要泯除這點分別，就要靠個人的修養和克制。有了修養，就會寬容；有了克制，就會忍讓。班昭在《女誡》中向女性提出「曲

---

[31]　見同上，頁2791。

從」的提示，其中應有「寬容」和「忍讓」的要求。

　　班氏指出，作為人家的媳婦，萬不可失去了舅姑的歡心，如果失去了
他們的歡心，就一切都不好辦。因為世上的事物，即使有恩義存乎其中，
但造成破壞的，往往就是恩義；同樣的理由，人與人間的恩義也是這樣。
以水為喻，水可載舟，也可覆舟。丈夫是舅姑的兒子，丈夫與自己又有愛，
中間的恩義，本來可以促進大家之間的融洽，但如果舅姑不接受自己，而
自己又恃丈夫的愛不肯與舅姑妥協，這就會使大家的關係決裂，而所謂
「恩」、所謂「義」，就會產生「自離」、「自破」的力量，對人造成更大的
傷害！

　　為了讓人家的女兒與人家的父母在相處關係上逐漸磨合，班氏的建議
是「莫尚於曲從」。怎樣才可以做到「曲從」？她的建議是：

> 姑云不爾而是，固宜從令；姑云爾而非，猶宜順命，勿得違戾是
> 非，爭分曲直。此則所謂曲從矣。[32]

在這則誡言中，班昭在開始時本來三次「舅姑」並稱，但一談到具體的相
處之道，就只提「姑」，不提「舅」，可見婆媳關係，從來是較緊張、較嚴
峻的，稍一不慎就會出事，所以班氏的告誡，便特別就婆媳相處之道多發
言了。按照她的提示，「曲從」完全在媳婦那一方，無論是「不爾而是」
或「云爾而非」，媳婦都是「從令」或「順命」，甚至媳婦知道真正的曲直
是非，也不許與家姑爭辯。在現代女性的心目中，這樣的「曲從」，真是
豈有此理！我完全可以理解現代女性的感受，也不認為班氏的提示，在現
代社會中仍是必須完全遵守的金科玉律。孔子是儒學的祖師，他是聖之時
者，因此切合時勢，應是儒學精神的主要成分之一。如果孔子生為現代人，

---

[32] 見同上。

他一定不同意把古代道德、處世的提示，毫無別擇地搬到現代社會中來。班氏的意見，無可否認其中應有當時儒家價值的取向，但在今天我們應如何理解、應用，也不是不可以討論的。

在人類社會中，人與人之間的相處，常常會出現互相忍讓的情況，有時人忍讓我，有時我忍讓人。事事堅持，事事要人忍讓，雖或會取勝一時，並贏得硬漢或鐵娘子的稱號，但不一定是與人相處最適當之道。不過事事屈己從人，事事退避，這種忍讓，既會給人以窩囊的印象，又會令自己十分委屈、難過，甚至感到十分痛苦。我的看法是，如果在忍讓中有寬容，就會心胸舒坦，就會減輕我們因忍讓而產生的不舒服感覺，更進一步，也有可能會逐漸化解自己內心的委屈和痛苦。班氏對女性所提示的「曲從」，除了忍讓，大抵也有寬容，有了寬容的「曲從」，才會夷然忍讓，而不會委屈地苦忍，博學睿思的班氏，大抵不會教人只作委屈的「曲從」罷？在中國傳統思想中，晚輩「曲從」長輩，似乎是天經地義的事。班氏對女性作「曲從」的提示，顯然是以媳婦為對象，並不是為舅姑立言，因此所說話語，不免有偏。我們倒不必因為她有偏頗之見，而抹殺她全部話語的價值。

在現代社會中，無論長輩或晚輩，我認為都應該學習寬容和忍讓，在某些場合、某些時機，有時也要懂得「曲從」，也就是懂得寬容和忍讓，這才是與人相處之道，也就是媳婦與舅姑相處之道。《女誡》的「曲從」，當然並不為長輩身分的舅姑而發，在內容上的確有局限，但我們試把「曲從」理解為寬容和忍讓，又調整其中一些話語，使「曲從」成為雙向而不是單向的提示，對身為人家舅姑的人，不是也有啟發的作用嗎？下面是話語調整後的「曲從」提示：

夫雖云愛，舅姑云非；子雖云愛，媳婦云非；此所謂以義自破者

也。然則舅姑、媳婦之心奈何？固莫尚於曲從矣。而所謂曲從者，
寬容、忍讓而已。

我這樣調整話語，當然並非班氏《女誡》中的原意。不過，凡事從不同立
場、不同角度、不同角色去想，或許可以打破溝通的障礙，並且會減少或
消除舅姑（特別是家姑）與媳婦之間不必要的磨擦或衝突。

7 論「叔妹之心」：談《女誡》之七

> 婦人之得意於夫主，由舅姑之愛己也；舅姑之愛己，由叔妹之譽
> 己也。由此言之，我臧否譽毀，一由叔妹，叔妹之心，復不可失
> 也。(班昭《女誡‧和叔妹第七》) [33]

在《女誡》中，這是最後一則，也是字數最多的一則。所謂「叔妹」，
即丈夫的弟弟和妹妹，也就是小叔和小姑。談到媳婦與舅姑的相處之道，
《女誡》的用語是「曲從」；談到嫂子與小叔、小姑的相處之道，《女誡》
的用語是「和」。「和」有調合、不爭的含意。對象不同，所以用語和態度
也有別，可見班昭用語的矜慎。

為甚麼「叔妹之心」「不可失」？因為他們是丈夫的同胞至親，是夫
家中的重要成員，身在夫家的女性，不免「臧否譽毀」由人，而小叔、小
姑所講的話，往往會影響舅姑對自己的觀感，因此與小叔、小姑建立親和
的關係，是不可忽略的工作。班氏認為：

---

[33] 見同上。

> 自非聖人，鮮能無過。……雖以賢女之行，聰哲之性，其能備乎！
> 是故室人和則謗掩，外內離則惡揚。此必然之勢也。[34]

人人都有犯錯的機會，身在夫家的女性，當然也不能例外。如果家人和睦，就會少卻口舌是非；家庭內外分離，就會被人揭露過錯，為了要爭取小叔、小姑的好感，就得要做個「淑媛謙順」的女性，而不要做個「惷愚之人」。

談到小叔和小姑，班氏特別關注的，是嫂子與小姑的關係，而不是嫂子與小叔的關係，因為家庭中的成員，最易與嫂子起爭端的，仍然是屬於同是女性的小姑。正如她談到舅姑與媳婦的關係時，也特別關注婆媳之間的關係。班氏這樣說：

> 夫嫂妹者，體敵而尊，恩疏而義親。若淑媛謙順之人，則能依義以篤好，崇恩以結援，使徽美顯章，而瑕過隱塞，舅姑矜善，而夫主嘉美，聲譽曜於邑鄰，休光延於父母。[35]

「體敵而尊，恩疏而義親」，最能概括姑嫂之間的關係，一位善良、優雅、謙恭、和順的女性，在夫家較容易爭取到小姑的好感，得到她的支援，彰顯自己的優點，並得到舅姑、丈夫的疼愛。至於鄰邑的「聲譽」和父母的「休光」，只不過是附來的好處罷了。

上述是女性有「淑媛謙順」修養的好處。如果是「惷愚之人」，則會破壞了姑嫂的關係，同時也會影響自己與家姑、丈夫的關係。下面是班氏的意見：

---

34 見同上。
35 見同上。

> 若夫惷愚之人，於嫂則託名以自高，於妹則因寵以驕盈。驕盈既
> 施，何和之有！恩義既乖，何譽之臻！是以美隱而過宣，姑忿而
> 夫慍，毀訾布於中外，恥辱集於厥身，進增父母之羞，退益君子
> 之累。斯乃榮辱之本，而顯否之基也。可不慎哉！[36]

「惷愚之人」，就會恃著嫂子的身分，不把小姑放在眼內，而小姑則會恃
著父母的愛寵，而不賣嫂子的帳。這樣，姑嫂就會失和，忘卻恩義，於是
人家就會抹殺你的優點而張揚你的缺點，導致「姑忿而夫慍」，最後落得
批評、羞辱一齊來。原來在夫家不能與小姑維持良好關係，竟有這樣大的
破壞力！有人或許會說，在現代社會，男女結婚後大多組織小家庭，並不
與舅姑和丈夫的弟妹同住，那不是可避免與夫家的親人磨擦？其實即使是
小家庭，夫家的親人仍然須有親人之間的交往，如果出嫁的女性與丈夫的
親人未能維持親和的關係，結果仍會招來批評和羞辱，甚至會被抵制和杯
葛。說到底，在社會上或家庭中維繫良好的人際關係，無論對女性或對所
有人來說，都是最有利的。

最後，班氏對出嫁的女性這樣忠告：

> 然則求叔妹之心，固莫尚於謙順矣。謙則德之柄，順則婦之行。
> 凡斯二者，足以和矣。[37]

班氏認為要求取「叔妹之心」，最重要的是「謙順」。「謙」是道德的根本，
「順」是女性應有的品質，兼有這兩種美德，自然可以與人維持親和的關

---

[36] 見同上。
[37] 見同上。

係。能夠這樣，才不會惹人反感、招人厭惡！班氏的建議，應該是從生活經驗出發，有切身的體會，並不是對人夸夸其談，作空洞、無益的訓誨。

三　結語

班昭《女誡》的言論，在有些現代人的眼中，或許會視為不合時宜的迂腐之見，如果有人斥為含有歧視女性的封建禮教思想，倒也不必詫怪。對古人或他人之說厲言貶斥，的確可滿足一時之快，也易聳人心目，但眼不見異己之美，滿腦子都是貶抑、攻訐他人的言詞，對人對己有甚麼好處呢？其實，讀古人書，我們或可採取這樣的態度：

1　甚麼是合時宜甚麼是不合時宜之說，要辨別清楚，要分別對待，不能一刀切。

2　絕對不合時宜的言論，當然應該摒棄，但一些表面不合時宜的言論，則不妨通過轉化的方式，賦以新義，或聯繫現實生活解說，看看是否可不違背現代社會的思想、行為規範，而為現代人所接納。

3　古人的言論，有不少是亙古常新的，如何發掘，如何提出，如何闡釋，使「古」可為「今」用，是讀古人書時不可忘記的要義。

本文的撰作，秉持的就是上述態度。至於措詞是否適當，闡釋是否真能達到「古為今用」的目的，就只好請讀者判斷了。

須說明的是，本文中的七篇讀書札記，並非成於一時[38]，發表的刊物，主要是報章和雜誌，而不是學術書刊，讀者對象也是當時較年輕的一輩，因此在措詞和形式方面，與一般學術論著稍有不同。而且，把七篇整合為一，除調整附註方式外，並沒有重新改寫，難免有前後不盡協

---

[38]　《讀〈女誡〉札記》的前四篇，分別撰寫於1969年至1973年，其他在2008年補寫。

調的地方，還望讀者包涵。

——原載《晨風月刊》第三、四、五期，1969 年 12 月、1970 年 1 月、1970
年 3 月；《華僑日報‧人文雙周刊》，1973 年；《未敢廢書》，2009 年 7 月。

論東漢之「事歸臺閣」與「權移外戚」

　　論東漢史事者，每謂光武政不任下，雖設三公，而事歸臺閣。然則東漢之初，果盡奪三公之權歟？而「事歸臺閣」與「權移外戚」之間，其因果關係又如何？其間事權轉移之跡，殆可得而論者。爰就所知，勾稽史料，略加排比，並作辨析如下。

一　三公權任與臺閣

《後漢書・仲長統傳》載《昌言・法誡篇》云：

> 光武皇帝慍數世之失權，忿彊臣之竊命，矯枉過直，政不任下，雖置三公，事歸臺閣。自此以來，三公之職，備員而已；然政有不理，猶加譴責。而權移外戚之家，寵被近習之豎……光武奪三公之重，至今而加甚，不假后黨以權，數世而不行，蓋親疏之勢異也。[1]

李賢（655-684）等注云：「臺閣，謂尚書也。」[2]夫尚書之名號、組織、職務及其淵源變革，歷來論者頗為詳悉，近人論著尤多涉及，故於此僅擇其必要者言之，其餘概從省略。仲長統所言光武「政不任下，雖置三公，事歸臺閣」諸語，殆為近實。惟須略加辨明者，厥為東漢尚書之權任，其初不過擬定制詔、與聞國政而已，尚未盡奪三公之權也。王鏊（1450-1524）

---

[1] 見《後漢書》卷四十九，1965年5月中華書局（北京）校點本，頁1657-1658。
[2] 見同上，頁1658。

《震澤長語》卷上「官制」條云：

> 光武中興，身親庶務，事歸臺閣，尚書始重。[3]

既云「始重」，則其時尚書仍未盡奪三公之權。如光武初年，以鄧禹為大
司徒，時禹西征關中，不關政務，帝以伏湛才任宰相，拜為司直，行大司
徒事[4]。此政仍在三公之證。又建武二年（26），宋弘代王梁為大司空，在
位五年，坐考上黨太守無所據，免歸第[5]。又建武二十七年（51），拜趙憙
為太尉，永平三年（60）春，坐考中山相薛修事不實免[6]。則建武、永平
之世，三公非無所職，審矣。惟自光武以降，國事眾務，寖歸尚書，其職
務乃日廣，其權任亦日重，且愈後而愈甚。若其進展之跡，史料蕃繁，難
於具引，茲舉一二史料於下，殆亦足以證明。

　　《後漢書‧陳忠傳》云：

> （安帝）時三府任輕，機事專委尚書，而災眚變咎，輒切免公台。
> 忠以為非國舊體，上疏諫曰：「……今之三公，雖當其名而無其實，
> 選舉誅賞，一由尚書，尚書見任，重於三公，陵遲以來，其漸久
> 矣。……」[7]

是則安帝之世，三公權任，陵遲已久，用人賞罰，全由尚書。又《後漢書‧
宦者呂強傳》云：

3　見陶珽纂《續說郛》第十九，1964年6月新興書局（臺北）影印本，頁853。
4　參閱《後漢書》卷二十六《伏湛傳》，頁894。
5　參閱《後漢書》卷二十六《宋弘傳》，頁903及905。
6　參閱《後漢書》卷二十六《趙憙傳》，頁914-915。
7　見《後漢書》卷四十六，頁1565。

　　（靈帝時）強上疏諫曰：「……舊典選舉委任三府，三府有選，參
　　議掾屬，咨其行狀，度其器能，受試任用，責以成功。若無可察，
　　然後付之尚書。尚書舉劾，請下廷尉，覆案虛實，行其誅罰。今
　　但任尚書，或復敕用。……」[8]

據此，東漢尚書權任發展之概略，可以得而明矣。而東漢外戚之擅政驕縱，
亦愈後而愈烈，此固人所習知，毋庸舉證。然則「事歸臺閣」與「權移外
戚」之間，是否有其因果關係？案仲長統所論，其言未顯，其間事權轉移
之跡，誠不易於分析，惟二者互相關涉之處，則灼然可睹。茲謹舉述史實
及學者之說，試加闡釋，蓋所以證實本文之論旨也。

二　內朝與外朝之辯

　　漢代中央政制，是否果有內朝（中朝）與外朝之別？歷來論者紛紜，
意見不一，而最針鋒相對者，厥為勞榦先生與徐復觀先生之辯。勞氏嘗撰
《論漢代的內朝與外朝》一文，明指中央政制有內朝、外朝之別，其源始
於西漢武帝。蓋武帝親攬大權，丞相自公孫弘以後，政事一歸尚書，霍光
以後，凡秉政事無不領尚書事。尚書雖名屬外朝之少府，而實為內朝之官
而非外朝之官[9]。徐氏起而質疑，其意大略為：

1　內朝或中朝意指有內臣、中臣或近臣於宮內作政治之決策與執行，
　　而實際其時並無此種固定之組織與經常之政治活動[10]。

8　見《後漢書》卷七十，頁2532。

9　參閱《史語所集刊》第13本，1948年中央研究院，頁227-267；此文原載《中研院集刊外
　　編》第3種《六同別錄》（中）》，1945年12月中央研究院（臺灣）。

10　參閱徐復觀《漢代一人專制政治下的官制演變，中（內）朝問題的澄清》，《周秦漢政
　　治社會結構之研究》，1972年3月新亞研究所（香港），頁242。

2 漢代有內臣、中臣，但並非有內臣、中臣即有實際內朝、中朝之存在，甚至「內朝臣」、「中朝臣」亦僅為習慣或帶政治運用之稱呼 [11]。

3 君主領導內臣、中臣或近臣處理政務，不能稱為內朝或中朝，因此乃君主直接處理政事，尚書仍須向其負責，猶如丞相（宰相）亦向其負責 [12]。

4 中書屬內，尚書屬外，尚書奏事須由黃門侍郎轉達，可見尚書非內臣（中臣），故尚書之經常政治工作，並不代表內朝或中朝之經常政治工作 [13]。

5 以官制言，丞相應統轄內臣、中臣，凡丞相能實行其職權時，固無所謂內朝，若內臣、中臣遂以君主之名專政，而置丞相於不顧，亦無所謂內朝或中朝 [14]。

6 東漢多為內臣（中臣）專政之局，但無內朝或中朝之稱 [15]。

7 漢代所謂內朝或中朝之出現，乃霍光欲把持權勢而篡奪正常官制之職權，為掩飾其篡奪，乃強作內朝（中朝）、外朝之分 [16]。

徐氏之說，發表於 1972 年，時勞氏未有迅速回應。直至 1980 年，勞氏於《史語所集刊》第五十一本第一分發表《漢代尚書的職任及其與內朝之關係》一文，文中未有提及徐氏之名及其文，惟其內容，則顯然為徐文而發，其說可歸納為：

1 中書與尚書任務並無不同，中書即尚書之主管，中書令之部屬，即尚書臺中所有官吏。中書令以下之中書僕射，乃中書令之副貳，

---

[11] 參閱同上。

[12] 參閱同上。

[13] 參閱同上，頁242-243及253。

[14] 參閱同上，頁242-243。

[15] 參閱同上，頁242。

[16] 參閱同上，頁242-248。

其地位在尚書令之下，如其時有中書令，中書僕射之權，當在尚書令之上。惟由武帝至成帝，中書令一職，或存或廢[17]。

2 尚書職務，與「內朝」或「中朝」無法分開。「內朝」於正式職官系統中雖無合法地位，然自武帝始，逐漸形成君主賓客、近臣間接干政以至外戚、權臣直接干政之現象，與丞相所率領之九卿各署之「外朝」，形成對立之形勢。此乃權之所在，不能不承認「內朝」存在之事實[18]。

3 《漢書·劉輔傳》顏師古《注》引孟康舊《注》，舉述內朝（中朝）官僅為大司馬左右前後將軍、侍中、常侍、散騎、諸吏而無尚書，不足為異，因其原意僅作舉例說明，並非意在窮舉，故宮內之職官如車騎將軍、左右曹、給事中……亦未提及[19]。

4 漢代以丞相為首之百官，朝會在未央宮前殿，前殿以內及前殿兩旁均不能進入，侍中、中常侍可入禁中，其他加官者進入時仍須通報。外朝官吏之辦公處所在宮外，於前殿正式朝會時，方能得見君主；內朝官吏之辦公處所在宮內，可隨時由君主召見，其意見如受接納，則由君主下詔丞相九卿。是則內朝之作用為擬定制詔，外朝之作用為執行制詔。倘無擬定制詔一事，則內朝無存在之必要[20]。

5 無論尚書為內朝之主體或內朝之附屬，尚書與外朝之關係，實遠遜於與內朝之關係，尚書與君主之關係，亦遠超逾與丞相之關係。尚書附於少府之下，僅屬「以文屬焉」而已。就政治功能言，尚

---

[17] 參閱勞榦《古代中國的歷史與文化》上冊，2006年12月中華書局（北京），頁118-119。
[18] 參閱同上，頁119。
[19] 參閱同上，頁119-120。
[20] 參閱同上，頁120-121。

書令早已出乎少府管轄之範圍，故尚書令不僅非少府之屬員，如尚書令具有丞相權力時，則尚書令其實已為少府之主管[21]。

6 武帝崩，昭帝初即位，政事一決於大將軍霍光。光謂丞相田千秋曰：「始與君侯俱受先帝遺詔，今光治內，君侯治外，宜有以教督，使光毋負天下。」（《漢書》六十六《公孫劉田王蔡陳鄭傳》）治內、治外，均需決事。據《漢書‧百官表》及《漢舊儀》，知丞相府有確實之辦公組織，如其內、外於同等權量之下辦公行文決事，則「外」有組織，「內」不應無組織。宮內辦公之組織，應為「尚書臺」，而「尚書」為「臺」中真正辦公之僚屬[22]。

7 史載漢代制詔，均為先未央宮，然後詔書下御史大夫，再由御史大夫下丞相，丞相下中二千石、二千石。尚書之工作，本為接受奏章及發出制詔，如其屬外朝官，則漢代奏章應上丞相，而制詔亦由丞相發出。勞氏強調：此實為不可能之「驚人」結論。無論如何，尚書及為尚書辦事之尚書郎，其辦公處所，無疑應在宮內而不在宮外[23]。

8 《漢官儀》云：「漢明帝詔曰：尚書蓋古之納言，出納朕命，機事不密則害成，可不慎歟？」（《漢官儀》卷上，頁14）是則東漢明帝時，尚書仍為一最高機密處所，倘其屬於外朝，則其與君主之關係，必較為疏遠，此恐非事實也[24]。

勞氏承認「內朝」非官制之常，於正式職官系統中並無合法地位，此殆近於徐說。所不同者，勞氏謂宮內既為權之所在，則不能不承認「內朝」

---

[21] 參閱同上，頁121。

[22] 參閱同上，頁126-127。

[23] 參閱同上。

[24] 參閱同上，頁130。

存在之事實。而徐氏則認為，若內臣、中臣或近臣逕以君主之名專政，而
置丞相於不顧，則無所謂內朝或中朝，因尚書處理政事，仍須向君主負責；
徐氏更謂尚書向君主負責，猶如丞相亦向君主負責，因此不可謂君主屬於
內朝[25]。倘以此說為前提，則君主殆亦不屬於宮外由丞相領導公卿百官之
朝廷矣。君主原為朝廷之最高負責人，而朝廷本無內外之分，惟宮內既已
形成另一權力實體，內外權力對立之事實已然存在，則內外權力實體之官
吏，名義上均須向君主負責，自屬理所當然之事，至於是否有內朝（中朝）、
外朝之稱，則僅屬枝節而已。以此為基礎，自以為上述勞氏之說，似可信
從。爰就所見資料，略論兩漢內朝或中朝之情況及發展。

三　兩漢內朝之情況及發展

　　漢代中央正式職官系統，本無所謂「內朝」（中朝），惟宮內既於丞相
所領導之朝廷外形成另一權力實體，則不能不承認「內朝」之存在。內朝
之起，溯其淵源，蓋始於西漢武帝時。當代學人論者不尠，而徐復觀、勞
榦兩先生論之綦詳。徐氏力言此乃霍光為篡奪正常官制之職權，故強為內
朝（中朝）、外朝之分。其說如此，可見亦承認宮內權力實體存在之事實，
惟不欲稱之為「內朝」或「中朝」而已。

　　《漢書・劉輔傳》顏師古（581-645）注引孟康舊《注》云：

> 中朝，內朝也。大司馬左右前後將軍、侍中、常侍、散騎、諸吏
> 為中朝；丞相以下至六百石為外朝也。[26]

---

[25] 參閱徐復觀《漢代一人專制政治下的官制演變》，《周秦漢政治社會結構之研究》，頁
253-254。

[26] 見《漢書》卷七十七，1964年11月中華書局（北京）校點本，頁3253。孟康，三國時人，

錢大昕（1728-1804）《三史拾遺》卷三云：

> 《漢書》稱中朝官，或稱中朝者，或稱朝者，其文非一，唯孟康
> 此《注》最為分明。……給事中亦中朝官，孟康所舉，不無遺漏
> 矣。……然中外朝之分，漢初蓋未之有，武帝始以嚴助、主父偃
> 輩入直承明，與參謀議，而其秩尚卑。衛青、霍去病雖貴幸，亦
> 未干丞相、御史職事。至昭、宣之世，大將軍權兼中外，又置前
> 後左右將軍，在內朝預聞政事，而由庶僚加侍中、給事者，俱自
> 託為腹心之臣矣。此西京朝局之變，史家未明言之，讀者可推檢
> 而得也。[27]

孟康所舉內朝（中朝）官，僅為大司馬左右前後將軍、侍中、常侍、散騎、
諸吏，故錢氏評云「孟康所舉，不無遺漏」。據《漢書·百官公卿表》載：

> 侍中、左右曹、諸吏、散騎、中常侍，皆加官。所加或列侯、將
> 軍、卿大夫、將、都尉、尚書、太醫、太官令，至郎中，亡員，
> 多至數十人。侍中、中常侍得入禁中，諸曹受尚書事，諸吏得舉
> 法，散騎騎並乘輿車。給事中亦加官，所加或大夫、博士、議郎，
> 掌顧問應對，位次中常侍。中黃門有給事黃門，位從將大夫。皆
> 秦制。[28]

可見侍中、左右曹、諸吏、散騎、中常侍、給事中，均為加官。錢大昕沿

生卒年不詳。

[27] 見錢大昕《廿二史考異》附錄一，2004年4月上海古籍出版社（上海），頁1434。

[28] 見《漢書》卷十九上，頁739。

襲孟康之說，誤將前後左右將軍列為中朝官，其實《漢書‧劉輔傳》所舉中朝官四人，如左將軍辛慶忌、右將軍廉褒、光祿勳師丹、太中大夫谷永，均有加官[29]。此四人之所以為中朝官，非因本官，而實因曾加官侍中、諸吏、散騎、給事中也[30]。以上《漢書‧百官公卿表》所述，全為君主近臣，屬宮內職官，其中如左右曹、尚書、給事中，皆孟康《注》所未及。或謂中（內）朝指宮內黃門以內之禁中，故所謂中朝官，應指有權自由出入禁中及參與機要事務之官，二者組合，方構成中朝官[31]。其實黃門以外即所謂禁外之職官，倘未加官，誠未能自由出入禁中，奏事仍須經由黃門侍郎轉達，然其辦公處所仍在宮內，其工作又須配合加官者，並隨時聽宣召參與機要事務，則所謂中朝或內朝，實未可屏除宮內臺閣未有加官之職官也。勞榦先生之所以謂尚書職務，與中朝或內朝無法分開者，以此。

逮及東漢，情況若何？據《資治通鑑》胡三省（1230-1302）《注》，謂東漢無中、外朝之別，夷考其實，疑非確當。惠棟（1697-1758）《後漢書補注‧列傳第五十一》嘗辨之，其說云：

> 胡三省曰：「西都中世以後，以三公九卿為外朝官，東都無中外朝之別。此中朝直謂朝廷。」棟案：胡說非。《周禮‧槁人職》鄭玄《注》曰：今司徒府中有百官朝會之殿，云天子與丞相舊決大事焉，是外朝之存者歟？……又《朝士‧注》曰：今司徒有天子以下大會殿，亦古之外朝。干寶《周禮‧注》曰：禮，司徒府中有百官朝會殿。《續漢志》曰：詔群臣會司徒議。是東漢以來外朝之證也。[32]

---

[29] 參閱《漢書》卷七十七，同上，頁3252。

[30] 參閱陳仲安、王素《漢唐職官制度研究》，1993年3月中華書局（北京），頁16。

[31] 參閱同上，頁17。

[32] 見《後漢書補注》卷十四，1937年4月商務印書館（上海）國學基本叢書本，頁648。

胡三省之言，大抵謂東漢之世，權在內朝（中朝），內朝直謂朝廷，故無內外之別。惠棟引述資料，證明其時司徒府中有百官朝會之殿，君主亦有詔群臣會司徒議。是則東漢大抵仍以三公九卿等官為外朝，大將軍以次諸官為內朝。惟東漢已不置散騎，諸吏似亦不置。他如給事中、左右曹諸官，設置亦少；而中常侍一職，乃悉任用宦者。《後漢書·朱穆傳》云：

> 案漢故事，中常侍參選士人，建武以後，乃悉用宦者。[33]

其說是也。迨及東漢晚期，宦官勢力倍長，中常侍及小黃門，且直接控制尚書臺事，於是形成一新內朝，而本屬內朝之尚書，則反有由內而外之勢。《後漢書·李固傳》載李固於順帝陽嘉二年（133）對策云：

> 今與陛下共理天下者，外則公卿尚書，內則常侍黃門。[34]

正如前文所論，尚書本屬少府，李固名之為「外」，與公卿並列，就職官系統言，是亦情理之常。惟尚書於東漢末誠有逐漸為人所「外」之勢，且愈後而愈顯，所以然者，宦官勢力增長與新內朝逐漸形成故也。然無論何時，尚書仍為「時君」所用，則與往昔無異。所異者「時君」本為太后，而後來則由成長後之君主所替代，而權力之掌握，則由可自由出入禁中之宦官，取代漸不為人主所信賴之外戚而已。是則尚書權任之範圍若何？仍可討論，而國政大權，果為彼等所操持乎？亦不可不加辨明。茲謹摘取若干史料，略依先後次序，附以說明，藉以見尚書之權任。由於本文所討論者為尚書權任與外戚擅政之關係，故凡涉及宦官方面之問題，姑暫置而不論焉。

33　見《後漢書》四十三，頁1472。
34　見《後漢書》卷六十三，頁2076。

四　尚書權任與外戚擅政之關係

東漢中央官制，多沿西京之舊，以三公部九卿，然其政治實權，則輒由尚書所操持。《後漢書・梁統傳》云：

> 統在朝廷，數陳便宜。以為法令既輕，下姦不勝，宜重刑罰，以遵舊典。……議者以為隆刑峻法，非明王急務……不宜開可。統復上言曰：「……願得召見，若對尚書近臣，口陳其要。」（光武）帝令尚書問狀。統對曰……議上，遂寢不報。[35]

可知刑事政策之制訂，尚書於朝廷有操縱上下之權，梁統雖尊貴，以列侯奉朝請，亦不得不由尚書問狀，口陳其要。

尚書亦得審覽章奏，決定其可否奏聞，倘有浮詞，逕可抑而不省。如《後漢書・明帝紀》所記，即其明證：

> （明帝永平六年，63）夏四月甲子，詔曰：「……先帝詔書，禁人上書言聖，而閒者章奏頗多浮詞，自今若有過稱虛譽，尚書皆宜抑而不省，示不為諂子蚩也。」[36]

尚書權足抑下章奏，其見任之重也如此。又君主詔命，尚書亦可先行檢閱，倘有未是，則可舉駮而封還之。如《後漢書，鍾離意傳》云：

> （明）帝性褊察，好以耳目隱發為明，故公卿大臣被詆毀，近臣尚書以下至提拽。……唯意獨敢諫爭，數封還詔書，臣下過失輒

---

[35] 見《後漢書》卷三十四，頁1166-1169。

[36] 見《後漢書》卷二，頁109。

救解之。³⁷

時鍾離意之職任，即為尚書僕射。又《後漢書・宋均傳》云：

> （明帝）以其能，七年（64），徵拜尚書，每有駁議，多合上旨。
> 均嘗刪翦疑事，帝以為有姦，大怒，收郎縛格之。……均顧屬言
> 曰：「……均雖死，不易志。」……帝善其不撓，即令貰郎，遷均
> 司隸校尉。³⁸

尚書可駁議，甚至刪翦疑事，其地位之權要，不喻可曉。

又《後漢書・黃香傳》云：

> （和帝永元）六年（94），累遷尚書令。……十二年（100），東平
> 清河奏訞言卿仲遼等，連所及且千人。香科別據奏，全活甚眾。
> 每郡國疑罪，輒務求輕科，愛惜人命，每存憂濟。又曉習邊事，
> 均量軍政，皆得事宜。³⁹

既可「全活甚眾」，又能「務求輕科」，則其權力亦可決定刑罰輕重；甚至
軍政事務，竟亦可均量建言。此固與黃香曉習邊事有關，然倘非權任所在，
恐亦不至如是也。

若夫百官失職，尚書亦可予以糾劾，諸所刺舉，無所迴避。如就《後
漢書・樂恢傳》所載，即可見之：

---

³⁷ 見《後漢書》卷四十一，頁1409。
³⁸ 見同上，頁1413。
³⁹ 見《後漢書》卷八十上，頁2615。

> （和帝時，恢）入為尚書僕射，是時河南尹王調、洛陽令李阜與
> 竇憲厚善，縱舍自由。恢劾奏調、阜，並及司隸校尉。諸所刺舉，
> 無所迴避，貴戚惡之。[40]

此言樂恢以尚書僕射劾奏河南尹、洛陽令及司隸校尉，甚或三公違法，尚書亦可案發其事。倘非人主見任，焉克臻乎是耶？如《後漢書・劉愷傳》云：

> （安帝元初中）時征西校尉任尚以姦刑被徵抵罪。……太尉馬英、
> 司空李郃承望驚旨，不復先請，即獨解尚臧錮，愷不肯與議。後
> 尚書案其事，二府並受譴咎，朝廷以此稱之。[41]

馬英、李郃獨解任尚臧錮，尚書案發之，雖太尉、司空亦並受譴責。若三公之位，倘有出缺，尚書竟亦可加推薦。《後漢書・龐參傳》載其事云：

> （順帝永建）四年（129），（參）入為大鴻臚。尚書僕射虞詡薦參
> 有宰相器能。順帝時以為太尉，錄尚書事。[42]

尚書於選舉孝廉，亦每典其事。如《後漢書・左雄傳》云：

> （順帝時）廣陵孝廉徐淑，年未及舉，臺郎疑而詰之。……郎不

---

40 見《後漢書》卷四十三，頁1478。
41 見《後漢書》卷三十九，頁1308。
42 見《後漢書》卷五十一，頁1690-1691。

能屈。雄詰之曰……淑無以對，乃譴卻郡。[43]

時左雄為尚書令，徐淑未能通過疑詰，以致落選，可見尚書可左右選舉之決定。至選舉政策，亦多由尚書擬定。《後漢書・黃瓊傳》云：

> 雄前擬舉吏先試之於公府，又覆之於端門，後尚書張盛奏除此科。瓊復上言：「覆試之作，將以澄洗清濁，覆實虛濫，不宜改革。」帝乃止。[44]

又《後漢書・韓韶傳》云：

> （桓帝）時太山賊公孫偽號歷年，守令不能破散，多為坐法。尚書選三府掾能理劇者，乃以韶為嬴長。[45]

署任官吏之權，尚書竟亦得之。而其署任人選，可涉及三府掾屬。又《後漢書・楊秉傳》云：

> （桓帝時，太尉）秉奏（侯）覽及中常侍具瑗……書奏，尚書召對秉掾屬曰：「公府外職，而奏劾近官，經典漢制有故事乎？」秉使對曰……尚書不能詰。[46]

則三公掾屬，尚書亦可召對詰詢。詰詢掾屬猶事之小者，而尚書竟亦掌握

---

[43] 見《後漢書》卷六十一，頁2020。
[44] 見同上，頁2035。
[45] 見《後漢書》卷六十二，頁2063。
[46] 見《後漢書》卷五十四，頁1774

刑獄之權，甚至凌辱大臣。如《後漢書・左雄傳》云：

> 大司農劉據以職事被譴，召詣尚書，傳呼促步，又加捶撲。[47]

又《後漢書、周景傳》注引蔡質《漢儀》云：

> （桓帝）延熹中，京師游俠有盜發順帝陵，賣御物於市，市長追
> 捕不得。周景以尺一詔召司隸校尉左雄詣臺對詰，雄伏於廷答對，
> 景使虎賁左駿頓頭，血出覆面，與三日期，賊便擒也。[48]

大司農、司隸校尉班在大臣，地位尊崇，而竟受捶撲、頓頭之辱，可知尚
書威權之盛。實則尚書之權任，至順帝、桓帝時，幾於無所不及，甚至公
卿集議，尚書亦可參與。如《後漢書，周舉傳》云：

> （順帝）永和元年（136），災異數見……詔召公、卿、中二千石、
> 尚書詣顯親殿……群臣議者多謂宜如詔旨，舉獨對曰……於是司
> 徒黃尚、太常桓焉等七十人同舉議，帝從之。[49]

是則東漢尚書，不僅內典機密，權任頗廣，且亦可與公卿大臣參決國政者
也。故《後漢書・李固傳》載李固之言曰：

> 今陛下之有尚書，猶天之有北斗也。斗為天喉舌，尚書亦為陛下

---

47 見《後漢書》卷六十一，頁2022。
48 見《後漢書》卷四十五，頁1539。《漢儀》原名《漢官典職儀式選用》，孫星衍校集。
　　參閱《漢官六種》，1990年9月中華書局（北京），頁208。
49 見《後漢書》卷六十一，頁2027。

喉舌……尚書出納王命，賦政四海，權尊勢重，責之所歸。[50]

東漢尚書為「出納王命」之喉舌，故李固喻為天之北斗，又云「賦政四海」，可見權任之廣，則其權尊勢重，殆無可疑。是以中央官吏如九卿等奏事，均須經由尚書，而君主下詔命，亦幾全經尚書。如《全後漢文》載《無極山碑》云：

> （靈帝）光和四年（181）□月辛卯朔廿二日壬子，太常臣耽、丞敏頓首上尚書……臣耽愚戇，頓首頓首上尚書。……光和四年（181）八月辛酉朔十七日丁丑，尚書令忠下。光和四年（181）八月辛丑朔十七日丁丑，太常耽、丞敏下常山相。[51]

據是，可覘上下之際，尚書地位之權要矣。而地方官吏如郡國守相等，對朝廷奏事，亦多直上尚書。如《全後漢文》載弘農太守樊毅《復華山下民租田口筭狀》云：

> （靈帝）光和二年（179）十二月庚午朔十三日壬午，弘農太守臣毅頓首死罪上尚書……臣毅誠惶誠恐頓首頓首死罪死罪上尚書。[52]

斯即郡守奏事直上尚書之證。

綜合上引諸條史料，可知東漢尚書權任所及之廣，君主見任之重，未

---

[50] 見《後漢書》卷六十三，頁2076。

[51] 見嚴可均校輯《全上古三代秦漢三國六朝文》卷一百四，1965年11月中華書局（北京），頁1032下。

[52] 見嚴可均校輯《全上古三代秦漢三國六朝文》卷八十二，頁915上。

因其漸為人所「外」而改變。且所謂「外」，「禁外」而已，並非處於宮外
也。然則國政最終取決大權，果為尚書所操持耶？夷考其實，是又不然。
茲謹節取若干史料於後，並試加申論焉。

《後漢書・朱暉傳》云：

> （章帝） 元和中……是時穀貴，縣官經用不足，朝廷憂之。尚書
> 張林上言：「穀所以貴，由錢賤故也。……」於是詔諸尚書通議。
> 暉奏據林言不可施行，事遂寢。後陳事者復重述林前議，以為於
> 國誠便，帝然之，有詔施行。[53]

可見有關國事決策，君主每詔尚書通議，惟施行與否，仍須視君主之然否
為定。換言之，東漢國政最終取決大權，乃在君主而不在尚書。如《後漢
書・南蠻西南夷傳》云：

> 順帝永和元年（136），武陵太守上書，以蠻夷率服，可比漢人，
> 增其租賦。議者皆以為可。尚書令虞詡獨奏曰：「……今猥增之，
> 必有怨叛，計其所得，不償所費，必有後悔。」帝不從。[54]

尚書誠可參議國政，惟從與不從，仍以君主意向為歸。

　　考東漢政體，就全國言，乃中央集權制，就中央政府言，乃君主集權
制，光武事歸臺閣之措施，其意即在乎是。是以當時君主於政事措施，每
有最終抉擇大權，即尚書通議之結果，亦可予以否定，觀上舉史料可知。
明乎東漢君主集權之政體，然後當時之政局，乃可得而知之。《後漢書・

---

53 見《後漢書》卷四十三，頁1460。
54 見《後漢書》卷八十六，頁2833。

皇后紀》之《序》云：

> 東京皇統屢絕，權歸女主，外立者四帝，臨朝者六后，莫不定策
> 帷帝，委事父兄，貪孩童以久其政，抑明賢以專其威。[55]

上云「外立者四帝」，謂安帝、質帝、桓帝、靈帝也。安帝由清河王子入
繼，質帝由千乘王子入繼，桓帝由蠡吾侯子入繼，靈帝由解瀆亭侯子入繼；
此四帝也。然安帝崩，閻太后立北鄉侯懿嗣位，當時稱少帝，是四帝之外，
尚有一帝[56]。由於「權歸女主」，於是決策抉擇之權，乃在太后而不在君
主矣。《後漢書・劉愷傳》云：

> （安帝）元初中，鄧太后詔長吏以下不為親行服者，不得典城選
> 舉。時有上言牧守宜同此制，詔下公卿，議者以為不便，愷獨議
> 曰……太后從之。[57]

公卿以為不便，劉愷獨議迥殊，而鄧太后從之，則太后具有決策大權可知。
又《後漢書・欒巴傳》云：

> 徵拜尚書。會帝崩，營起憲陵。陵左右或有小人墳冢，主者欲有
> 所侵毀，巴連上書苦諫。時梁太后臨朝，詔詰巴……巴坐下獄，

---

[55] 見《後漢書》卷十上，頁401。

[56] 參閱趙翼《廿二史劄記》卷四「東漢多母后臨朝外藩入繼」條，王樹民《廿二史劄記校
證》，2001年11月中華書局（北京），頁93-94。

[57] 見《後漢書》卷三十九，頁1307。

抵罪，禁錮還家。[58]

又《續漢書・五行志四》云：

> 順帝崩，梁太后攝政，欲為順帝作陵，制度奢廣，多壞吏民家。
> 尚書欒巴諫爭，太后怒，癸卯，詔書收巴下獄，欲殺之……丙午
> 地震，於是太后乃出巴，免為庶人。[59]

欒巴以忤太后得罪，則尚書職任之閑要，乃視時主之意向耳。夫公卿之權，
固由尚書所奪，惟決策大權，則由君主或太后所操持。倘屬英明之主，政
柄自無旁落之虞，惟黯弱者則不得不以政柄託諸他人。無知之君，以為戚
屬與近侍足資信賴，此所以東漢君主屢以政柄委諸外戚或宦官也。復次，
東漢諸帝多不永年，而子嗣又少[60]，若逢君主之崩，每由外藩入繼，入繼
者非太后本生，為一己及親族安危計，太后自以政柄付諸至親，而己則臨
朝聽政。太后之至親・非其父兄而何？於是外戚乃可藉太后而干政矣。夫
尚書為宮內臺閣之職官，其職任愈廣，事權愈重，外戚則愈便於宰制國政，
是以「事歸臺閣」與「權移外戚」之間，實有其相互之因果關係，此可從
而得知也。

　　抑且臨朝太后之父兄，每居將軍之位，並獲加官，屬內（中）朝官屬
之首，又為時主至親，則其於內朝之尚書，豈無重大影響耶？《後漢書・

58　見《後漢書》卷五十七，頁1841。

59　見《後漢書》附《志十六》，頁3331。按：《後漢書》所附八《志》──《律曆》、《禮
　　儀》、《祭祀》、《天文》、《五行》、《郡國》、《百官》、《輿服》，原屬司馬彪
　　《續漢書》。

60　參閱趙翼《廿二史劄記》卷四「東漢諸帝多不永年」條，王樹民《廿二史劄記校證》，
　　頁93。

韓棱傳》云：

> 及（竇）憲有功，還為大將軍，威震天下，復出屯武威。會帝西
> 祠園陵，詔憲與車駕會長安。及憲至，尚書以下議欲拜之，伏稱
> 萬歲。[61]

此則史料，不待詮釋，而大將軍竇憲與尚書之關係，觀者已自得之。又《後
漢書・丁鴻傳》云：

> 是時竇太后臨政，憲兄弟各擅威權。鴻因日食上封事曰：「……天
> 下遠近皆惶怖承旨，刺史二千石初除謁辭，求通待報，雖奉符璽，
> 受臺敕，不敢便去，久者至數十日。背王室，向私門，此乃上威
> 損，下權盛也。……」[62]

刺史二千石雖受臺敕，不敢便去，所以然者，求待謁辭竇憲而已，則外戚
權勢之盛，實遠駕乎臺閣之上。《後漢書・竇憲傳》又載：

> 舊大將軍位在三公下……憲威權振朝庭（廷），公卿希旨，奏憲位
> 次太傅下，三公上……尚書僕射郅壽、樂恢，並以忤意，相繼自
> 殺。[63]

公卿希旨奏請，竇憲位次竟在三公上，而於尚書僕射之死，亦具影響之勢
力。又《後漢書・梁冀傳》云：

---

[61] 見《後漢書》卷四十五，頁1535。
[62] 見《後漢書》卷三十七，頁1265-1266。
[63] 見《後漢書》卷二十三，頁818-819。

每朝會，（冀）與三公絕席。十日一入，平尚書事。……專擅威福，
凶恣日積，機事大小，莫不諮決之。……百官遷召，皆先到冀門，
牋檄謝恩，然後敢詣尚書。[64]

據是謂外戚勢力之盛，權任之重，實駕乎尚書之上，洵非徒事臆測而已。

竊謂光武之以事歸臺閣，所以欲自攬其權耳，經由尚書笔理文書，初
亦無盡奪三公權任歸諸尚書之意。何以得見其然？約而言之，理有二端：
其一為秩位卑微，其二為選任輕易。考尚書令秩祿不過千石，而尚書僕射
及尚書，亦僅六百石耳[65]，其性質不外為君主近臣。如《後漢書·順帝紀》
云：

（順帝）即皇帝位，年十一。近臣尚書以下，從輦到南宮。登雲
臺，召百官。[66]

又《後漢書·竇武傳》載竇武上疏云：

今臺閣近臣尚書令陳蕃、僕射胡廣、尚書朱、荀緄、劉祐、魏朗、
劉矩、尹勳等，皆國之貞士、朝之良佐。[67]

可見尚書令、尚書僕射、尚書均為近臣。近臣之所以為「近」，固與君主
形跡接近有關，然率多位秩較卑，亦為事實。惟其秩位本卑，卑則易制，

---

[64] 見《後漢書》卷三十四，頁1183。

[65] 參閱《後漢書》附《志二十六·百官三》，頁3596-3597。

[66] 見《後漢書》卷六，頁249-250。

[67] 見《後漢書》卷六十九，頁2240。又見嚴可均校輯《全上古三代秦漢三國六朝文·全後
漢文》卷十六竇武《諫黨事疏》，頁558上。

參知政事，又非法制明定，於是決策大權，自非為其所有，是以東漢一代，尚書權任雖重，然終無擅政竊命之事者，理有由矣。若夫東漢尚書之選任，亦頗輕易，蓋多從郎官超升此位，雖曉習文法，長於應對，然察察小慧，類無大能[68]。選任輕易若此，於是君主乃可集權一己，操持政柄。顧君主雖藉尚書以奪公卿之權，而其權卒不能自有，此則非光武初意之所及也。王鳴盛（1722-1797）《十七史商榷》「臺閣」條云：

> 漢世官府不見臺閣之號，所云臺閣者，猶言宮掖中祕云爾。……臺閣者尚書也……而漢又別有中書，為尚書者士人多宦者少，中書則皆宦者也。……臺閣之名本在尚書也，而又屬之中書矣。官不論貴賤，惟視其職之閒要，而閒要惟視時主之意向，其制無時不改。[69]

王氏之言，殆得當時史事情實。蓋東漢君主每多沖齡即位，太后臨朝者多，「時主」，即太后也。故事雖歸諸臺閣，權則移於太后父兄，於是太后之父兄，乃每藉將軍之職任以顓有國政矣。「事歸臺閣」與「權移外戚」之間，關係密切如此，宜乎尚書權任之輕重，每與外戚擅政之難易互為因果也。

五　外戚以大將軍錄尚書事

今猶欲加辨析者，厥為東漢外戚與領錄尚書事，其間之關係若何？夫尚書為機衡之任，故雖為三公，亦必錄尚書，然後得知國政，故自西漢中

---

[68] 參閱《後漢書》卷二十六《韋彪傳》，頁918-919。

[69] 見王鳴盛《十七史商榷》卷三十七《後漢書九》，2005年12月上海書店出版社（上海），頁258-260。

葉以降，即多執政大臣領錄尚書事。所謂「錄」，猶「總領」之義也 [70]，故亦有稱「領」或「領錄」者。東漢之世，太傅、三公、將軍均可錄尚書事，尤以太傅、太尉、司徒錄者居多。茲迻寫史料於下，以為例證。

《後漢書・章帝紀》云：

（章帝即位）以（趙）熹為太傅，（牟）融為太尉，並錄尚書事。[71]

又《後漢書・鄧彪傳》云：

和帝即位，以彪為太傅，錄尚書事。[72]

又《後漢書・張禹傳》云：

（殤帝）延平元年（106），遷（禹）為太傅，錄尚書事。[73]

又《後漢書・馮魴傳》云：

及北鄉侯立，（魴之孫石）遷太傅，與太尉東萊劉喜參錄尚書事。[74]

又《後漢書・桓焉傳》云：

---

[70] 《後漢書》卷四《和帝紀》「大司農尹睦為太尉，錄尚書事」句下注云：「錄謂總領之也。」見頁74。

[71] 見《後漢書》卷三，頁130。

[72] 見《後漢書》卷四十四，頁1496。

[73] 見同上，頁1498。

[74] 見《後漢書》卷三十三，頁1149-1150。

順帝即位，拜（焉）太傅，與太尉朱寵並錄尚書事。[75]

又《後漢書・李固傳》云：

及沖帝即位，以固為太尉，與梁冀參錄尚書事。[76]

又《後漢書・胡廣傳》云：

質帝崩，（廣）代李固為太尉，錄尚書事……靈帝立，復以司徒與太傅陳蕃參錄尚書事。[77]

又《後漢書・梁冀傳》云：

沖帝始在繈褓，太后臨朝，冀與太傅趙峻、太尉李固參錄尚書事。……元嘉元年（151）……（冀）每朝會，與三公絕席。十日一入，平尚書事。[78]

又《後漢書・陳蕃傳》云：

永康元年（167），帝崩，竇太后臨朝，詔曰：「……其以蕃為太傅，錄尚書事。」[79]

---

[75] 見《後漢書》卷三十七，頁1257。
[76] 見《後漢書》卷六十三，頁2082。
[77] 見《後漢書。卷四十四，頁1509。
[78] 見《後漢書》卷三十四，頁1179及1183。
[79] 見《後漢書》卷六十六，頁2168。

又《後漢書‧何進傳》云：

> （中平六年，189）何太后臨朝，進與太傅袁隗輔政，錄尚書事。[80]

又《後漢書‧周景傳》云：

> （初平三年，192）（景子忠）代皇甫嵩為太尉，錄尚書事。[81]

又《後漢書‧楊彪傳》云：

> （初平）三年（192）秋，代淳于嘉為司空，以地震免。復拜太常。
> 興平元年（194），代朱儁為太尉，錄尚書事。[82]

又《後漢書‧朱儁傳》云：

> 初平四年（193），代周忠為太尉，錄尚書事。[83]

又《後漢書‧趙典傳》云：

> （興平元年，194）（典子溫）代楊彪為司空，免。頃之，復為司

---

[80] 見《後漢書》卷六十九，頁2248。

[81] 見《後漢書》卷四十五，頁1539。又，《後漢書》卷九《獻帝紀》載：初平三年冬十二月，周忠以太尉錄尚書事。參閱頁373。

[82] 見《後漢書》卷五十四，頁1787。又，《後漢書》卷九《獻帝紀》載：初平三年九月甲申，司空淳于嘉為司徒，光祿大夫楊彪為司空，並錄尚書事。參閱頁同上。

[83] 見《後漢書》卷七十一，頁2313。

徒，錄尚書事。[84]

徐天麟《東漢會要・職官一》分類載太傅、三公、大將軍錄尚書事，頗具條理，爰錄於下，俾可與上引史料互相參證焉：

1 太傅錄尚書事者：趙憙、鄧彪、張禹、馮石、馮魴、桓焉、趙浚、陳蕃、胡廣。

2 太尉錄尚書事者：牟融、尹睦、徐防、趙憙、朱寵、劉光、龐參、李固、胡廣、周忠、楊彪。

3 司徒錄尚書事者：趙戒、胡廣、王允、淳于嘉、趙溫。

4 司空錄尚書事者：楊彪。

5 大將軍錄尚書事者：梁冀、竇武、何進。[85]

根據《後漢書》，徐氏所述，稍有疏誤。如馮石為馮魴之孫，其名似未可置於魴前；且魴亦未曾以太傅錄尚書事。趙浚無其人，疑為趙峻之誤，峻曾以太傅與太尉李固參錄尚書事。後將軍袁隗為太傅，曾與何進參錄尚書事；馬日磾亦曾以太傅錄尚書事；而徐氏均失記。趙憙嘗以太傅錄尚書事，似未曾以太尉錄尚書事，徐氏所記，殆誤「劉」為「趙」歟？劉憙、朱儁則曾以太尉錄尚書事，而徐氏均未記[86]。此外，獻帝建安元年（196），鎮東將軍曹操自領司隸校尉，錄尚書事，稍後自為司空，行車騎將軍事，百官總己以聽，則更非徐氏所記之範圍矣[87]。前人著述未可盡信，此為一

---

[84] 見《後漢書》卷二十七，頁949。又，《後漢書》卷九《獻帝紀》載：興平元年冬十月，以衛尉趙溫為司徒，錄尚書事。參閱頁377。

[85] 參閱《東漢會要》卷十九，1978年6月上海古籍出版社（上海）校點本，頁266-272。徐天麟，南宋人，生卒年不詳。

[86] 有關各人錄尚書事資料，曾檢視《後漢書》各《紀》、《傳》、《志》，藉資核實。劉憙，史籍或作「劉喜」。

[87] 參閱《後漢書》卷九《獻帝紀》，頁380。

例。

考東漢自光武帝至章帝，馮魴實未嘗以太傅錄尚書事[88]。章帝時，方以太傅趙憙、太尉牟融並錄尚書事，尚書有錄名，蓋自憙、融始。和帝時，太尉鄧彪為太傅，錄尚書事，位上公，在三公上，漢制遂以為常，每少帝立，則置太傅錄尚書事，猶古冢宰總己之義，薨，輒罷之[89]。惟所謂「總己」云云，殆屬虛文，究其實，錄尚書事者，僅屬優崇之位，而非使命之官；國家樞機，仍在尚書而不在錄尚書也。故《後漢書‧左雄傳》云：

> 自雄掌納言，多所匡肅，每有章表奏議，臺閣以為故事。[90]

「故事」，猶「故實」。古者賦事行刑，必問於遺訓，而諮於故實。時左雄為尚書令，其章奏為臺閣所重視。又《後漢書‧鄧彪傳》云：

> 和帝即位，以彪為太傅，錄尚書事……專權驕縱，朝廷多有諫爭，而彪在位，修身而已，不能有所匡正。[91]

鄧彪以太傅錄尚書事，而竟不能對政事有所匡正。又《後漢書‧龐參傳》云：

> （順帝）永建四年（129）……僕射虞詡薦參有宰相器能，以為太尉，錄尚書事。……舉用忤帝旨，司隸承風案之。時當會茂才孝

---

[88] 參閱《後漢書》卷一《光武帝紀》、卷二《明帝紀》、卷三《章帝紀》、卷三十三《馮魴傳》。
[89] 參閱《晉書》卷二十四《職官志》，1974年11月中華書局（北京）校點本，頁729-730。
[90] 見《後漢書》六十一，頁2022。
[91] 見《後漢書》卷四十四，頁1496。

廉，參以被奏，稱疾不得會。[92]

龐參以太尉錄尚書事，因忤帝旨被奏，乃不得參與選拔之會。又《後漢書‧胡廣傳》云：

> （桓帝）延熹九年（166），復拜司徒。靈帝立，與太傅陳蕃參錄
> 尚書事……諺曰：「萬事不理問伯始，天下中庸有胡公。」[93]

胡廣字伯始，以司徒錄尚書事，竟有「萬事不理」之譏。可見錄尚書之權任，殆不足與尚書較。惟外戚以大將軍錄尚書事，則情勢又迥殊，此不可不察也。如《後漢書‧梁冀傳》云：

> 沖帝始在繈褓，太后臨朝，詔冀與太傅趙峻、太尉李固參錄尚書
> 事……而（冀）侈暴滋甚。沖帝又崩，冀立質帝。帝少而聰慧，
> 知冀驕橫，嘗朝群臣，目冀曰：「此跋扈將軍也。」冀聞，深惡之，
> 遂令左右進鴆加煮餅，帝即日崩。復立桓帝，而枉害李固及前太
> 尉杜喬，海內嗟懼。……專擅威柄，凶恣日積，機事大小，莫不
> 諮決之。[94]

李固貴為太尉，又得參錄尚書事，然卒為梁冀所枉害，則外戚以大將軍領錄尚書之權勢，可以得而推悉。又《後漢書‧竇武傳》云：

> （靈帝）拜武為大將軍，常居禁中。……武既輔朝政，常有誅翦

---

[92] 見《後漢書》卷五十一，頁1690-1691。
[93] 見《後漢書》卷四十四，頁1509-1510。
[94] 見《後漢書》卷三十四，頁1179及1183。

> 宦官之意……武於是引同志尹勳為尚書令，劉瑜為侍中，馮述為
> 屯騎校尉；又徵天下名士廢黜者前司隸校尉李膺、宗正劉猛、太
> 僕杜密、盧江太守朱，列於朝廷；請前越巂太守荀翌為從事中郎，
> 辟潁川陳寔為屬，共定計策。[95]

竇武既可引同志為尚書令，又得徵廢黜者列於朝廷，則其權任之重及聲勢
之隆，不喻而可自見焉。故《續漢書‧五行志一》云：

> 桓帝之初，京都童謠曰：「游平賣印自有平，不辟豪賢及大姓。」[96]

游平，竇武字，竇太后父，竇太后攝政時，為大將軍。是則桓帝之初，竇
武權勢已盛，印綬所加，咸出己意。洎靈帝世，武以大將軍錄尚書事，權
任更遠駕乎尚書之上，此不待深論而理可自明。又《後漢書‧何進傳》云：

> 何太后臨朝，進與太傅袁隗輔政，錄尚書事。進素知中官天下所
> 疾，兼忿蹇碩圖己，及秉朝政，陰規誅之。……進乃使黃門令收
> 碩，誅之，因領其屯兵。袁紹復說進曰：「前竇武誅內寵而反為所
> 害者，以其言語漏泄，而五營百官服畏中人故也。今將軍既有元
> 舅之重，而兄弟並領勁兵，部曲將吏皆英俊名士，樂盡力命，事
> 在掌握，此天贊之時也。……」[97]

何進以元舅錄尚書事，其權任之隆盛，自遠出太傅、三公錄尚書事之上。
再就上舉引文觀之，則又有可注意之處者，此即為何進「兄弟並領勁兵」，

---

[95] 見《後漢書》卷六十九，頁2241-2242。
[96] 見《後漢書》附《志十三》，頁 3282。
[97] 見《後漢書》卷六十九，頁2248-2249。

而部曲將吏亦皆「樂盡力命」。《續漢書・五行志二》云：

> 中平元年（189）……是歲黃巾賊始起。皇后兄何進、異父兄朱苗，
> 皆為將軍，領兵。後苗封濟陽侯，進、苗遂秉威權，持國柄，漢
> 遂微弱，自此始焉。[98]

由是言之，東漢外戚勢力之消長，確與操持兵柄有關，而其所以得而操持
兵柄者，則又有后族勢力為其背景。此所以將軍府雖與諸府之名並列，而
其權勢，則可凌駕太傅、三公之上也。

六　結語

東漢沿承前朝舊制，公卿百官之朝廷而外，亦有宮內職官之辦公處
所，所謂臺閣是也。臺閣官吏，並非人人可自由出入禁中，加官者進入時
亦須通報。而黃門以外之官吏，奏事仍須經由黃門侍郎轉達。惟黃門外所
謂禁外之地，亦屬宮內範圍，故無論禁中或禁外之臺閣官吏，其職任固以
擬定制詔為主，實亦較朝廷公卿百官更便於獻言君主也。光武事歸臺閣，
欲自攬權柄耳，初無盡奪公卿權任之意。其後尚書權任日重，公卿因以失
職，然國政最終之決策大權，仍由君主所操持。及後君主沖齡踐祚者多，
太后得而臨朝，其父兄乃因之而攬奪國政大權，此「事歸臺閣」與「權移
外戚」之因果關係也。尤有進者，東漢之世，太傅、三公、大將軍均可錄
尚書事，惟太傅、三公之錄尚書事，僅欲示以優崇，其權任蓋不足與尚書
較。顧外戚以大將軍領錄尚書事，則其勢又迥殊，其權任蓋遠出乎尚書之
上，所以然者，恃太后之勢與操持京師兵柄故也。至於外戚操持兵柄之史

---

[98] 見《後漢書》附《志十四》，頁3299。

實，另篇已有詳論 [99]，茲弗多所涉及焉。

──原載《新亞學報》第二十八卷，新亞研究所（2010 年 3 月）

---

[99] 參閱拙文：《從東漢政權實質論其時帝室婚姻嗣續與外戚升降之關係》，《新亞學報》第9卷2期，1970年9月新亞研究所（香港），頁225-282；《東漢外戚存亡與洛陽北宮建置形勢的關係》，《中國學人》第一期，1973年3月新亞研究所（香港），頁29-40。上述兩文已收入本書。

東漢中央集議制度之探討

一　緒言

　　東漢之世，凡國有大造大疑，則公府可通而論之[1]。而百官僚屬，亦得參與朝廷集議。如明帝時，陳事者多言郡國貢舉率非功次，故守職益慵而吏事寖疏，咎在州郡，「有詔下公卿朝臣議」[2]；又如章帝永和三年（138），交阯、九真二郡兵反，帝以為憂，「召公卿百官及四府掾屬，問其方略，皆議遣大將，發荊、楊、兗、豫四萬人赴之」[3]；又如順帝漢安二年（143），尚書侍郎邊韶上言治曆事，「詔書下三公、百官雜議」[4]；皆是也。「集議」之稱，史書固有記載，亦有稱「朝會」、「朝議」、「廷議」、「朝廷議」者，而稱「朝會」者最多，稱「朝議」及「廷議」者較次，稱「朝廷議」及「集議」者較少。稱謂各殊，涵義是否有別？何者較為適當？爰謹摘引史文，略作說明如次。

二　「朝會」、「朝議」、「廷議」及其他

　　東漢公卿百官會集，稱「朝會」者最多，如《後漢書‧韓歆傳》云：

　　　　（歆）好直言，無隱諱……嘗因朝會，聞（光武）帝讀隗囂、公

---

[1] 參閱《後漢書》附《志二十四‧百官一》，1965年5月中華書局（北京）校點本，頁3557。
按：《後漢書》所附八《志》，原屬司馬彪《續漢書》。

[2] 參閱《後漢書》卷二十六《韋彪傳》，頁917。

[3] 參閱《後漢書》卷八十六《南蠻西南夷傳》，頁2837-2838。「四府」云者，指太尉、司徒、司空外，尚有太傅也。

[4] 參閱《後漢書》附《志二‧律曆中》，頁3035。

孫述相與書，歆曰：「亡國之君皆有才，桀紂亦有才。」[5]

又《後漢書・桓榮傳》云：

每朝會，（光武）輒令榮於公卿前敷奏經書。[6]

又《後漢書・牟融傳》云：

（永平十一年，68）是時顯宗方勤萬機，公卿數朝會，每輒延謀政事，判折獄訟。[7]

又《後漢書・寒朗傳》云：

（明）帝問曰……（朗）對曰：「……又公卿朝會，陛下問以得失，皆長跪言，舊制大罪禍及九族，陛下大恩，裁止於身，天下幸甚。……」[8]

又《後漢書・江革傳》云：

每朝會，（章）帝常使虎賁扶持，及進拜，恆目禮焉。[9]

5　見《後漢書》卷二十六，頁902。
6　見《後漢書》卷三十七，頁1250。
7　見《後漢書》卷二十六，頁916。
8　見《後漢書》卷四十一，頁1417。
9　見《後漢書》卷三十九，頁1302。

又《後漢書・魯丕傳》云：

> 和帝因朝會，召見諸儒，丕與侍中賈逵、尚書令黃香等相難數事，
> 帝善丕說，罷朝，特賜冠幘履襪衣一襲。[10]

又《後漢書・袁安傳》云：

> （和帝時）安以天子幼弱，外戚擅權，每朝會進見，及與公卿言
> 國家事，未嘗不噫嗚流涕。[11]

又《後漢書・梁統傳》云：

> 元嘉元年（151），（桓）帝以冀有援立之功，欲崇殊典，乃大會公
> 卿，共議其禮。……每朝會，與三公絕席。[12]

又《後漢書・孔融傳》云：

> 及獻帝都許，徵融為將作大匠，遷少府。每朝會訪對，融輒引正
> 定議，公卿大夫皆隸名而已。[13]

以上皆言「朝會」之例也。他如《後漢書》之《樊宏傳》、《虞延傳》、《荀
恁傳》及《續漢書・百官志四》注引之蔡質《漢儀》，均有提及「朝會」

---

10 見《後漢書》卷二十五，頁884。
11 見《後漢書》卷四十五，頁1522。
12 見《後漢書》卷三十四，頁1183。
13 見《後漢書》卷七十，頁2264。

之名[14]。所謂「朝會」，猶言公卿百官會集於朝廷耳。每「朝會」，人主或時主（如太后）常在場，公卿百官大抵多有論議，或互相駁難，偶亦有僅作奏對陳述者。

「朝會」而外，稱「朝議」及「廷議」者亦復不少。兩者是否有別？宜先考察史文，未可遽予判定也。

稱「朝議」者，如《後漢書‧鄭眾傳》云：

> 顯宗遣眾持節使匈奴……眾拔刀自誓，單于恐而止，乃更發使隨眾還京師。朝議復欲遣使報之……。[15]

又《後漢書‧蔡邕傳》云：

> 初，朝議以州郡相黨，人情比周，乃制婚姻之家及兩州人士不得相對監臨。[16]

又《後漢書‧盧植傳》云：

> 時皇后父大將軍竇武援立靈帝，初秉機政，朝議欲加封爵。[17]

又《後漢書‧西南夷傳》云：

---

[14] 參閱《後漢書》卷三十二（頁1121）、卷三十三（頁1153）、卷五十三（頁1740）及《後漢書》附《志二十七》（頁3614）。《漢儀》原名《漢官典職儀式選用》，孫星衍校集。參閱《漢官六種》，1990年9月中華書局（北京），頁208。

[15] 見《後漢書》卷三十六，頁1224。

[16] 見《後漢書》卷六十下，頁1990。

[17] 見《後漢書》卷六十四，頁2113。

靈帝熹平五年（176），諸夷反叛……朝議以為郡在邊外，蠻夷喜叛，勞師遠役，不如棄之。[18]

又《後漢書・西羌傳》云：

自西戎作逆，未有陵斥上國若斯其熾也。和熹以女君親政，威不外接，朝議憚兵力之損，情存苟安。[19]

又《後漢書・鮮卑傳》云：

（靈帝）拜（田）晏為破鮮卑中郎將。大臣多有不同，乃召百官議朝堂。議郎蔡邕議曰：「……眾所謂危，聖人不任，朝議有嫌，明主不行也。……」[20]

以上皆言「朝議」之例也。

稱「廷議」者，如《後漢書・桓榮傳》云：

論曰：……若夫一言納賞，志士為之懷恥；受爵不讓，風人所以興歌。而（張）佚廷議戚援，自居全德，意者以廉不足乎？[21]

又《後漢書・桓焉傳》云：

---

[18] 見《後漢書》卷八十六，頁2847。
[19] 見《後漢書》卷八十七，頁2900。
[20] 見《後漢書》卷九十，頁2990及2992。
[21] 見《後漢書》卷三十七，頁1254。

順帝即位……以焉前廷議守正，封陽平侯，固讓不受。[22]

又《後漢書・郭憲傳》云：

時匈奴數犯塞，帝患之，乃召百僚廷議。[23]

又《後漢書・匈奴傳》云：

（光武建武）二十七年（51），北單于遂遣使詣武威求親，天子召公卿廷議，不決。[24]

又《續漢書・百官志四》注引蔡質《漢儀》云：

司隸詣臺廷議，處九卿上，朝賀處公卿下陪卿上。[25]

以上皆言「廷議」之例也。

論者有謂「朝議」、「廷議」各殊。前者為人主臨朝御殿時之會議，討論結果，由人主直接採擇，故人主必在場；後者則在公卿百官論議之時，人主不必在場（又謂有例外）[26]。惟就上舉史文觀之，竊疑未是。蓋「廷議」固有人主在場之例，而「朝議」似亦有人主不在場之例也。且「廷議」

---

[22] 見同上，頁1257。
[23] 見《後漢書》卷八十二上《方術傳》，頁2709。
[24] 見《後漢書》卷八十九，頁2945。
[25] 見《後漢書》附《志二十七》，頁3614。又參閱《漢官六種》，1990年9月中華書局（北京），頁208。
[26] 參閱楊樹藩《兩漢中央政治制度與法儒思想》，1967年10月臺灣商務印書館（臺北），頁192-199。

倘有在場之例外，如論者所云，則與「朝議」何別[27]？其實「朝」猶「廷」耳，兩者並無別義作用。

史文亦有稱「朝廷議」者，如《後漢書・李燮傳》云：

> 安平王續為張角賊所略，國家贖王得還，朝廷議復其國。[28]

又《後漢書・孔融傳》云：

> 太傅馬日磾奉使山東……及喪還，朝廷議欲加禮。[29]

此言「朝廷議」之例也。是類資料不多，細察所謂「朝廷議」，猶「朝議」或「廷議」之意云爾。

除上舉各例外，公卿百官會集論議，亦有稱「集議」者。如《後漢書・虞詡傳》云：

> （安帝）永初四年（110），羌胡反亂……（大將軍鄧騭）乃會公卿集議。[30]

又《後漢書・董卓傳》云：

> 卓又使呂布殺執金吾丁原而并其眾，卓兵士大盛。乃諷朝廷策免

---

27 參閱廖伯源《秦漢朝廷之論議制度》附註1，《秦漢史論叢》（增訂本），2008年3月中華書局（北京），頁130-131。

28 見《後漢書》卷六十三，頁2091。

29 見《後漢書》卷七十，頁2264-2265。

30 見《後漢書》卷五十八，頁1866。

司空劉弘而自代之。因集議廢立。[31]

此言「集議」之例也。以上「集議」，均由權臣主持，然不可據是謂凡「集議」「必由權臣主持」或「人主必不在場」也。蓋書闕有間，史所常見，以偏蓋全，實非所宜，況「集議」一詞，涵義寬廣，用以取代「朝會」、「朝議」、「廷議」、「朝廷議」諸詞，殆未嘗不可，故宋、明學者，如洪邁（1123-1202）、王鏊（1450-1524）等，亦曾以「集議」之稱，通指漢代公卿百官之會議[32]。

綜而言之，「朝會」、「朝議」、「廷議」、「朝廷議」、「集議」，皆東漢中央會議制度之名，每次參與者眾，或為公卿百官，或為公府掾屬，或為臺閣職官，或為儒生，其特色在「會」、「集」而又「議」，偶有質疑、駁難，甚至疾言斥責，事所難免。會議之所，或在朝堂，或在公府，或在臺閣，或在特定處所，名稱雖別，形式則大同而或有小異。大抵「朝會」泛指朝廷一切會集，人主或時主常在場，其中有「議」有「不議」，而有「議」者居多。「朝議」、「廷議」、「朝廷議」、「集議」則皆有「議」，會集論議之時，有人主親臨之例，亦有人主不在場之例，未可循名判斷謂人主「必在場」或「必不在場」也。若夫「集議」一詞，涵義較寬，亦易理解，爰取此以名東漢中央政府之議事制度，冀便論述，未敢云必當也。

三　漢代經學論辯之風與集議之關係

西漢經學論辯之風頗盛，至東漢而愈甚。然則經學論辯之盛，是否對

---

[31] 見《後漢書》卷七十二，頁2324。

[32] 參閱洪邁《容齋隨筆》卷二「漢采眾議」條，1995年3月上海古籍出版社，頁27；王鏊《震澤長語》「官制」條，陶珽纂《續說郛》第十九，1964年6月新興書局（臺北）影印本，頁853。

東漢中央集議制度有影響？歷來論史者鮮有提及。先師牟潤孫先生（1908-1988）《論魏晉以來之崇尚談辯及其影響》一文，雖非特為東漢中央集議制度而發，惟其內容，則與本文論旨頗有關涉。其言曰：

> 夫論說經義始於棄家法，而導源於經師博學，博學則為應世務之需。[33]

爰以此為嚆矢，試作述論如下。

1　俗儒與通儒

　　西漢經師，有僅治一經者，有兼通數經者，而兼通者蓋寡。治一經者，撰為章句，每以修家法、守師說為務，動輒十餘萬以至百餘萬言，即有刪減，去其蕪冗，仍屬章句之儒。章句之儒，為學疏略，與人論難，每為他人所絀屈，實非時主所喜，乃至影響一家學派之盛衰。為應世務之需，治經者乃稍稍求博學多通，重論辯，其中亦有兼善屬文者，故西漢之通儒多能文。惟是類通儒，已非嚴守家法之醇儒矣[34]。

　　東漢之世，論辯之風更盛，非博雅閎通之士，實無以辨是非，應論敵。故其時號稱「通儒」或「名儒」者，皆遍習諸經，博洽多聞，重大義訓詁，不為章句，如桓譚、杜林、魯丕、賈逵、馬融、荀爽、鄭玄等，皆是也[35]。夫經師相互論難及用經學以論政，為東漢一代之常事，故通經善辯者，於中央集議時常有卓越表現，此理可推知，亦有所謂俗儒與通儒之別焉。應

---

[33]　見潤孫師《注史齋叢稿》（增訂本）上冊，2009年6月中華書局（北京），頁156。

[34]　參閱同上，頁161-162。

[35]　參閱同上，頁160-161。

劭《風俗通義》曰：

> 儒者區也，言其區別古今，居則瓵聖哲之詞，動則行典籍之道，
> 稽先王之制，立當時之事，此通儒也。若能納而不能出，能言而
> 不能行，講誦而已，無能往來，此俗儒也。[36]

又曰：

> 援先王之制，立當時之事，綱紀國體，原本要化，此通儒也。[37]

蓋專治一經者，苟使其參典制之爭，預鹽鐵之議，論邊防之事，以至議禮、
言曆、評法、論學，則每每拘牽所知而不能博引論據，宜乎為應劭等所譏
矣。

俗儒不徒為時論所譏，亦為人主所輕，史籍有記，姑舉一例為證。如
《後漢書‧曾褒傳》云：

> 會肅宗欲制定禮樂⋯⋯詔召玄武司馬班固問改定禮制之宜。固
> 曰：「京師諸儒，多能說禮，宜廣招集，共議得失。」帝曰：「諺
> 言『作舍道邊，三年不成』。會禮之家，名為聚訟，互生疑異，筆
> 不得下。昔堯作《大章》，一夔足矣。」[38]

---

[36] 見《後漢書》卷二十七《杜林傳》李賢等注引，頁935。亦見吳樹平《風俗通義校釋》「佚
文」，1980年9月天津人民出版社（天津），頁416。
[37] 見《後漢書》卷二十六《賈逵傳》李賢等注引，頁1240。亦見吳樹平《風俗通義校釋》
「佚文」，頁同上。
[38] 見《後漢書》卷三十五，頁1203。

論者或據是謂人主之於禮制集議，似不甚重視。試推章帝（肅宗）之意，實不滿於其時議禮諸儒之表現。東漢儒生猥眾，而以章句俗儒為多，是類俗儒，識見卑陋，聚訟不休，互生疑異，迄無定說。章帝所鄙，其在斯乎！

2 東漢經師之博通與其時之辯難及論政

東漢之世，「章句漸疏」，經師「多以浮華相尚」[39]。魯丕於和帝永元十一年（99）上疏曰：

> 說經者，傳先師之言，非從己出，不得相讓；相讓則道不明，若規矩權衡之不可枉也。難者必明其據，說者務立其義，浮華無用之言不陳於前，故精思不勞而道術愈章。法異者，令各自說師法，博觀其義。[40]

魯丕之意，殆言辯難在申明師說，故「不得相讓」；「浮華」者，乃謂辯難者不用師說而陳己意。或謂「浮華」指章句之浮辭，恐非其實，蓋其前有「章句漸疏」一語也[41]。夫能不用師說而陳己意，非博學兼通之士不可，東漢及其後之經學遭變，即循此途。

東漢經師重論辯，雖沿西漢之舊，惟西漢重章句師法，東漢則浸趨博學兼通為用以辯難。經師之間相互論學固若是，同時亦用經學及其辯難技巧以論政，博通與辯難及論政之關係，其密切如此。是類集議不乏其例，茲試勾取史料，以證成其說焉。

---

[39] 參閱《後漢書》卷七十九上《儒林傳·序》，頁2547。

[40] 見《後漢書》卷二十五《魯丕傳》，頁884。

[41] 參閱潤孫師《論魏晉以來之崇尚談辯及其影響》，《注史齋叢稿》（增訂本）上冊，2009年6月中華書局（北京），頁158-159。

《後漢書‧杜林傳》云：

> （杜）林少好學沈深，家既多書，又外氏張竦父子喜文采，林從
> 竦受學，博洽多聞，時稱通儒。……（光武）問以經書故舊及西
> 州事，甚悅之……京師士大夫，咸推其博洽。……大議郊祀制……
> 詔復下公卿議，議者僉同，帝亦然之。林獨以為周室之興，祚由
> 后稷，漢業特起，功不緣堯。祖宗故事，所宜因循。定從林議。[42]

杜林博洽多聞，號稱「通儒」，答問為光武所悅，其內容並不限於經書故
舊。議郊祀制，又能獨排眾說，最終為人主及公卿百官所從，則其論辯之
才，當有可觀。

又《後漢書‧戴憑傳》云：

> （憑）習京氏《易》……郡舉明經，徵試博士，拜郎中。時詔公
> 卿大會，群臣皆就席，憑獨立。光武問其意。憑對曰：「博士說經
> 皆不如臣，而坐居臣上，是以不得就席。」帝即召上殿，令與諸
> 儒難說，憑多所解釋。帝善之，拜為侍中，數進見問得失。帝謂
> 憑曰：「侍中當匡補國政，勿有隱情。」……正旦朝賀，百僚畢會，
> 帝令群臣能說經者更相難詰，義有不通，輒奪其席以益通者，憑
> 遂重坐五十餘席。[43]

戴憑以善論辯為光武所重，其初固由經學，然其後「數進見問得失」，當
與「匡補國政」有關，倘非博洽多識而通世務，奚克應付所問？與諸儒難

---

[42] 見《後漢書》卷二十七，頁934-937。
[43] 見《後漢書》卷七十九上《儒林傳》，頁2553-2554。

詰而至奪人五十餘席，可想像其意氣風發之善辯風采。

又《後漢書・桓郁傳》云：

> （郁）少以父任為郎。敦厚篤學，傳父業，以《尚書》教授，門徒
> 常數百人。……（明）帝以郁先師子，有禮讓，甚見親厚，常居中
> 論經書，問以政事，稍遷侍中。……郁數進忠言，多見納錄。[44]

桓郁為經師桓榮子，明帝為太子時，曾受業於榮。郁必通經博聞，方能論
經書，答問政。而進言多見納錄，可知識見非凡，且決非拙於辭令者。

又《後漢書・張輔傳》云：

> 輔少從祖父充受《尚書》，能傳其業。又事太常桓榮，勤力不怠，
> 聚徒以百數。永平九年，顯宗為四姓小侯開學於南宮，置《五經》
> 師。輔以《尚書》教授，數講於御前。以論難當意，除為郎，賜
> 車馬衣裳，遂令入授皇太子。輔為人質直，守經義，每侍講閒隙，
> 數有匡正之辭，以嚴見憚。[45]

張輔倘非博識善辯，豈能以論難當人主之意？而其「匡正之辭」，必有涉
及政事世務，並不限於經書範圍也。

又《後漢書・董鈞傳》云：

> （鈞）習《慶氏禮》。……鈞博通古今，數言政事。（明帝）永平
> 初，為博士。時草創五郊祭祀，及宗廟禮樂，威儀章服，輒令鈞

---

[44] 見《後漢書》卷三十七，頁1254。
[45] 見《後漢書》卷四十五，頁1528-1529。

參議，多見從用。當世稱為通儒。[46]

董鈞博通古今，既屢為政事發言，又常參議祭祀、禮樂、章服等事務，誠不愧為「通儒」。當其言政、參議之時，應能盡其博學兼通為用以辯難之能。

又《後漢書‧丁鴻傳》云：

> （鴻）從桓榮受《歐陽尚書》，三年而明章句，善論辯，為都講……頃之，拜侍中。……肅宗詔鴻與廣平王羨及諸儒樓望、成封、桓郁、賈逵等，論定《五經》同異於北宮白虎觀……鴻以才高，論難最明，諸儒稱之，帝數嗟美焉。[47]

丁鴻學博才高，善論難，職任侍中，「掌侍左右，贊導眾事，顧問應對」[48]，為人主及諸儒所稱美。史文所見，其論難範圍，似僅為經學，實則應亦涉及政事或其他世務，如上文所提杜林、戴憑、桓郁、董鈞等皆是也。

又《後漢書‧班固傳》云：

> （固）年九歲，能屬文誦詩賦，及長，遂博貫載籍，九流百家之言，無不窮究，所學無常師，不為章句，舉大義而已。[49]

班固學無常師，博通載籍及九流百家之言，故亦善於論辯。同傳又云：

---

46 見《後漢書》卷七十九下《儒林傳》，頁2577。
47 見《後漢書》卷三十七，頁1263-1264。
48 參閱《後漢書》附《志二十六‧百官三》，頁3593。
49 見《後漢書》卷四十上，頁1330。

朝廷有大議，使難問公卿，辯論於前，賞賜恩寵甚渥。……天子
會諸儒講論《五經》，作《白虎通德論》，令固撰集其事。時北單
于遣使貢獻，求欲和親，詔問群僚。議者或以為……固議曰：「……
不若因今施惠，為策近長。」[50]

朝廷大議，當不限於論辯經書，如集議北單于求欲和親事，即為一例。班
固論辯能得賞賜，其表現當甚出眾，所以然者，以其為博雅閎通兼善論難
之通儒也。

又《後漢書・魏應傳》云：

應經明行修，弟子遠方至，著錄數千人。肅宗甚重之，數進見，
論難於前，特受賞賜。時會京師諸儒於白虎觀，講論《五經》同
異，使應專掌難問……帝親臨稱制，如石渠故事。[51]

魏應經明行修，弟子甚眾。於白虎觀掌難問，論辯內容自屬《五經》，惟
數論難於御前，則其所涉未必專限經書也。魏應殆為善論辯之經師，故集
議御前得特受賞賜，而於講論經書時專掌難問。

又《後漢書・李育傳》云：

（育）少習《公羊春秋》。沈思專精，博覽書傳，知名太學，深為
同郡班固所重。……（章帝）建初元年，衛尉馬廖舉育方正，為
議郎，後拜博士。四年，詔與諸儒論《五經》於白虎觀，育以《公
羊》義難賈逵，往返皆有理證，最為通儒。再遷尚書令……再遷

---

50 見《後漢書》卷四十下，頁1373-1374。
51 見《後漢書》卷七十九下《儒林傳》，頁2571。

　　侍中，卒於官。[52]

李育博覽書傳，與經師賈逵往返論難《公羊》義，表現「最為通儒」。其
後遷尚書令及侍中，此兩職均常有與公卿百官集議國政世務之機會，則其
於集議時，焉能不用經書及詰難技巧以論辯哉？
　　又《後漢書・應劭傳》云：

　　（劭）少篤學，博覽多聞。……安帝時河閒人尹次、潁川人史玉
　　皆坐殺人當死，次兄初及玉母軍並詣官曹求代其命，因縊而物故。
　　尚書陳忠以罪疑從輕，議活次、玉。劭後追駁之，據正典刑，有
　　可存者。其議曰……劭凡為駁議三十篇，皆此類也。[53]

應劭博覽多聞，勤於著述，撰有《風俗通義》、《中漢輯敘》、《漢官儀》、《禮
儀故事》等。因其善於論辯，竟撰駁議三十篇，於此可略覘當時集議往返
駁辯之風氣。又同書同傳云：

　　（靈帝）中平二年（185），漢陽賊邊章、韓遂與羌胡為寇，東侵
　　三輔……（皇甫）嵩請發烏桓三千人。……事下四府，大將軍掾
　　韓卓議……劭駁之曰……韓卓復與劭相難反覆。於是詔百官大會
　　朝堂，皆從劭議。[54]

集議時相難反覆，論辯之激烈，或可約略推想。夫所議者為邊防軍事，倘
非博識通世務而又善辯之士，豈能應付？應劭有駁議三十篇，誠論辯之長

---

[52]　見同上，頁2582。
[53]　見《後漢書》卷四十八，頁1610-1611。
[54]　見同上，頁1609-1610。

才，亦風氣所使然也。

又《後漢書・張馴傳》云：

> （馴）少遊太學，能誦《春秋左氏傳》。以《大夏侯尚書》教授。
> 辟公府，舉高第，拜議郎。與蔡邕共奏定《六經》文字。擢拜侍
> 中，典領祕書近署，甚見納異。多因便宜陳政得失，朝廷嘉之。……
> （靈帝）光和七年（184），徵拜尚書，遷大司農。[55]

張馴以經師拜議郎，當常參與中央之集議，集議內容，自不限於經學。其
後任侍中、尚書、大司農，更不可不通政事世務，所謂「多因便宜陳政得
失」，殆指此也。上舉史文雖無張馴雄辯之記述，然東漢之經師，自光武
以來殆無一不善詰難，亦無一不善議政論事，風氣相扇，愈後愈盛，至桓、
靈時為尤甚。此政治風氣所促成也。《後漢書・黨錮列傳・序》嘗論之：

> 逮桓靈之間，主政荒繆，國命委於閹寺，士子羞與為伍，故匹夫
> 抗憤，處士橫議，乃激揚名聲，互相題拂，品覈公卿，裁量執政，
> 婞直之風，於斯行矣。[56]

潤孫師據此下一按語，曰：

> 夫「抗憤」、「橫議」、「題拂」、「品覈」、「裁量」皆議論之事。此
> 風既入太學，郭泰、賈彪為諸生領袖，與其時賢大夫李膺、陳蕃、
> 王暢等為友，互相標榜，太學學風無不受其影響之理。太學為章

---

55 見《後漢書》卷七十九上《儒林傳》，頁2558。
56 見《後漢書》卷六十七，頁2185。

句之中心，在此大風波中，章句之學益覺黯淡，諸生因愈輕視師
說，而趨於談論浮華之途。永元而後儒生已「競尚浮麗」，而必至
此時始「章句漸疏，浮華相尚」者，政治激盪之力巨也。[57]

此言桓、靈以來社會之風氣及太學之學風，其中有政治激盪之因素，亦與
經學之遭變有關。夫東漢經學重論辯，重論辯則須博學兼通政事世務以為
用，不再嚴守家法及章句，於是經師均競以浮華相尚，弗再依循師說而陳
己意。此風於東漢初以來已見其跡，而寖盛於和帝永元以後，桓、靈之間，
其風更盛，斯既影響中央集議，亦入於太學，諸生乃有抗憤、橫議、題拂、
品覈、裁量之表現。中央集議，有論經書者，亦有論政事世務者，經師既
任官於朝廷，其博通自不能以諸經為限，勢須旁涉經外，否則難以應付他
人之詰難及駁議。而經學之論辯，無論內容或技巧，則可應用於集議之中，
此經學論辯之影響於中央集議也。

四　集議之進行

東漢集議如何進行？《續漢書・律曆志中》載：靈帝熹平四年（175），
五官郎中馮光、沛相上計掾陳晃上言曆元不正，詔書下三府與儒林明道者
詳議，群臣乃會司徒府集議[58]。《律曆志中》注引《蔡邕集》云：

百官會府公殿下，東面，校尉南面，侍中、郎將、大夫、千石、
六百石重行北面，議郎、博士西面。戶曹令史當坐中而讀詔書，

---

[57] 見潤孫師《論魏晉以來之崇尚談辯及其影響》，《注史齋叢稿》（增訂本）上冊，頁172-173。

[58] 參閱《後漢書》附《志二》，頁3037。

公議。蔡邕前坐侍中西北，近公卿，與光、晃相難問是非焉。[59]

此記集議司徒府時百官所坐之位置。集議前，由司徒屬吏戶曹令史當坐中而讀詔書，宣示議題。又蔡邕《答詔問災異八事》：

> （靈帝）光和元年（178）七月十日，詔書尺一召光祿大夫楊賜、諫議大夫馬日磾、議郎張華蔡邕、太史令單颺詣殿金商門，引入崇德署門內南辟帷，中為都座。漏未盡三刻，中常侍育陽侯曹節、冠軍侯王甫從東省出就都座，東西十門劉寵、龐訓北面，楊公南面，日磾、華、邕、颺西面，受詔書，各一通尺一木板草書。兩常侍又諭旨：朝廷以災異憂懼，旨特密問及政事所變改施行，務令分明。賜等稱臣再拜受詔書，起就坐，五人各一處，給財用筆硯為對。[60]

此記集議宮中時各官員所坐之位置，由兩常侍曹節、王甫主持。兩常侍中坐為都座，宣示諭旨，楊賜、馬日磾、張華、蔡邕、單颺五人各坐一處，先用書面答詔問然後再集議。

上述兩集議一在司徒府，一在宮中，皆非由人主監臨，故集議者之人選不同，坐次亦有別。倘屬朝堂之集議，則公卿百官之排列，自依朝廷所定班次矣。

集議進行時，難問是非，往返駁議，每非數語即可立決。如《後漢書·班勇傳》云：

---

[59] 見同上。

[60] 見《蔡中郎文集》卷六，上海涵芬樓影印明蘭雪堂活字本第二冊，頁6。

（安帝元初六年，119）鄧太后召勇詣朝堂會議。先是公卿多以為
宜閉玉門關，遂棄西域。勇上議曰⋯⋯尚書問勇曰⋯⋯勇對曰⋯⋯
長樂衛尉鐔顯、廷尉綦毋參、司隸校尉崔據難曰⋯⋯勇對曰⋯⋯
太尉屬毛軫難曰⋯⋯勇對曰⋯⋯於是從勇議，復敦煌郡營兵三百
人，置西域副校尉居敦煌。[61]

班勇於朝堂受諸般詰難，有如是者，最後仍從其議。惟辭語過分激越無禮，
亦會因之而獲罪。如《後漢書・張輔傳》云：

（晏稱、張輔）共謝闕下⋯⋯稱辭語不順，酺怒，遂廷叱之，稱
乃劾奏輔有怨言⋯⋯有詔公卿、博士、朝臣會議⋯⋯於是策免。[62]

此言張輔因廷叱大臣而獲罪。蓋公門有儀，即有責讓，亦不應作色大言。
而論其罪，亦以公卿百官集議出之。

同屬廷叱，亦有不獲加罪者。如《後漢書・袁安傳》云：

武威太守孟雲上書：「北虜既已和親⋯⋯宜還其生口，以安慰之。」
詔百官議朝堂。公卿皆言夷狄譎詐⋯⋯不可開許。安獨曰：「不宜負
信於夷狄⋯⋯。」司徒桓虞改議從安。太尉鄭弘、司空第五倫皆恨
之。弘因大言激勵虞⋯⋯虞廷叱之，倫及大鴻臚韋彪各作色變容，
司隸校尉舉奏，安等皆上印綬謝。肅宗詔報曰：「久議沈滯，各有所
志。蓋事以議從，策由眾定⋯⋯其各冠履。」帝竟從安議。[63]

---

61 見《後漢書》卷四十七，頁1587-1589。
62 見《後漢書》卷四十五，頁1533。
63 見同上，頁1518-1519。

司隸校尉舉奏，則廷叱為律法所禁可知，然人主竟赦之，蓋以久議沈滯，且又心合袁安之議，故不欲加罪於桓虞等也。

又《後漢書‧傅燮傳》云：

> 會西羌反……司徒崔烈以為宜棄涼州。詔會公卿百官，烈堅執先議。燮屬言曰：「斬司徒，天下乃安。」尚書郎楊贊奏燮廷辱大臣。帝以問燮，燮對曰：……帝從燮議。[64]

廷辱大臣，自非法例所許，故尚書郎上奏其失，然人主既從其議，罪譴乃不加乎其身矣。

蓋一切集議，原為發自人主，即發自權臣，亦須假借人主之名。人主將應議事項發下，公卿百官然後乃得議之。而集議結果，僅供人主決策之參考，其最終抉擇權，則仍操諸人主之手。是以有眾議僉同，而人主獨取一人之議者；亦有眾寡之間，而人主竟從其寡者。其中誠亦有以眾為準之史例，所謂「事以議從，策由眾定」[65]，是也。然其決定之權，最終仍屬人主，故東漢集議之制，乃「論」由「眾議」，而是否「眾定」，則仍須得人主之認可，方能成事。

又東漢多太后臨朝，則其取捨集議結果之權，自歸諸臨朝太后，此弗待煩言而可知。如《後漢書‧劉愷傳》云：

> （安帝）元初中，鄧太后詔長吏以下不為親行服者，不得典城選舉。時有上言牧守宜同此制，詔下公卿，議者以為不便。愷獨議

---

64 見《後漢書》卷五十八，頁1875-1876。
65 語見《後漢書》卷四十五，頁1519。

曰……太后從之。[66]

此太后取獨議之例也。又《後漢書·黃瓊傳》云：

> 桓帝欲襃崇大將軍梁冀，使中朝二千石以上會議其禮。特進胡廣、
> 太常羊溥、司隸校尉祝恬、太中大夫邊韶等，咸稱冀之勳德，其制
> 度賚賞，以宜比周公……瓊獨建議曰：「……冀可比鄧禹，合食四
> 縣，賞賜之差，同於霍光，使天下知賞必當功，爵不越德。」朝
> 廷從之。[67]

此亦取獨議之例也。「朝廷」雖指公卿百官，實猶言桓帝耳。是類取獨議
之史例殊多，不具引。

　　若夫取眾議之史例，亦屢見不鮮。如《後漢書·朱浮傳》云：

> （光武）帝以二千石長吏多不勝任，時有纖微之過者，必見斥
> 罷……有日食之異，浮因上疏曰：「……蓋以為天地之功不可倉
> 卒，艱難之業當累日也。……願陛下遊意於經年之外，望化於一
> 世之後。天下幸甚。」帝下其議，群臣多同於浮，自是牧守易代
> 頗簡。[68]

牧守有纖微之過，輒見斥罷，朱浮上疏議其不可，群臣多同其議，光武從
之。此取眾議之例也。

　　又《後漢書·李燮傳》云：

---

[66] 見《後漢書》卷三十九，頁1307。
[67] 見《後漢書》卷六十一，頁2035-2036。
[68] 見《後漢書》卷三十三，頁1141-1142。

安平王續為張角賊所略，國家贖王得還，朝廷議復其國。爕上奏曰：「續在國無政，為妖賊所虜，守藩不稱，損辱聖朝，不宜復國。」時議者不同，而續竟歸藩。爕以謗毀宗室，輸作左校。[69]

由是觀之，則集議所論，僅供人主以為決策之參考，獨議、眾議，咸不足以拘牽人主也。

　　或謂東漢集議之召開，既發自人主，而集議結果之取捨，亦由人主決定，則東漢集議之進行，豈非徒具虛文？對曰：是又不然。考東漢建祚以來，集議制度行之未替，其中特具價值之議論，每為人主所悅納，而凡國之大造大疑，亦未有不經由集議者。洪邁《容齋隨筆》「漢采眾議」條嘗舉史實八事論之，此八事為[70]：

1. 元帝時，珠厓反，上與有司議大發軍。待詔賈捐之以為不當擊，上從之。
2. 匈奴呼韓邪單于既事漢，諸罷邊備塞吏卒。議者皆以為便，郎中侯應以為不可許，有詔勿議邊塞事。
3. 成帝時，匈奴使者欲降，公卿議受其降。光祿大夫谷永以為不如勿受，天子從之。
4. 哀帝時，單于求朝，公卿以為可勿許。黃門郎揚雄上書諫，天子報單于書而許之。
5. 安帝時，大將軍鄧騭棄涼州，公卿集議皆以為然。郎中虞詡陳三不可，乃更集四府，皆從詡議。
6. 北匈奴復強，公卿多以為宜閉玉門關。軍司馬班勇以為不可，眾從勇議。

---

69 見《後漢書》卷六十三，頁2091。
70 參閱洪邁《容齋隨筆》卷二，頁27。

7 順帝時，交阯蠻叛，公卿百官及四府掾屬皆議遣將發兵。議郎李固
駁之，四府悉從固議。

8 靈帝時，涼州兵亂，司徒崔烈以為宜棄，詔會公卿百官議之。議郎
傅燮以為不可，帝從之。

上述均為漢代集議之事，並不限於東漢。其特色為人主所擇，每取獨
議，或眾從獨議，而人主認可。洪邁因之而論曰：

> 此八事者，所係利害甚大，一時公卿既同定議矣，貢捐之以下八
> 人，皆以郎大夫之微，獨陳異說。漢元、成、哀、安、順、靈皆
> 非明主，悉能違眾而聽之，大臣無賢愚亦不復執前說，蓋猶有公
> 道存焉。每事皆能如是，天下其有不治乎？[71]

夫集議與政治決策之關係極為密切，涉及國家之利害甚大，倘謂人主徒取
形式，視集議制度為具文，以集議進行為敷衍，則顯屬拘墟之見，非至正
之公論也。集議誠可令尊卑賢愚各逞辯才，並陳所見，雖非明主，亦可稍
減因偏聽而誤斷之機會，且亦可使公卿百官對議題有更周詳之考慮，不復
固執己說，故最終決策權雖由人主所操持，然未可謂集議之進行於國政全
無裨補也。至「每事皆能如是，天下其有不治乎」一語，乃洪邁「借古論
今」，意有所指，針砭南宋朝廷，然此非本文討論範圍，姑暫存而不論焉。

五 集議之方式

東漢集議之方式，約略言之，可分下列諸端：人主不監臨，此其一；
人主監臨，此其二；人主之代表監臨，此其三；權臣主持或召開，此其四。

---

[71] 見同上。按：「所係利害」，「係」，繫束也，俗通用「繫」。

茲就上舉四目，引述史例說明之。

（一）人主不監臨

人主不監臨之集議，仍須發自人主，然後公卿百官始得議之；即或臣下上疏請議，亦須得人主之許可；偶有發自權臣，亦須假借人主之名。倘無所假借，則已非「人主不監臨」方式，而屬「權臣主持或召開」方式。

人主下議，有不預為指定與會人選者，有預為指定與會人選者，前者之對象為公卿百官，後者之對象則屬諸府或有司。此外，亦有因事之性質而定人選者。下議時，最常用「下」字，間亦有用「詔」或「詔問」；偶曰「章示百官」，或曰「某與某議」，或謂「有司其議糾舉之」，或逕言「群臣議」。今試舉述史例如下：

1 公卿百官

東漢人主下公卿百官議事，多不預為指定與會人選。用語不一，其意實同。如《後漢書‧韋彪傳》云：

> 是時陳事者，多言郡國貢舉率非功次，故守職益懈而吏事寖疏，咎在州郡。有詔下公卿朝臣議。[72]

以上乃用「詔下公卿朝臣」一語之例。

又《後漢書、杜林傳》云：

---

[72] 見《後漢書》卷二十六，頁917。

（光武建武七年，31）大議郊祀制……詔復下公卿議，議者僉同，帝亦然之。[73]

又《後漢書・張純傳》云：

純以宗廟未定，昭穆失序，（建武）十九年（43），乃與太僕朱浮上奏言……詔下公卿，大司徒戴涉、大司空竇融議……。[74]

又《後漢書・劉愷傳》云：

（安帝）元初中，鄧太后詔長吏以下不為親行服者，不得典城選舉。時有上言牧守宜同此制，詔下公卿，議者以為不便。[75]

又《後漢書・應奉傳》云：

武陵蠻詹山等四千餘人反叛……詔下公卿議……。[76]

又《後漢書・周舉傳》云：

及梁太后臨朝，詔以殤帝幼崩，廟次宜在順帝下。……詔下公卿。[77]

---

[73] 見《後漢書》卷二十七，頁937。

[74] 見《後漢書》卷三十五，頁1194。

[75] 見《後漢書》卷三十九，頁1307。

[76] 見《後漢書》卷四十八，頁1608。

[77] 見《後漢書》卷六十一，頁2029。

以上皆用「詔下公卿」一語之例。

又《後漢書・徐防傳》云：

> 防以《五經》久遠，聖意難明，宜為章句，以悟後學。上疏曰……
> 詔書下公卿，皆從防言。[78]

又《續漢書・律曆志中》云：

> 衡、興參案儀注，考往校今，以為《九道法》最密。詔書下公卿
> 詳議。[79]

以上皆用「詔書下公卿」一語之例。

又《續漢書・律曆志中》云：

> 順帝漢安二年（143），尚書侍郎邊韶上書……詔書下三公、百官
> 雜議。[80]

以上乃用「詔書下三公、百官」一語之例。

又《續漢書・祭祀志下》云：

> （光武建武）十九年（43），盜賊討除，戎事差息，於是五官中郎

---

[78] 見《後漢書》卷四十四，頁1500-1501。

[79] 見《後漢書》附《志二》，頁3034。

[80] 見同上，頁3035-3036。

將張純與太僕朱浮奏議……下公卿、博士、議郎。[81]

以上乃用「下公卿、博士、議郎」一語之例。

又《後漢書・耿國傳》云：

及匈奴奠鞬日逐王比自立為呼韓邪單于，款塞稱藩，願扞禦北虜。事下公卿。[82]

又《後漢書・袁安傳》云：

憲日矜己功，欲結恩北虜，乃上立降者左鹿蠡王阿佟為北單于……事下公卿議……。[83]

以上皆用「事下公卿」一語之例。

又《後漢書・楊終傳》云：

大旱穀貴……吏民怨曠，（終）乃上疏曰……書奏，肅宗下其章。司空第五倫亦同終議。太尉牟融、司徒鮑昱、校書郎班固等難倫……。[84]

以上乃用「下其章」一語之例。

又《後漢書・朱浮傳》云：

[81] 見《後漢書》附《志九》，頁3193。
[82] 見《後漢書》卷十九，頁715。
[83] 見《後漢書》卷四十五，頁1520。
[84] 見《後漢書》卷四十七，頁1597-1598。

（光武建武）六年（30），有日食之異，浮因上疏曰⋯⋯帝下其議⋯⋯。[85]

又《後漢書・陳元傳》云：

時議欲立《左氏傳》博士，范升奏以為《左氏》淺末，不宜立。元聞之，乃詣闕上疏曰⋯⋯書奏，下其議。[86]

以上皆用「下其議」一語之例。

又《後漢書・范升傳》云：

時尚書令韓歆上疏，欲為《費氏易》、《左氏春秋》立博士，詔下其議。[87]

以上乃用「詔下其議」一語之例。

又《後漢書・陳元傳》云：

時大司農江馮上言，宜令司隸校尉督察三公。事下三府。元上疏曰⋯⋯帝從之，宣下其議。[88]

以上乃用「宣下其議」一語之例。

又《後漢書・陳寵傳》云：

---

[85] 見《後漢書》卷三十三，頁1141-1142。
[86] 見《後漢書》卷三十六，頁1230-1233。
[87] 見《後漢書》卷三十六，頁1228。
[88] 見《後漢書》卷三十六，頁1233。

（章帝）元和二年（85），旱，長上校尉賈宗等上言，以為斷獄不盡三冬⋯⋯招致□旱，事在於此。帝以其言下公卿議⋯⋯。[89]

以上乃用「下公卿」一語之例。

上舉各條，無論「詔下公卿」、「詔書下公卿」、「下公卿、博士、議郎」、「事下公卿」、「下其章」、「下其議」、「宣下其議」或「下公卿」，皆有「下」字，此均屬用「下」字之例，言集議時並無人主監臨也。

若夫僅用「詔」字之例者，亦有數條。如《後漢書‧光武帝紀》云：

巴蜀既平，大司馬吳漢上書請封皇子，不許，重奏連歲。三月，乃詔群臣議。[90]

又《後漢書‧魯恭傳》云：

肅宗時，斷獄皆以冬至之前，自後論者互多駁異。鄧太后詔公卿以下會議⋯⋯。[91]

又《後漢書‧袁安傳》云：

（章帝）元和二年（85），武威太守孟雲上書：「⋯⋯（北單于）謀欲犯邊。宜還其生口，以安慰之。」詔百官議朝堂。[92]

---

[89] 見《後漢書》卷四十六，頁1550-1551。

[90] 見《後漢書》卷一下，頁64。

[91] 見《後漢書》卷二十五，頁881。

[92] 見《後漢書》卷四十五，頁1518。

又《後漢書‧張輔傳》云：

> （晏）稱辭語不順，酺怒，遂廷叱之，稱乃劾奏有怨言。天子以
> 酺先帝師，有詔公卿、博士、朝臣會議。[93]

以上均屬用「詔」字之例。《袁安傳》雖云「百官議朝堂」，其時人主並不
在場也。

他如《後漢書‧班固傳》云：

> 時北單于遣使貢獻，求欲和親，詔問群臣僚。議者或以為「匈奴
> 變詐之國……不可。」[94]

此用「詔問」一語。又《後漢書‧王望傳》云：

> 是時州郡災旱，百姓窮荒……（望）因便宜出所在布粟……事畢
> 上言，帝以望不先表請，章示百官，詳議其罪。[95]

此則用「章示」一語。

曰「詔」曰「詔問」曰「章示」，雖無「下」字，惟其性質，殆與上
舉有「下」字之各例無異，均屬人主不監臨之集議也。

---

[93] 見同上，頁1533。

[94] 見《後漢書》卷四十下，頁1374。

[95] 見《後漢書》卷三十九，頁1297。

2　諸府有司

　　東漢人君詔下集議，有預為指定人選者，蓋以事涉繁雜，性質各異，宜由司職臣僚或明其事者共議之。如《後漢書·梁統傳》云：

> （統）以為法令既輕，下姦不勝，宜重刑罰，以遵舊典……事下三公、廷尉……。[96]

又《後漢書·陳元傳》云：

> 時大司農江馮上言，宜令司隸校尉督察三公。事下三府。[97]

又《後漢書·應劭傳》云：

> （靈帝）中平二年（185），漢陽賊邊章、韓遂與羌胡為寇，東侵三輔……（皇甫）嵩請發烏桓三千人。……事下四府……。[98]

又《後漢書·劉陶傳》云：

> 時有上書言人以貨輕錢薄，故致貧困，宜改鑄大錢。事下四府群僚及太學能言之士。[99]

又《續漢書·律曆中》云：

---

[96] 見《後漢書》卷三十四，頁1166-1168。
[97] 見《後漢書》卷三十六，頁1233。
[98] 見《後漢書》卷四十八，頁1609。
[99] 見《後漢書》卷五十七，頁1845。

太史待詔董萌上言曆不正，事下三公、太常知曆者雜議。[100]

以上皆用「事下」一語之例。其所下者，包括四府、太學能言之士及太常知曆者。

又《續漢志‧律曆中》云：

（和帝）永元十四年（102），待詔太史霍融上言……詔書下太常……。[101]

又云：

靈帝熹平四年（175），五官郎中馮光、沛相上計掾陳晃言……詔書下三府，與儒林明道者詳議，務得道真。[102]

以上皆用「詔書下」一語之例。其所下者，包括三府、太常及儒林明道者。

又《後漢書‧張純傳》云：

會博士桓榮上言宜立辟雍、明堂，章下三公、太常，而純議同榮，帝乃許之。[103]

又《後漢書‧劉愷傳》云：

---

[100] 見《後漢書》附《志二》，頁3025。
[101] 見同上，頁3032。
[102] 見同上，頁3037。
[103] 見《後漢書》卷三十五，頁1196。

是時居延都尉范邠復犯臧罪，詔下三公、廷尉議。[104]

以上乃用「章下」或「詔下」之例。其所下者，包括三公、廷尉、太常。

上舉各條，無論「事下」、「詔書下」、「章下」或「詔下」，皆有「下」字，此均屬用「下」之例。

其他亦有不用「下」字，而仍屬人主不監臨之集議者。如《後漢書·光武帝紀》云：

（建武二年，26）三月乙未，大赦天下，詔曰：「頃獄多冤人，用刑深刻……其與中二千石、諸大夫、博士、議郎議省刑法。」[105]

又《後漢書·章帝紀》云：

（建初五年，80）三月甲寅，詔曰：「……今吏多不良，擅行喜怒，或案不以罪，迫脅無辜……有司其議糾舉之。」[106]

詔書或云「其與中二千石、諸大夫、博士、議郎議省刑法」，或逕言「有司其議糾舉之」，是皆出乎「下」字之例，惟亦屬人主不監臨之類，殆可知也。

（二）人主監臨

東漢集議，有於人主臨朝時舉行。是類集議，多行之於朝堂，偶有需

---

[104] 見《後漢書》卷三十九，頁1308。
[105] 見《後漢書》卷一上，頁29。
[106] 見《後漢書》卷三，頁140。

要，則行之於特定之地。群臣論議，人主直接聽取，間或予以垂問。其結論之可否，亦由人主決定。下議時，多用「召」字，亦常用「會」字，偶亦有用「引」字及他字。如《後漢書‧周舉傳》云：

> （順帝）永和元年（136），災異數見，省內惡之，詔召公、卿、中二千石、尚書詣顯親殿，問曰：「……北鄉侯親為天子而葬以王禮，故數有災異，宜加尊諡，列於昭穆。」群臣議者多謂宜如詔旨，舉獨對曰……帝從之。[107]

又《後漢書‧郭憲傳》云：

> 時匈奴數犯塞，帝患之，乃召百僚廷議。[108]

又《後漢書‧南蠻西南夷傳》云：

> （順帝永和三年，138）召公卿百官及四府掾屬，問其方略，皆議遣大將，發荊、楊、兗、豫四萬人赴之。[109]

又《後漢書‧鮮卑傳》云：

> 先是護羌校尉田晏坐事論刑被原，欲立功自効，乃請中常侍王甫求得為將，甫因此議遣兵與（夏）育并力討賊。……大臣多有不

---

107 見《後漢書》卷六十一，頁2027。

108 見《後漢書》卷八十二上《方術傳》，頁2709。

109 見《後漢書》卷八十六，頁2838-2839。

同，乃召百官議朝堂。[110]

以上皆用「召」字之例。

又《後漢書‧牟融傳》云：

> 是時顯宗方勤萬機，公卿數朝會……融經明才高，善論議，朝廷皆服其能……。[111]

又《後漢書‧梁冀傳》云：

> （桓帝）元嘉元年（151），帝以冀有援立之功，欲崇殊典，乃大會公卿，共議其禮。[112]

又《後漢書‧應劭傳》云：

> （皇甫）嵩請發烏桓三千人。事下四府，大將軍掾韓卓議……劭駁之曰……韓卓復與劭相難反覆。於是詔百官大會朝堂，皆從劭議。[113]

又《後漢書‧傅燮傳》云：

> 會西羌反……司徒崔烈以為宜棄涼州。詔會公卿百官，烈堅執先

---

110 見《後漢書》卷九十，頁2990。
111 見《後漢書》卷二十六，頁916。
112 見《後漢書》卷三十四，頁1183。
113 見《後漢書》卷四十八，頁1609-1610。

議。……帝以問爕。爕對曰……帝從爕議。……。[114]

又《後漢書・戴憑傳》云：

> 正旦朝賀，百僚畢會，帝令群臣能說經者更相難詰，義有不通，
> 輒奪其席以益通者……。[115]

以上皆用「會」字之例。

人主監臨，亦有用「引」字者，如《後漢書・郭躬傳》云：

> （明帝）永平中……（秦）彭在別屯輒以法斬人，（竇）固奏彭專
> 擅，請誅之。顯宗乃引公卿朝臣平其罪科。……議者皆然固奏，
> 躬獨曰……帝曰……躬對曰……帝從躬議。[116]

人主親與集議，故史書備載其問答之辭，所謂「引公卿朝臣平其罪科」
也。

此外，尚有其他用字之例。如《後漢書・范升傳》云：

> 時尚書令韓歆上書，欲為《費氏易》、《左氏春秋》立博士，詔下
> 其議。四年正月，朝公卿、大夫、博士，見於雲臺。[117]

以上乃用「見」字之例。又《後漢書・班固傳》云：

---

[114] 見《後漢書》卷五十八，頁1875-1876。
[115] 見《後漢書》卷七十九上《儒林傳》，頁2554。
[116] 見《後漢書》卷四十六，頁1543-1544。
[117] 見《後漢書》卷三十六，頁1228。

及肅宗雅好文章，固愈得幸……朝廷有大議，使難問公卿，辯論
於前，賞賜恩寵甚渥。[118]

以上乃用「使」字之例。

上舉各條，無論用「召」字、「會」字、「引」字、「見」字或「使」
字，均屬有人主監臨之集議。

（三）人主之代表監臨

公卿百官集議之際，倘人主不監臨，則主持者當屬諸府有司之長官，
此理可知也。然亦有詔令某某代表監臨者。如《後漢書・丁鴻傳》云：

肅宗詔鴻與廣平王羨及諸儒樓望、成封、桓郁、賈逵等，論定《五
經》同異於北京白虎觀，使五官中郎將魏應主承制問難，侍中淳
于恭奏上，帝親稱制臨決。[119]

廣平王羨，為明帝（肅宗）子，受命與諸儒共同論定《五經》同異，惟非
人主監臨之代表。代表人主監臨者，亦非「主承制問難」之魏應，而似為
奏上集議結果之侍中淳于恭。淳于恭上奏後，帝方「親稱制臨決」。

又《後漢書・陳球傳》云：

（靈帝）熹平元年（172），竇太后崩。……及將葬，（曹）節等復
欲別葬太后，而以馮貴人配祔。詔公卿大會朝堂，令中常侍趙忠
監議。……既議，坐者數百人，各瞻望中官，良久莫肯發言。趙

---

[118] 見《後漢書》卷四十下，頁1373。
[119] 見《後漢書》卷三十七，頁1264。

忠曰：「議當時定，怪公卿以下各相顧望。」球曰：「皇太后以盛
德良家，母臨天下，宜配先帝，是無所疑。」忠笑而言曰：「陳廷
尉宜便操筆。」球即下議曰：「……今若別葬，誠失天下之望。……」
忠省球議，作色俛仰，蚩球曰：「陳廷尉此議甚健！」……公卿以
下，皆從球議。[120]

以上乃公卿大會朝堂集議進行之情況，而人主不在場。代表人主監議者，
乃中常侍趙忠。抑且徒口不足以為準，宜便操筆成議而後下之。斯雖為趙
忠有意對陳球施加壓力，然亦可覘此乃集議方式之一，公卿大臣殆可先操
筆宣明己見然後討論。集議人數可多可少，本無一定，惟數百人之集議，
亦可謂壯觀矣。

他如蔡邕《答詔問災異八事》一文，述光祿大夫楊賜、諫議大夫馬日
磾、議郎張華及蔡邕、太史令單颺受詔命詣宮中集議災異事，而兩常侍曹
節、王甫居中就都座宣示諭旨，五人拜受所示後各一處以筆為對，然後再
議[121]。是則就都座之兩常侍，顯屬人主監臨之代表。上述集議，於宮中
進行，而僅有五人，連同兩常侍亦不外七人，與朝堂上數百人集議之盛況，
殆難相比。惟災異非人人所可議論，故其安排如此。

（四）權臣主持或召開

東漢中央官制，多沿西京之舊，以三公部九卿，為外朝，大將軍以次
諸官，為內朝（中朝）。當公卿百官集議時，其領導地位，仍屬諸三公，
惟實權則浸由內朝領袖大將軍所操持，至末年為尤甚[122]。其時大將軍勢

---

[120] 見《後漢書》卷五十六，頁1832-1833。
[121] 參閱《蔡中郎文集》卷六，頁6。
[122] 關於兩漢內外朝問題，歷來論者不少。拙文《論東漢之「事歸臺閣」與「權移外戚」》

佴人主，行丞相權，三公拱手以俟而已。由是集議之際，大將軍決策之力，可以得而想見。如《東觀漢記・東平憲王蒼傳》云：

> 中元二年（57），光武帝崩，明帝詔曰：「……其以蒼為驃騎將軍，位在三公上。」……蒼以天下化平，宜修禮樂，乃與公卿共議定南北郊冠冕車服制度，乃（及）祖廟登歌八佾舞數。蒼以親輔政……每有議事，上未嘗不見從，名稱日重。[123]

蒼時為驃騎將軍，位在三公上，其於集議時之領導權，實與西漢丞相相佴。

又《後漢書・虞詡傳》云：

> （安帝）永初四年（110），羌胡反亂，殘破并、涼，大將軍鄧騭以軍役方費，事不相贍，欲棄涼州，并力北邊，乃會公卿集議。[124]

鄧騭欲棄涼州，事涉軍國大政，倘需討論，原應發自人主，而騭竟自會公卿集議其事，於此可見大將軍有召眾集議之權，而其權任之重，亦可知矣。

又《後漢書・李固傳》云：

> （梁）冀忌（質）帝聰慧，恐為後患，遂令左右進鴆。……因議立嗣，固引司徒胡廣、司空趙戒，先與冀書曰……冀得書，乃召

亦有涉及，茲不贅。參閱《新亞學報》第二十八卷，2010年3月新亞研究所（香港），頁341-366。此文已收入本書。

[123] 見吳樹平《東觀漢記校注》卷七，1987年3月中州古籍出版社（河南），頁239。按：「乃祖廟」之「乃」，疑為「及」字之誤。

[124] 見《後漢書》卷五十八，頁1866。

　　三公、中二千石、列侯大議所立。[125]

梁冀時為大將軍，竟進鴆弒君，其跋扈恣縱可見。而集議立嗣之召，乃發
自梁氏，此固可覘其橫暴之威，亦可證明是時之大將軍有權召公卿百官、
列侯集議。

　　又《後漢書・董卓傳》云：

　　（靈帝中平）五年（188）……乃拜卓前將軍……及帝崩，大將軍
　　何進、司隸校尉袁紹謀誅閹宦，而太后不許，乃私呼卓將兵入朝，
　　以脅太后。……（卓）因集議廢立。百僚大會，卓乃奮首而言曰……
　　公卿以下莫敢對。卓又抗言曰：「……有敢沮大議者，皆以軍法從
　　之。」坐者震動。……乃立陳留王，是為獻帝。又議太后蹙迫永
　　樂太后，至令憂死……遂以弒崩。[126]

無論集議君主之廢立或太后之蹙迫，均由董卓召開，而百僚大會之時，又
臨之以威，致令公卿以下，莫敢論議。至是，集議之本意已失，而集議之
制，顯已為權臣所壞矣。如《後漢書・黃琬傳》所載，可為佐證：

　　及董卓秉政，以琬名臣，徵為司徒，遷太尉，更封陽泉鄉侯。卓
　　議遷都長安，琬與司徒楊彪同諫，不從。[127]

遷都人事，本應集議取決，上文謂「卓議遷都長安」，則當時有集議之召
可知。黃琬有高名，位列太尉，與司徒楊彪同議遷都之非，而董卓不從，

---

125 見《後漢書》卷六十三，頁2085-2086。
126 見《後漢書》卷七十二，頁2321-2324。
127 見《後漢書》卷六十一，頁2041。

因彼固無意於取集議之說也。

考東漢之末，集議之制仍存，惟已多由權臣召開，人主監臨之事，自非必要。而原有採納眾議，再由人主折衷之意義，亦蕩然而不存。抑可注意者，厥為：權臣雖屬位崇勢大，然為遂私意，亦不得不屢假集議之名，故歷靈、獻之世，集議之風仍未替改，理有由矣。

六　集議之範圍

東漢中央集議之範圍，極為廣泛，據《東漢會要》所載，凡典禮、策立、曆事、都邑、食貨、選舉、刑法、邊事，均得集臣僚議之 [128]。惟《會要》所述，頗有遺落，茲特勾稽史文，就《會要》所舉名目，分類排比於後。其中記述，或與《會要》所載殊別，非敢立異，理自有不同耳。

（一）議典禮

典禮集議，固常涉及喪祭之事，而褒崇、禮樂以至太后徙遷諸項之議，殆亦可屬此類。若夫婚冠之禮，或有所議，惜史無明文，故暫闕焉。茲就所見，分別說明如下：

1　議喪祭

東漢集議之內容，頗多關乎喪祭，此殆儒風所扇而然。其中所議，每有郊祀宗廟、敬死尊親之事，此儒家所謂盡其心、致其禮也。

《後漢書・章帝紀》云：

---

[128] 參閱《東漢會要》卷二十二，《職官四》「集議」各條，2006年12月上海古籍出版社（上海），頁323-333。

（元和二年，85）二月甲寅……詔曰：「今山川鬼神應典禮者，尚
未咸秩。其議增修群祀，以祈豐年。」[129]

此言山川鬼神尚未次序而祭之，故詔議其事。

又《後漢書・杜林傳》云：

大議郊祀制，多以為周郊后稷，漢當祀堯。詔復下公卿議，議者
僉同，帝亦然之。林獨以為……漢業特起，功不緣堯，祖宗故事，
所宜因循。定從林議。[130]

時朝廷大議郊祀制，多以為漢當祀堯，詔乃復下公卿集議。

又《後漢書・張純傳》云：

純在朝歷世，明習故事。……自郊廟婚冠喪紀禮儀，多所正定。……
純以宗廟未定，昭穆失序……乃與太僕朱浮共奏言：「……臣愚謂宜
除今親廟，以則二帝舊典，願下有司博采其議。」詔下公卿……。[131]

此詔公卿集議宗廟昭穆之序。張純所正定之禮儀，除郊廟、喪紀外，亦有
婚冠之事，當其正定之時，偶或有論議歟？惜無所載。

又《後漢書・劉愷傳》云：

舊制，公卿、二千石、刺史不得行三年喪，由是內外眾職並廢喪
禮。元初中，鄧太后詔長吏以下不為親行服者，不得典城選舉。

---

129 見《後漢書》卷三，頁149。
130 見《後漢書》卷二十七，頁937。
131 見《後漢書》卷三十五，頁1193-1194。

時有上言牧守宜同此制，詔下公卿，議者以為不便。愷獨議曰⋯⋯
太后從之。[132]

鄧太后有詔長吏以下須為親行服，然則牧守是否亦同此制？詔下公卿集議
其事。

又《後漢書・陳忠傳》云：

（安帝）元初三年（116）有詔，大臣得行三年喪，服闋還職。忠
因此上言：「孝宣皇帝舊令，人從軍屯及給事縣官者，大父母死未
滿三月，皆勿徭，令得葬送。請依此制。」太后從之。至建光中，
尚書令祝諷、尚書孟布等奏，以為「⋯⋯宜復建武故事」。⋯⋯忠
上疏曰：「⋯⋯建武之初⋯⋯鮮循三年之喪⋯⋯禮義之方，實為彫
損。⋯⋯」宦豎不便之，竟寢忠奏而從諷、布議，遂著于令。[133]

陳忠、祝諷、孟布等人所議，亦屬為親行服之事。他如桓帝永興二年（154），
趙歧辟司空掾，「議二千石得去官為親行服，朝廷從之」[134]，所議亦類是
也。

又《後漢書・陳球傳》云：

（靈帝）熹平元年（172），竇太后崩。⋯⋯及將葬⋯⋯詔公卿大
會朝堂⋯⋯球曰：「皇太后以盛德良家，母臨天下，宜配先帝，是

---

132 見《後漢書》卷三十九，頁1307。
133 見《後漢書》卷四十六，頁1560-1561。
134 參閱《後漢書》卷六十四《趙歧傳》，頁2122。

無所疑。」……公卿以下，皆從球議。[135]

竇太后崩，其葬禮之安排，亦由公卿百官大會朝堂集議。

又《後漢書‧周舉傳》云：

> 及梁太后臨朝，詔以殤帝幼崩，廟次宜在順帝下。……詔下公卿。
> 舉議曰：「……今殤帝在先，於秩為父，順帝在後，於親為子，先
> 後之義不可改，昭穆之序不可亂。……」太后下詔從之。[136]

殤帝、順帝之廟次，何者為先？亦由梁太后詔下公卿百官集議。

上所舉述，咸與喪葬祭祀有關，其中有議郊祀之禮者，有議昭穆之序
者，有議行服之制者，有議配享之事者，有議廟次之宜者。則東漢喪祭之
事，經由集議取決者再，是時集議之盛，於此可覘其餘。

2 議褒崇

褒崇者，所以致其敬也。東漢集議之範圍，亦有議褒崇之禮者。其所
褒崇，每以權臣為對象，蓋所以示榮寵之恩意，藉收籠絡之效。他如尊謚、
加禮之議，宜屬朝廷有意褒崇之舉措，故亦歸入是類焉。

《後漢書‧周舉傳》云：

> （順帝）永和元年（136），災異數見，省內惡之，詔召公、卿、
> 中二千石、尚書詣顯親殿，問曰：「……北卿侯親為天子而葬以王

禮，故數有災異，宜加尊謚，列於昭穆。」群臣議者多宜如詔旨，
舉獨對曰：「……以王禮葬之，於事已崇，不宜稱謚。……」於是
司徒黃尚、太常桓焉等七十人同舉議，帝從之。[137]

北卿侯以天子而葬以王禮，群臣議者多謂「宜加尊謚」。周舉獨持異議，
蓋以其「本非正統，姦臣所立，立不踰歲，年號未改」，且又「無它功德」，
故不宜以尊謚加之[138]。此朝廷有意褒崇，乃因集議而改變決定。

又《後漢書・韓棱傳》云：

> 及憲有功，還為大將軍，威震天下，復出屯武威。會帝西祠園陵，
> 詔憲與車駕會長安。及憲至，尚書以下議欲拜之，伏稱萬歲。棱
> 正色曰：「夫上交不諂，下交不黷，禮無人臣稱萬歲之制。」議者
> 皆慙而止。[139]

此述尚書以下百官集議，欲對大將軍竇憲拜稱「萬歲」以褒崇之，因韓棱
之言而止。

又《後漢書・梁冀傳》云：

> 元嘉元年（151），（桓）帝以冀有援立之功，欲崇殊典，乃大會公
> 卿，共議其禮。於是有司奏冀入朝不趨，劍履上殿，謁讚不名，
> 禮儀比蕭何……每朝會，與三公絕席。十日一入，平尚書事。宣

---

[137] 見同上，頁2027。

[138] 參閱同上。

[139] 見《後漢書》卷四十五，頁1535。

布天下，為萬世法。[140]

桓帝大會公卿共議梁冀上朝之禮儀，蓋欲褒崇其援立之殊功耳。類是記載亦見《後漢書・黃瓊傳》：

> 桓帝欲褒崇大將軍梁冀，使中朝二千石以上會議其禮。特進胡廣、太常羊溥、司隸校尉祝恬、太中大夫邊韶等，咸稱冀之勳德，其制度賚賞，以宜比周公……瓊獨建議曰：「……冀可比鄧禹，合食四縣，賞賜之差，同於霍光，使天下知賞必當功，爵不越德。」朝廷從之。[141]

桓帝集群臣賚賞梁冀之制，初議者以為宜比諸周公，黃瓊則建議可同於鄧禹、霍光。斯皆褒崇之集議也。

又《後漢書・孔融傳》云：

> 太傅馬日磾奉使山東，及至淮南，數有意於袁術。術輕侮之，遂奪其節，求去又不聽，因欲逼為軍帥。日磾深自恨，遂嘔血而斃。及喪還，朝廷議欲加禮。融乃獨議曰：「日磾以上公之尊，秉髦節之使……附下罔上，姦以事君。……聖上哀矜舊臣，未忍追案。不宜加禮。」朝廷從之。[142]

太傅馬日磾出使喪還，朝廷議欲加禮褒崇，因孔融之議而未成。

上舉史例，皆屬褒崇之議。夫大將軍竇憲、梁冀以椒房之親，權任之

---

[140] 見《後漢書》卷三十四，頁1183。

[141] 見《後漢書》卷六十一，頁2035-2036。

[142] 見《後漢書》卷七十，頁2264-2265。

重，勢迫人主，朝廷自不得不以殊典褒崇之。惟《韓棱傳》一例，似非發
自人主，僅為中朝官自行集議。此或因大將軍乃中朝領袖，其下屬欲有以
揚顯之。韓棱之所以沮其議者，以其非人臣禮，故議者皆懇而止。至於北
鄉侯尊謚及馬日磾加禮之議，雖未成事，然未可謂非褒崇之議也。

3 議禮樂

東漢集議典禮，非僅限於喪祭、褒崇兩類，其中亦有議禮樂之制者。
《後漢書・東平憲王蒼傳》云：

> 是時中興三十餘年，四方無虞，蒼以天下化平，宜修禮樂，乃與
> 公卿共議定南北郊冠冕車服制度，及光武廟登歌八佾舞數……。[143]

「是時」指明帝永平二年（59）。東平憲王蒼少好經書，雅有智思，朝廷
每有所疑，輒使諮問，故能與公卿共議禮樂、輿服。
又《後漢書・董鈞傳》云：

> （董鈞）習《慶氏禮》。……永平初，為博士。時創五郊祭祀，及
> 宗廟禮樂，威儀章服，輒令鈞參議，多見從用，當世稱為通儒。[144]

董鈞明經習禮，以通儒見稱，凡祭祀、禮樂、章服諸事，均得參議其事。
又《後漢書・曹褒傳》云：

---

[143] 見《後漢書》卷四十二，頁1433。
[144] 見《後漢書》卷七十九下《儒林傳》，頁2576-2577。

> 會肅空欲制定禮樂……褒知帝旨欲有興作，乃上疏曰：「……宜定
> 文制，著成漢禮，丕顯祖宗盛德之美。」……明年復下詔曰：「……
> 漢遭秦餘，禮樂崩壞，且因循故事，未可觀省，有知其說者，各
> 盡所能。」褒省詔……遂復上疏，具陳禮樂之本，制改之意。拜
> 褒侍中，從駕南巡，既還，以事下三公……。[145]

章帝（肅宗）欲對禮樂有所興作，故曹褒屢上疏「具陳禮樂之本，制改之意」，於是詔下三公集議。而參與其事者，當有曹褒及三公之僚屬，此理可推知也。

王莽、更始之際，天下散亂，禮樂分崩。及光武中興，愛好經術，明、章以降，儒風尤盛。是則東漢之世，群臣、儒者集議禮樂之事，當有不少，然明著於史籍者，似未多見。爰述三例，聊作舉隅云爾。

4　議太后徙遷

東漢自和帝以降，君主多以沖齡即位，於是乃有太后臨朝之事。惟一旦失勢，則每為宦官或權臣所逼迫，甚至藉群臣之議徙遷別館，其理由亦以禮之宜否為言，斯亦議禮之一端歟？

《後漢書・周舉傳》云：

> 時宦者孫程等既立順帝，誅滅諸閻，議郎陳禪以為閻太后與帝無
> 母子恩，宜徙別館，絕朝見。群臣議者咸以為宜。舉謂（李）郃
> 曰：「……今諸閻新誅，太后幽在離宮，若悲愁生疾，一旦不虞，

主上將何以令天下？……」郃即上疏陳之……太后由此以安。[146]

陳禪及群臣咸議太后宜徙遷別館，殆承望宦者孫程等之意旨而為之。周舉及李郃沮其議，蓋因漢代向以孝治天下為名，倘太后因徙遷而愁疾不虞，則君主將負不孝之惡名矣。

又《後漢書・董卓傳》云：

卓兵士大盛。……因集議廢立……又議太后蹙迫永樂太后，至令憂死，逆婦姑之禮，無孝順之節，遷於永安宮，遂以弒崩。[147]

董卓擁兵自重，既威迫百官集議君主之立廢，復集百僚議何太后逆婦姑之禮，並將其徙遷於永安宮，終以弒崩。

閻、何兩太后同受徙遷之議，一者以安，一者以弒，亦可謂有幸有不幸矣。惟董卓之集議云云，已失集議制度之本旨，此讀史者可得而知也。

（二）議策封

東漢集議，亦有施諸君主廢立及臣下封爵之事。前者乃權臣擅其威福，後者則欲加恩於皇子及勳臣。茲分別說明之。

1 議立廢

東漢末葉，權臣當道，因時有集議策立新君、廢棄舊君之事，忠正之臣，亦無可如何也。

---

146 見《後漢書》卷六十一，頁2023。
147 見《後漢書》卷七十二，頁2324。

《後漢書‧李固傳》云：

> （梁）冀忌（質）帝聰慧，恐為後患，遂令左右進鴆。……因議
> 立嗣……（冀）乃召三公、中二千石、列侯大議所立。（李）固、
> （胡）廣、（趙）戒及大鴻臚杜喬皆以為清河王蒜明德著聞，又屬
> 最尊親，宜立為嗣。……中常侍曹騰等聞而夜往說冀曰：「……清
> 河王嚴明，若果立，則將軍受禍不久矣。不如立蠡吾侯，富貴可
> 長保也。」冀然其言。[148]

梁冀鴆弒質帝，召公卿百官大議所立，而竟以清河王之嚴明為忌，則其存
心可知。同傳又云：

> 明日重會公卿，冀意氣凶凶，而言辭激切。自胡廣、趙戒以下，
> 莫不懾憚之，皆曰：「惟大將軍令。」而固獨與杜喬堅守本議。冀
> 厲聲曰：「罷會。」……乃說太后先策免固，竟立蠡吾侯，是為桓
> 帝。[149]

桓帝之得立，自屬梁冀之私心，而竟先行策免李固，則權臣亦非毫無顧忌
也。

又《後漢書‧董卓傳》云：

> （卓）乃諷朝廷策免司空劉弘而自代之。因集議廢立。百僚大會，
> 卓乃奮首而言曰：「……今欲依伊尹、霍光故事，更立陳留王，何

---

148 見《後漢書》卷六十三，頁2085-2086。
149 見同上，頁2086。

如？」公卿以下莫敢對。卓又抗言曰：「……有敢沮大議者，皆以
軍法從之。」尚書盧植獨曰：「……今上富於春秋，行無失德，非
前事之比也。」卓大怒，罷坐。明日復集群僚於崇德前殿，遂脅
太后，策廢少帝。曰：「皇帝在喪，無人子之心，威儀不類人君，
今廢為弘農王。」乃立陳留王，是為獻帝。[150]

斯亦權臣藉集議廢舊君、立新君之一例。盧植能守正而不阿附，董卓乃行
脅迫太后一途，於此可覘權臣所主持之集議，亦非全無公論之可言。

2　議封爵

封爵者，指王室兄弟諸子之封立及功臣之加爵。東漢集議亦有施此二事。
《後漢書・光武帝紀》云：

初，巴蜀既平，大司馬吳漢上書請封皇子，不許，重奏連歲。三
月，乃詔群臣議。大司空融、固始侯通、膠東侯復、太常登等奏
議曰：「古者封建諸侯，以藩屏京師。周封八百，同姓諸姬並為建
國，夾輔王室，尊事天子，享國永長，為後世法。……封立兄弟
諸子，不違舊章。……」制曰：「可。」[151]

封立兄弟諸子，固與舊章不違，且亦可夾輔王室，光武豈無此意？然此屬
朝廷大事，故付諸群臣集議。

又《後漢書・盧植傳》云：

150　見《後漢書》卷七十二，頁2324。
151　見《後漢書》卷一下，頁64-65。

時皇后父大將軍竇武援立靈帝，初秉機政，朝議欲加封爵。[152]

靈帝之得立，由竇武定策，故朝廷集議擬加封爵以酬其功。

　　夫「封立兄弟諸子」及「欲加封爵」二事本在人主權力範圍之內，今竟亦下諸集議，所以示朝廷之公心耳。然集議一制所及範圍之廣，由是得而見焉。

（三）議曆事

　　漢世以還，朝廷頗措意於曆事，此與重農思想有關。夫曆事者，識天時之變易也，而天時變易，自與農事息息相通，故曆元不正，宜有以議其道真。且災異之說，當時頗入人心，尤以東漢為甚，故於曆事之效驗虛實，亦有以考校平議之。《續漢書‧律曆志》載論曆之事頗詳，爰舉述如下：

　　《續漢書‧律曆志中》云：

　　　　（明帝永平）九年（66），太史待詔董萌上言曆不正，事下三公、
　　　　太常知曆者雜議……。[153]

曆有不正，乃下三公及知曆之臣僚雜議。同書又云：

　　　　安帝延光二年（123），中謁者亶誦言當用甲寅元，河南梁豐言當
　　　　復用《太初》。尚書郎張衡、周興皆能曆，數難誦、豐，或不對，
　　　　或言失誤。衡、興參案儀注（者），考往校今，以為《九道法》最
　　　　密。詔書下公卿詳議。……愷等八十四人議，宜從《太初》。尚書

---

[152] 見《後漢書》卷六十四，頁2113。

[153] 見《後漢書》附《志二》，頁3025。

令（陳）忠上奏：「……《太初曆》眾賢所立，是非已定……不可任疑從虛，以非易是。」上納其言，遂（寢）改曆事。[154]

是否復用《太初曆》抑或改從《九道法》，自公卿以下，議者甚眾，最終納陳忠言。同書又云：

順帝漢安二年（143），尚書侍郎邊韶上言（曆事）……詔書下三公、百官雜議。太史令虞恭、治曆宗訢等議：「……宜如甲寅詔書故事。」奏可。[155]

此記順帝詔命群臣雜議曆事，其慎重猶明帝、安帝時也。同書又云：

靈帝熹平四年（175），五官郎中馮光、沛相上計掾陳晃言：「曆元不正……曆（當）用甲寅為元而用庚申，圖緯無以庚（申）為元者……」乙卯，詔書下三府，與儒林明道者詳議，務得道真。以群臣會司徒府議。[156]

靈帝時，有上言「曆元不正」，乃詔下三府與儒林明道者詳議其事。同書又云：

（靈帝）光和二年（179）歲在己未，三月、五月皆陰……其三年，

---

154 見同上，頁3034-3035。按：「參案儀注者」，「者」字衍；「遂寢改曆事」，「寢」字原缺。參閱校點本《後漢書》「校勘記」。

155 見同上，頁3035-3037。

156 見同上，頁3037。按：「曆當用甲寅」，「當」字原無；「無以庚申為元者」，「申」字原缺。參閱校點本《後漢書》「校勘記」。

> （宗）誠兄整前後上書言：「去年三月不食，當以四月。……」……
> 詔書下太常：「其詳案注記，平議術之要，效驗虛實。」太常就耽
> 上選侍中韓說、博士蔡邕、穀城門候劉洪、右郎中陳調於太常府，
> 覆校注記，平議難問。……耽以說等議奏聞，詔書可。[157]

此亦靈帝時集議曆事。太常就耽等遵詔命於太常府覆校注記、平議難問，
然後以所議結果奏聞。

　　考東漢凡有關曆事之集議，多先動請於臣下，然後人主可而下議。而
與議者所涉頗眾，可見朝廷之重視。若其人選，每有知曆、治曆或儒林明
道者參與，因曆事幽隱精微，非人人所可悉也。

（四）議舉試

　　選舉與策試，任人之法也。古者平民登庸，僅止於士，大夫以上，即
不在選舉之列。及漢，開布衣卿相之局，故選舉之制，為當時重要入仕之
途。讀史所見，東漢集議，亦有關乎選舉、策試之事者。

　　《後漢書・徐防傳》云：

> 防以《五經》久遠，聖意難明，宜為章句，以悟後學。上疏曰：「……
> 伏以太學試博士弟子，皆以意說，不修家法，私相容隱，開生姦
> 路。每有策試，輒興諍訟，論議紛錯，互相是非。……臣以為博
> 士及甲乙策試，宜從其家章句，開五十難以試之。解釋多者為上
> 第，引文明者為高說……。」詔書下公卿，皆從防言。[158]

---

[157] 見同上，頁3041-3042。

[158] 見《後漢書》卷四十四，頁1500-1501。

徐防上疏，詔書下公卿集議其說，在明帝時。徐氏之提議，乃策試之法也，所試為各家章句，「宜為章句，以悟後學」云云，實則為釐定考校之標準耳。

又《後漢書・韋彪傳》云：

> （章帝時）陳事者，多言郡國首舉率非功次，故守職益懈而吏事寖疏，咎在州郡。有詔下公卿朝臣議。[159]

陳事者多言郡國首舉之失，故有詔下公卿百官集議其事。

又《後漢書・丁鴻傳》云：

> （和帝）時大郡口五六十萬舉孝廉二人，小郡口二十萬并有蠻夷者亦舉二人，帝以為不均，下公卿會議。[160]

大郡、小郡，人口多寡各異，而竟同舉孝廉二人，故詔下公卿會議。

以上三例，歷明帝、章帝、和帝各朝，可見選舉、策試之集議，並非限於一時，而參與者，亦常涉及公卿百官也。

（五）議食貨

食貨乃民生之所繫，一國之經濟，故東漢集議之範圍，自不能忽乎是。考諸史文，彰彰然矣。

《後漢書・劉般傳》云：

---

[159] 見《後漢書》卷二十六，頁917。
[160] 見《後漢書》卷三十七，頁1268。

（明）帝曾欲置常平倉，公卿議者多以為便。般對以「常平倉外
有利民之名，而實侵刻百姓，豪右因緣為姦，小民不能得其平，
置之不便」。帝乃止。[161]

公卿集議，多以置常平倉為便，劉般獨以為不便，明帝乃止。

又《後漢書・鄭眾傳》云：

建初六年（81），代鄧彪為大司農。是時肅宗議復鹽鐵官，眾諫以
為不可。詔數切責，至被奏劾，眾執之不移。帝不從。[162]

所謂「肅宗議復鹽鐵官」，意云人主詔引群臣集議復官之事，雖不從鄭眾
之諫，亦可覘當時集議之情狀。

又《後漢書・朱暉傳》云：

是時穀貴，縣官經用不足，朝廷憂之。尚書張林上言：「穀所以貴，
由錢賤故也。可盡封錢，一取布帛為租，以通天下之用。又鹽，
食之急者，雖貴，人不得不須，官可自鬻。又宜因交阯、益州上
計吏往來，市珍寶，收采其利，武帝時所謂均輸者也。」於是詔
諸尚書通議。[163]

「是時」指章帝元和中。張林建議「取布帛為租」，錢賤故也；又建議官
自鬻鹽及各地均輸，均屬經濟方面之事。而與會集議者，僅限諸尚書而已。
同屬與錢有關之議，可見《後漢書・劉陶傳》：

---

[161] 見《後漢書》卷三十九，頁1305。
[162] 見《後漢書》卷三十六，頁1225-1226。
[163] 見《後漢書》卷四十三，頁1460。

（桓帝）時有上書言人以貨輕錢薄，故致貧困，宜改鑄大錢。事下四府群僚及太學能言之士。陶上議曰：「……欲鑄錢齊貨以救其敝，此猶養魚沸鼎之中，棲鳥烈火之上。……」帝竟不鑄錢。[164]

此集議鑄錢之事。與會者自以四府群僚為主，惟太學能言之士，亦得參加。

又《後漢書・樊準傳》云：

（安帝）永初之初，連年水旱災異，郡國多被飢困，準上疏曰：「……伏見被災之郡，百姓彫殘……可依征和元年故事，遣使持節慰安。尤困乏者，徙置荊、揚孰郡，既省轉運之費，且令百姓各安其所。今雖有西屯之役，宜先東州之急。……願以臣言下公卿平議。」太后從之，悉以公田賦與貧人。[165]

樊準建議公田賦賑災，未賑之先，由公卿平議為之取決。「西屯之役」，謂車騎將軍鄧騭、征西校尉任尚討伐先零羌事；「東州之急」，指冀、兗二州飢困之急[166]。

又《後漢書・南蠻西夷列傳》云：

順帝永和元年（136），武陵太守上書，以蠻夷率服，可比漢人，增其租賦。議者皆以為可。尚書令虞詡獨奏曰：「……今猥增之，必有怨報。計其所得，不償所費，必有後悔。」帝不從。[167]

---

[164] 見《後漢書》卷五十七，頁1845-1848。

[165] 見《後漢書》卷三十二，頁1127-1128。

[166] 參閱同上李賢等注，頁1128。

[167] 見《後漢書》卷八十六，頁2833。

蠻夷之租賦宜增與否，每亦付諸集議，而最終裁決，則仍歸之於人主，上例可見一斑。

上舉食貨各事，如置倉、復官、租賦、鹽鹽、均輸、鑄錢、賑災以至蠻夷之租賦宜增與否，均以群臣集議為決定之參考。人主有從有不從，其取捨非以眾寡為定，有時議者多以為便之事，人主未必即以為便也。

（六）議遷都

都邑，人主之所居，中央政權之所在也。欲其遷徙，每經集議之制，雖權臣之勢，有時亦不得不假此以濟其私。下舉史例，可為證明。

《後漢書‧楊彪傳》云：

> （靈帝光和元年，178）關東兵起，董卓懼，欲遷都以違其難。乃大會公卿議……彪曰：「天下動之至易，安之甚難，……惟明公慮焉。」卓作色曰：「公欲沮國計邪？」太尉黃琬曰：「此國之大事也，楊公之言得無可思？」卓不答。……議罷，卓使司隸校尉宣播以災異奏免琬、彪等……。[168]

董卓欲遷都長安，乃大會公卿議其事，司徒楊彪、太尉黃琬不以為然，竟因此坐免。同一記事，亦見《後漢書‧黃琬傳》：

> 卓議遷都長安，琬與司徒楊彪同諫不從。琬退而駁議之曰：「……大業既定，豈宜妄有遷動，以虧四海之望？」……琬竟坐免。[169]

---

[168] 見《後漢書》卷五十四，頁1786-1787。
[169] 見《後漢書》卷六十一，頁2041。

此亦記議遷都之事,而僅言黃琬坐免。《後漢書‧董卓傳》則云:

> 聞東方兵起,(卓)懼,乃鴆殺弘農王,欲徙都長安。會公卿議,
> 太尉黃琬、司徒楊彪廷爭不能得,而伍瓊、周珌又固諫之。卓因
> 大怒⋯⋯遂斬瓊、珌。⋯⋯於是遷天子西都。[170]

伍瓊、周珌因支持黃琬、楊彪之說諫阻遷都,竟為董卓所殺,可見權臣之
兇暴。董卓名為會公卿議,實欲藉集議之名而遂一己之私意耳。倘沮其議,
則不惜免罷或斬殺。

董卓之後,曹操亦有遷都之議。《後漢書‧荀彧傳》云:

> 建安元年(196),獻帝自河東還洛陽,操議欲奉迎車駕,徙都於
> 許。眾多以山東未定,韓暹、楊奉負功恣睢,未可卒制。彧乃勸
> 操曰:「⋯⋯韓暹、楊奉,安足恤哉!若不時定,使豪桀生心,後
> 雖為慮,亦無及矣。」操從之。[171]

曹操欲奉車駕自洛陽遷許,眾多以山東未定為言,則遷都一事,曹氏亦付
諸集議也。其後卒違眾說而從荀彧之獨議,是亦集議中所常見者。

董卓、曹操均為擁兵持政之權臣,亦均欲遷都而召臣僚集議,目的似
為聽取眾說以備斟酌,實乃借集議之名而行其獨斷。所可注意者,厥為集
議之時,竟有人敢於廷爭、固諫而無所畏縮,則其時集議之精神,殆未因
權臣恣睢之威而消失也。

---

170 見《後漢書》卷七十二,頁2327。
171 見《後漢書》卷七十,頁2284。

（七）議刑法

刑法之原，一為民俗，一為治者之所求，社會愈進，則民俗愈歧，而治者所求亦愈多，於是律法日滋[172]。惟律法條文，殆無周備之時，而司法者又可以意為輕重，科罪之際，不能無疑，故東漢集議，頗多涉及刑法之事。凡刑法之輕重，司法、立法之疑，以至刑法依據、斷獄之期，咸得集公卿百官而議之。

1　議省刑罰

東漢儒風不盛，故集議刑法，多以隆刑峻法為非。

《後漢書・光武帝紀》云：

> （建武二年，26）三月乙未，大赦天下，詔曰：「頃獄中多冤人，用刑深刻，朕甚愍之。孔子曰：『刑罰不中，則民無所措手足。』其與中二千石、諸大夫、博士、議郎議省刑法。」[173]

光武以其時獄多冤人、用刑深刻為念，故詔群臣集議省刑法。

又《後漢書・梁統傳》云：

> 統在朝廷，數陳便宜。以為法令既輕，下姦不勝，宜重刑罰，以遵舊典，乃上疏曰：「……臣聞立君之道，仁義為主，仁者愛人，義者政理，愛人以除殘為務，政理以去亂為心。刑罰在衷，無取

---

[172] 參閱呂思勉《秦漢史》下冊第十八章第七節《刑法》，1962年9月太平書局（香港），頁690。

[173] 見《後漢書》卷一上，頁29。

於輕⋯⋯。」事下三公、廷尉,議者以為隆刑峻法,非明主急務,施行日久,豈一朝所釐。統今所定,不宜開可。[174]

梁統建議重刑罰,集議群臣弗以為可,足見議者均有法令從輕之意。

又《後漢書・章帝紀》云:

> (建初五年,80)三月甲寅,詔曰:「孔子曰:『刑罰不中,則人無所措手足。』今吏多不良,擅行喜怒,或案不以罪,迫脅無辜,致令自殺者一歲且多於斷獄,甚非為人父母之意也。有司其議糾舉之。」[175]

此詔所云,猶循乎光武「省刑法」之舊意。

2 議臣下罪

臣下有罪,本應由有司審裁判處,然亦有引公卿百官集議以平其罪科者。

《後漢書・郭躬傳》云:

> (明帝)永平中,奉車都尉竇固出擊匈奴,騎都尉秦彭為副。彭在別屯而輒以法斬人,固奏彭專擅,請誅之。顯宗乃引公卿朝臣平其罪科。躬以明法律,召入議。議者皆然固奏⋯⋯躬對曰:「⋯⋯兵事呼吸,不容先關督帥。且漢制榮戟即為斧鉞,於法不合罪。」

---

[174] 見《後漢書》卷三十四,頁1166-1168。
[175] 見《後漢書》卷三,頁140。

帝從躬議。[176]

竇固以秦彭專擅，奏請誅之，而明帝（顯宗）竟引公卿朝臣集議，最終從郭躬議免彭罪。

又《後漢書‧王望傳》云：

> 是時州郡災旱，百姓窮荒，望行部，道見飢者，裸行草食，五百餘人，愍然哀之，因以便宜出所在布粟，給其稟（廩）糧，為作褐衣，事畢上言。帝以望不先表請，章示百官，詳議其罪。時公卿皆以為望之專命，法有常條。鍾離意獨曰：「……今望懷義忘罪，當仁不讓，若繩之以法，忽其本情，將乖聖朝愛育之旨。」帝嘉意議，赦而不罪。[177]

專擅之罪，法有常條，王望竟因集議而獲赦免。

又《後漢書‧張酺傳》云：

> （酺）責讓於（晏）稱。稱辭語不順，酺怒，遂廷叱之，稱乃劾奏輔有怨言。天子以酺先帝師，有詔公卿、博士、朝臣會議。司徒呂蓋奏輔位居三司，知公門有儀，不屏氣鞠躬以須詔命，反作色大言，怨讓使臣，不可以示四遠。於是策免。[178]

晏稱時為司隸校尉，職司督大姦猾，無所不察，故曰「使臣」。覘上述文意，大抵廷叱之罪，律有常科，章帝以張酺為明帝師，故詔下群臣會議，

---

[176] 見《後漢書》卷四十六，頁1543-1544。

[177] 見《後漢書》卷三十五，頁1297。「稟糧」，校點本改正作「廩糧」。

[178] 見《後漢書》卷四十五，頁1533。

欲有以輕其罪耳。

又《後漢書‧楊秉傳》云：

> 有詔公車徵秉及處士韋著，二人各稱疾不至。有司並劾秉、著大
> 不敬，請下所屬正其罪。尚書令周景與尚書邊韶議奏：「……夫明
> 王之世，必有不召之臣，聖朝弘養，宜用優游之禮。可告在所屬，
> 喻以朝廷恩意。如遂不至，詳議其罰。」於是重徵，乃到，拜太
> 常。[179]

公車徵召不至，有司劾以「大不敬」論罪。朝臣議請重徵，如再不至，方
詳議其罰。朝廷最後重徵。可見人主於集議結果，亦頗重視。

3　議刑法依據

集議刑法，議者多以律法常條為據，然亦有以儒學經書為據者，此或
可觀當時風尚。

《後漢書‧劉愷傳》云：

> 安帝初，清河相叔孫光坐贓抵罪，遂增錮二世，釁及其子。是時
> 居延都尉范邠復犯贓罪，詔下三公、廷尉議。司徒楊震、司空陳
> 褒、廷尉張皓議依光比。愷獨以為「《春秋》之義，『善善及子孫，
> 惡惡止其身』，所以進人於善也。……」有詔：「太尉議是。」[180]

179　見《後漢書》卷五十四，頁1771-1772。
180　見《後漢書》卷三十九，頁1308-1309。

劉愷引述《春秋》之義，論范邠所犯臧罪，認為不應釁及犯者下一代。可
見集議刑法之際，議者或會據儒書以張己說；《春秋》斷獄，意猶是乎！
倘非儒風丕盛之世，劉愷之論，恐未必可凌駕律法條文之上也。

　　顧律法條文究為刑法之所依，因而集議刑法時，有時亦一以律法為據
者。如《後漢書・應劭傳》云：

> 安帝時，河閒人尹次、潁川人史玉皆坐殺人當死，次兄初及玉母
> 軍並詣官曹求代其命，因縊而物故。尚書陳忠以罪疑從輕，議活
> 次、玉。劭後追駁之，據正典刑，有可存者。其議曰：「……殺人
> 者死，傷人者刑，此百王之定制，有法之成科。高祖入關，雖尚
> 約法，然殺人者死，亦無寬降。……」[181]

應劭之議，以律法之「定制」及「成科」為言。議雖已定，猶可追駁，則
取決之權，固在人主而不在發議定論之人也。抑可注意者，則為應劭所發
論議，亦引述《尚書》、《左傳》、《論語》之言為據 [182]。斯乃儒風所扇，
重律法者亦喜援引儒書以為己說之證。

4　議立法及獄期

　　東漢時，立法之事及斷獄之期，亦每下諸公卿或有司集議。
　　《後漢書・陳元傳》云：

> 時大司農江馮上言，宜令司隸校尉督責三公。事下三府。元上疏曰：

---

[181] 見《後漢書》卷四十八，頁1610。
[182] 參閱同上。

「……陛下宜修文武之聖典，襲祖宗之遺德，勞心下士，屈節待賢，
誠不宜使有司察公輔之名。」（光武）帝從之，宣下其議。[183]

東漢中央官制，多沿西京之舊，以三公部九卿。惟光武身親庶務，事歸臺
閣，尚書權任寖重，三公權任漸輕，然立法令司隸校尉督責名位崇高之三
公，則仍屬非常舉措，故須由三府集議定其可否。陳元時為司空府之僚屬，
其議或可視為三府臣僚之所共。光武從善如流，接納三府集議之結果。

又《後漢書・陳寵傳》云：

（章帝）元和二年（85），旱，長水校尉賈宗等上言，以為斷獄不
盡三冬，故陰氣微弱，陽氣發洩，招致災旱，事在於此。（章）帝
以其言下公卿議……。[184]

兩漢君臣深信災異譴告之說，而以東漢為尤甚。災異謂何？論者嘗曰：天
地之物有不常之變者，謂之異，小者謂之災。災常先至而異乃隨之。災者，
天之譴；異者，天之威。譴之而不知，乃畏之以威[185]。章帝詔下公卿集
議斷獄之期，蓋以為旱災之起，乃由斷獄不盡三冬所致。同類集議，並非
一見。如《後漢書・魯恭傳》云：

肅宗時，斷獄皆以冬至之前，自後論者互多駁異。鄧太后詔公卿

---

183 見《後漢書》卷三十六，頁1233。
184 見《後漢書》卷四十六，頁1550-1551。
185 參閱董仲舒《春秋繁露・必仁且智第三十》，蘇輿《春秋繁露義證》卷八，2007年10月
中華書局（北京），頁259。

以下會議。[186]

章帝而後，歷和帝、殤帝、安帝數朝，論斷獄之期者似仍不絕，且互多駁異，故鄧太后詔公卿以下集議其事也。

（八）議邊事

光武立國，亟欲與民休息，遂廢秦漢以來之民兵制。國之弱強，誠非全繫兵制，然使民兵猶存，則或不致屢為戎狄寇邊之事所困。自典午以來，異族憑陵，要不得謂無關乎民兵之廢也[187]。東漢集議，於邊事頗多措意，實與異族之屢犯有關。茲就其邊事之類別，略分如下：

1 議征伐

東漢之世，異族時來犯邊，故朝廷常召群臣集議其事。

《後漢書・郭憲傳》云：

> 時匈奴數犯塞，（光武）帝患之，乃召百僚廷議。[188]

東漢立國之初，未遑沙塞之外，匈奴乃乘間侵佚，害流傍境，光武不得不召百僚廷議定策。

又《後漢書・鮮卑傳》云：

---

186 見《後漢書》卷二十五，頁881。
187 參閱呂思勉《秦漢史》下冊第十八章第六節《兵制》，頁675。
188 見《後漢書》卷八十二上《方術傳》，頁2709。

　　靈帝立，幽、并、涼三州緣邊諸郡無歲不被鮮卑寇抄，殺略不可
勝數。……先是護羌校尉田晏坐事論刑被原，欲立功自拟，乃請
中常侍王甫求得為將，甫因此議遣兵與（夏）育并力討賊。常乃
拜晏為破鮮卑中郎將。大臣多有不同，乃召百官議朝堂。[189]

和帝時，匈奴遭擊破，北單于逃走，鮮卑因而徙據其地，由此漸盛。是後
或降或畔[190]。靈帝時，鮮卑寇抄三邊，討伐與否，大臣意見多有不同，
故須召群臣集議。

　　又《後漢書・應劭傳》云：

（靈帝）中平二年（185），漢陽賊邊章、韓遂與羌胡為寇，東侵三
輔，時遣車騎將軍皇甫嵩西討之。嵩請發烏桓三千人。北軍中侯鄒
靖上言：「烏桓眾弱，宜開募鮮卑。」事下四府，大將軍掾韓卓議，
以為「……若令靖募鮮卑輕騎五千，必有破敵之效」。劭駁之曰……
韓卓復與劭相難反覆。於是詔百官大會朝堂，皆從劭議。[191]

羌胡寇侵三輔，討伐之師，是否開募鮮卑，事下四府，竟未能決，於是更
詔百官大會朝堂集議。其事經反覆駁難，然後裁決，可見朝廷之慎重。
　　上述匈奴、鮮卑、羌胡，俱屬犯邊之異族。蓋緣異族屢侵，朝廷不得
不集思廣益，以謀對策，此所以有集議征伐之會也。

---

[189] 見《後漢書》卷九十，頁2990。
[190] 參閱同上，頁2986。
[191] 見《後漢書》卷四十八，頁1609-1610。

2 議棄邊

異族既屢入寇，而已力又弗足逐之，於是乃有棄邊之集議。

《後漢書‧虞詡傳》云：

> （安帝）永初四年（110），羌胡反亂，殘破并、涼，大將軍鄧騭
> 以軍役方費，事不相贍，欲棄涼州，并力北邊，乃會公卿集議。
> 騭曰：「譬若衣敗，壞一以相補，猶有所完。若不如此，將兩無所
> 保。」議者咸同。詡聞之，乃說李脩曰：「竊聞公卿定策當棄涼州……
> 棄之非計。」……脩善其言，更集四府，皆從詡議。[192]

鄧騭以大將軍會公卿集議棄涼州，而四府臣僚集議則推翻前議。

又《後漢書‧班勇傳》云：

> （安帝）元初六年（119）……鄧太后召勇詣朝堂會議。先是公卿
> 多以為宜閉玉門關，遂棄西域。勇上議曰……於是從勇議，復敦
> 煌郡營兵三百人，置西域副校尉居敦煌。[193]

此公卿百官集議朝堂棄西域也。班勇不以為可，後經反覆辯難，卒從班勇
之議。

又《後漢書‧傅燮傳》云：

---

[192] 見《後漢書》卷五十八，頁1866。據《後漢書‧安帝紀》及袁宏《後漢紀》、司馬光《資
治通鑑》載，虞詡於永初四年所說之人為張禹而非李脩（修）。詳見《〈後漢書〉虞傅
兩〈傳〉敘事牴牾考》。此文已收入本書。

[193] 見《後漢書》卷四十七，頁1587-1589。

會西羌反，邊章、韓遂作亂隴右，徵發天下，役賦無已。司徒崔
烈以為宜棄涼州。詔會公卿百官，烈堅執先議。燮厲言曰：「斬司
徒，天下乃安。」尚書郎楊贊奏廷辱大臣。（靈）帝以問燮。燮對
曰：「……若使左衽之虜得居此地……此天下之至慮，社稷之深憂
也。……」帝從燮議。[194]

安帝時已集議棄涼州，今靈帝亦詔公卿百官議其事。集議之際，辯難激烈，
以致有傅燮厲言叱辱大臣之事。

　　涼州、西域位處邊陲，棄則涉及邊防，不棄則增加役賦負擔，事屬兩
難，故須會公卿百官集議。

3　議通好

　　中國與異族通好，史所常載，東漢亦然。其施行之法，或為封立，或
為通使，或還其生口，或順其所請。

　　《後漢書・耿國傳》云：

匈奴奠鞬日逐王比自立為呼韓邪單于，款塞稱藩，願扞禦北虜。
事下公卿。議者皆以為天下初定，中國空虛，夷狄情偽難知，不
可許。國獨曰：「臣以為宜如孝宣故事受之，今東扞鮮卑，北拒匈
奴，率屬四夷，完復邊郡……。」（光武）帝從其議，遂立比為南
單于。[195]

---

[194] 見《後漢書》卷五十八，頁1875-1876。
[195] 見《後漢書》卷十九，頁715-716。

所謂「孝宣故事」，指宣帝甘露二年（前 52），呼韓邪單于請朝，帝發二千騎迎之，寵以殊禮，位在諸侯王上[196]。

又《後漢書・袁安傳》云：

> （竇）憲日矜己功，欲結恩北虜，乃上立降者左鹿蠡王阿佟為北單于，置中郎將領護，如南單于故事。事下公卿議。[197]

上舉兩例，一為集議封立南單于，一為集議封立北單于。兩者之議，均欲結恩於異族耳。

又《後漢書・鄭眾傳》云：

> （永平）八年（65），顯宗遣眾持節使匈奴。眾至北庭，虜欲令拜，眾不為屈。單于大怒，圍守閉之，不與水火，欲脅服眾。眾拔刀自誓，單于恐而止，乃更發使隨眾還京師。朝議復欲遣使報之……。[198]

鄭眾持節使匈奴，北單于雖無禮，朝議仍復欲遣使北庭，以示友好。

又《後漢書・班固傳》云：

> 時北單于遣使貢獻，求欲和親，詔問群僚。議者或以為「匈奴變詐之國，無內向心……不可。」固議曰：「……臣愚以為宜依故事，復遣使者，上可繼五鳳、甘露致遠人之會，下不失建武、永平羈

---

[196] 參閱同上李賢等注，頁716。

[197] 見《後漢書》卷四十五，頁1520。

[198] 見《後漢書》卷三十六，頁1224。

縻之義。……為策近長。」[199]

所謂「五鳳、甘露致遠人之會」，指宣帝五鳳三年（前 55），單于名王將
眾五萬餘人來降；甘露元年（前 53），匈奴呼韓邪遣子右賢王入侍[200]。據
《鄭眾傳》及《班固傳》所載，可知遣使報異族一事，有時亦會詔下群臣
集議以定可否。

又《後漢書·袁安傳》云：

> （章帝）元和二年（85），武威太守孟雲上書：「北虜既已和親，
> 而南部復往抄掠，北單于謂漢欺之，謀欲犯邊，宜還其生口，以
> 安慰之。」詔百官議朝堂。公卿皆言夷狄譎詐，求欲無厭，既得
> 生口，當復妄自誇大，不可開許。安獨曰：「……雲以大臣典邊，
> 不宜負信於戎狄，還之足示中國優貸，而使邊人得安，誠便。」
> 司徒桓虞改議從安。……帝竟從安議。[201]

此述公卿百官會朝堂，集議還異族之生口，所以示安撫之意也。

又《後漢書·宋意傳》云：

> （章帝）章和二年（88），鮮卑擊破北匈奴，而南單于乘此請兵北
> 伐，因欲還歸舊庭。時竇太后臨朝，議欲從之。意上疏曰：「……
> 今若聽南虜還都北庭，則不得不禁制鮮卑。……誠不可許。」會

---

[199] 見《後漢書》卷四十下，頁1374。

[200] 參閱同上，頁1375。

[201] 見《後漢書》卷四十五，頁1518-1519。

南單于竟不北徙。[202]

南單于欲還舊庭，因請兵北伐。竇太后召群臣集議，擬順其所請。後雖未成事，然此亦有意通好之一端也。

與異族相處，通好似稍勝於征伐及棄邊。惟如何結恩，如何安撫，如何示好，不可不謹慎將事，故亦常詔下公卿百官集議定策。

（九）議儒學

漢世顯學莫如儒，此由人主表章於上，公卿士庶翕從於下，流風所被，乃成風氣。東漢儒學，詆之者或嫌其流於破碎，精意日漓。惟既為在上者所倡導，則於中央之集議，自亦涵蓋此一項目。故立博士、論經義，每亦施諸集議一途。

1 議立博士

東漢初，古文經學寖盛，學者為時議所重，朝廷乃有立古文經博士之集議。

《後漢書‧范升傳》云：

> 時尚書令韓歆上疏，欲為《費氏易》、《左氏春秋》立博士，詔下其議。（光武建武）四年（28）正月，朝公卿、大夫、博士，見於雲臺。帝曰：「范博士可前平說。」……遂與韓歆及太中大夫許淑等互相辯難，日中乃罷。……時難者以太史公多引《左氏》，升又

上太史公違戾《五經》，謬孔子言，及《左氏春秋》不可錄三十一
事。詔以下博士。[203]

韓歆上疏建言欲為古文經立博士，其初已由公卿、大夫、博士議其事。因
范升反對甚力，再三詰難，乃詔下博士再議。

又《後漢書・陳元傳》云：

（光武）建武初，元與桓譚、杜林、鄭興俱為學者所宗。時議欲
立《左氏傳》博士，范升奏以為《左氏》淺末，不宜立。元聞之，
乃詣闕上疏曰：「……臣元竊見博士范升等所議奏《左氏春秋》不
可立，及太史公違戾凡四十五事。案升等所言，前後相違，皆斷
截小文，媟黷微辭，以年數小差，摭為巨謬，遺脫纖微，指為大
尤，抉瑕摘釁，掩其弘美……。」書奏，下其議，范升復與元相
辯難，凡十餘上。帝卒立《左氏》學，太常選博士四人，元為第
一。[204]

上文所述，與《范升傳》所記同屬一事，而詳載陳元之駁議。范升辯難凡
十餘上，可見相與詰難之激烈。可推知者，則為其時參與論議之人當頗眾，
不會限於范、陳二人。《左氏春秋》卒得立博士，乃群臣集議後人主之裁
決也。

---

[203] 見《後漢書》卷三十六，頁1228-1229。
[204] 見同上，頁1230-1233。

2 辯難經義

東漢群儒說經，既有家法師承，又有今古文之別，故於經義時有爭議，乃有群臣及諸儒互相辯難之集議。

《後漢書・戴憑傳》云：

> 時詔公卿大會⋯⋯（光武）帝即召上殿，令與諸儒難說，憑多所解釋。⋯⋯正旦朝賀，百僚畢會，帝令群臣能說經者更相難詰⋯⋯。[205]

光武與公卿百官大會朝堂之時，竟有多所解釋、更相難詰經義之事。此人主監臨儒學集議之例也。

又《後漢書・章帝紀》云：

> （章帝建初三年，78）詔曰：「蓋三代導人，教學為本。⋯⋯孔子曰：『學之不講，是吾憂也。』⋯⋯」於是下太常、將、大夫、博士、議郎、郎官及諸生、諸儒會白虎觀，講議五經同異⋯⋯帝稱制臨決，如孝宣甘露石渠故事，作《白虎議奏》。[206]

此講論五經同異，屬經學之議，故特別指定參與人選。而人主躬親稱制臨決，其重視可知。是項集議，雖非議於朝堂，惟究不能謂非集議之制也。

又《後漢書・魯丕傳》云：

> （和帝永元十一年，99）時侍中賈逵薦丕道藝深明，宜先任用。

205 見《後漢書》卷七十九上《儒林傳》，頁2553-2554。
206 見《後漢書》卷三，頁137-138。

和帝因朝會，召見諸儒，丕與侍中賈逵、尚書令黃香等相難數事，帝善丕說，罷朝，特賜冠幘履襪衣一襲。[207]

魯丕、賈逵、黃香及諸儒於朝會相與論難者，當為儒學經義之事。

東漢儒學隆盛，人所素知，故原屬決定國家大事之集議，亦施之於儒學。倘昧乎其時儒學之盛，則不明博士之是否得立、五經之同異、經義之是非，亦視同國之大造大疑。若其方式，人主或監臨或不監臨，端視人主之意為何如耳。而其集議所在，或為朝堂，或為特定之地。如上舉史文，可見《左氏春秋》博士之立及經義之詰難，朝堂之集議也；講論五經同異，則集於白虎觀；斯其顯例。

七　兩漢集議之同異

本文既專論東漢中央集議制度，原可不涉西漢方面之討論。然約略比較兩漢此一制度之同異，述其遭遞之跡，於讀史者或不無小助。

西漢之世，集議範圍極為廣泛，凡立君、儲嗣、宗廟、郊祀、典禮、封建、功賞、民政、法制、邊事以至大臣罪獄等項，均得集而議之，《西漢會要》述之頗為詳晰 [208]，無待引述。考東漢集議範圍，亦多與西漢類同，間有殊異，殆由史書載錄別擇使然，非關範圍各有殊別也。蔡邕《獨斷》嘗言，「其有疑事，公卿百官會議」[209]；司馬彪《續漢書·百官志》亦云，「凡國有大造大疑」，太尉「則與司徒、司空通而論之」[210]；均指集

207　見《後漢書》卷二十五，頁884。

208　參閱徐天麟《西漢會要》卷四十《職官十》「集議上」及卷四十一《職官十一》「集議下」，2006年12月上海古籍出版社（上海），頁463-482。

209　參閱《獨斷》卷上，程榮輯《漢魏叢書》第二冊，1966年1月新興書局（臺北），頁399下。

210　參閱《後漢書》附《志二十四·百官一》，頁3557。

議之制而言也。

集議之召開與否，與會人選如何，大抵皆由人主決定。集議結果之抉擇，其權亦操諸人主。此兩漢所同然。若其集議方式，大致亦無所別。惟東漢和帝以降，權臣勢重（常為操持兵柄之大將軍），故集議之召開，或有不經人主，甚至人主之策廢，亦由權臣集議而定。集議結果之取捨，權臣亦非從眾取決。是則東漢末葉，人主於集議之權力，已每為權臣所替代，或替代其部分。

西漢集議，丞相例多與會，並常為會議主持人。蓋西漢之世，丞相乃佐人主處理萬機之首輔，同時亦為外朝百官之領袖，故值朝廷有所集議，其領導者每多屬諸丞相。凡由人主親自主持或由權臣主持之會議，丞相大率亦得參加，其中唯中朝官會議，丞相方不參與。倘屬中朝官與外朝官會聚之聯合會議，雖非必為丞相主持，惟集議結果，上奏時仍由丞相領銜。如《漢書・霍光傳》載：昌邑王被廢，本大將軍霍光之意，惟光與群臣聯名奉章太后，仍曰「丞相臣（楊）敞、大司馬大將軍臣光」云云 [211]，丞相之名，仍居大將軍上。是則西漢丞相於集議時所居之地位，可以推想。

比入東漢，地位與丞相相侔之三公，集議時於百官中仍居領導地位，若干朝議，縱由權臣主持，三公亦多參與，惟其實權，則遠遜西漢之丞相。故西漢人主，於丞相之意見，每加採納，此由人主尊崇丞相之故。惟東漢三公，集議雖多由其主持，然其身分，猶今之會議召集人，不但權臣可以否定其議，甚或品秩不高之議郎，竟亦敢厲言廷辱之。如《後漢書・傅燮傳》載：司徒崔烈議棄涼州，詔下公卿百官，烈堅執先議。議郎傅燮厲言曰：「斬司徒，天下乃安。」 [212]廷辱大臣，宜加罪譴，律有常科，而人主竟從燮議而不問罪，於此或可覘東漢三公與西漢丞相地位之殊別矣。其所

---

[211] 參閱《漢書》卷六十八，1964年11月中華書局（北京）校點本，頁2939。
[212] 參閱《後漢書》卷五十八，頁1875。

以致是者，由光武之世，懲數世之失權，忿權臣之竊命，矯枉過直，政不任下，雖置三公，而事歸臺閣 [213]。至是尚書浸重，三公尊而不親，徒擁虛名，備員而已。

又西漢中朝臣集議，所議者多為丞相或御史大夫處理國政之違法、失策問題。如《漢書‧龔勝傳》：丞相王嘉上書薦故廷尉梁相等，「尚書劾奏嘉『言事恣意，迷國罔上，不道』。下將軍中朝者議。」[214]此中朝官集議丞相之失也。又《漢書‧師丹傳》載：師丹為大司空（御史大夫），「使吏書奏，吏私寫其草。丁、傅子弟聞之，使人上書告丹『上封事，行道人遍持其書』。上以問將軍中朝臣，皆對曰：『忠臣不顯諫，大臣奏事不宜漏泄，令吏民傳寫流聞四方。臣不密則失身，宜下廷尉治。』事下廷尉，廷尉劾丹大不敬。」遂策免丹 [215]。此中朝官議劾御史大夫之失也。則西漢中朝官之職任，實備人主之諮詢及代人主督察百官。

東漢中朝官集議，則不僅限諮詢、督察諸事而已，舉凡國之大事，皆可參與集議、獻策。尤有甚者，東漢中朝官之領袖，多屬椒房之親，權任之重，實駕乎外朝公卿百官之上，倘有中朝集議，每可不經人主，逕定其實。遞及末葉，權臣如梁冀、董卓等常藉集議之名而遂其私心，此則已大失集議之本意矣。

八　結論

歷來論史者多謂東漢政制承前朝之舊，故論中央集議制度，亦每兩漢合併言之。南宋徐天麟於奏進《西漢會要》後，續成《東漢會要》，其體例皆與前書相合。而稍不同者，則為間附案語，及雜引他人論說，記事又

213　參閱《後漢書》卷四十九《仲長統傳》，頁1657。

214　參閱《漢書》卷七十二，頁3081。

215　參閱《漢書》卷八十六，同上，頁3506-3507。

較前書差為詳備。試檢卷二十二「職官四」，誠有東漢集議之專目[216]，惟其內容，僅屬取材於范曄《後漢書》、司馬彪《續漢書》、袁宏《後漢紀》諸書之資料彙編，乏辨析考證，殆所謂述而不論者。今人論著，無論專書或論文，似亦罕見集中析論東漢中央集議制度之專篇。是則茲篇之作，雖無令人嗟愕之創獲，然於東漢中央集議制度及相關史事之了解，或稍有裨補歟？

　　本篇論述，內容以東漢中央集議制度為中心，其要不出下列諸端：

1 「朝會」、「朝議」、「廷議」、「朝廷議」、「集議」，皆東漢中央會議制度之名，而以「集議」一詞涵義包納較廣。每次參與者或為公卿百官，或為公府掾屬，或為臺閣職官，或為博士、儒生。

2 東漢經學重論辯，重論辯則須博學兼通世務以為用，此風既影響經師及太學諸生之表現，亦使任官朝廷之經師，常以經學論辯之內容及技巧，應用於中央國政及其他事務之集議。

3 東漢中央集議，大多發自人主，或由臣下奏請，人主可而議之；然亦有由權臣召開者。

4 集議結果，取決之權，自操諸人主之手，惟亦有由權臣逕行裁決，或堅執己議。

5 集議人數，本無一定，有少至數人者，有多至數百人者。偶有多次往返駁難，極為熾烈，甚至有屬言廷叱之事。

6 集議人選，有指定者，有不加指定者，視乎集議性質而定。中外朝之長官及其僚屬，咸有與會機會。

7 集議方式，有人主不監臨者，有人主監臨者，有人主之代表監臨者，亦有由中朝大將軍或權臣所主持者。

---

[216] 參閱徐天麟《東漢會要》有關集議各條目，頁323-333。

8　集議範圍極廣，無一定限制，大抵以國之大造大疑為主，如典禮、策封、曆事、舉試、食貨、遷都、刑法、邊事、儒學等俱在其內；倘遇非常事故，亦得集群臣而議之。

9　就史文所見，集議以議典禮為最多，其次為議刑法及邊事，再其次為議食貨，又再次為議曆事及儒學，最少者為議遷都及舉試。從資料之多寡，或可約略了解其時集議所較關注之項目，然未可由此推論其時並不重視遷都及舉試之集議也。

10　東漢三公於集議中之地位，遠不如西漢丞相之重要，此由三公大權，已浸為臺閣所奪，然不得謂東漢不重視集議之制。

11　各類集議，出席者之言論，僅供人主參考，其所採納，未必即為眾議所同之主張，亦有僅採獨議者。至其時權臣之意見，則每蒙人主深納，三公之議，亦間蒙採用，然不若西漢丞相之受尊重。

12　東漢末葉，誠有權臣把持集議之現象，顧此乃權臣之私心，或恣其威福，非集議一制之本意。

13　東漢中央集議之所，不僅限於朝堂，有議於公府，亦有議於宮中，如顯親殿、臺閣、雲臺、白虎觀等，是其例也。

——原載《新亞學報》第二十九卷，新亞研究所（2011 年 3 月）

論韓歆之死

一　大司徒韓歆自殺

　　韓歆，字翁君，是西漢末年南陽的大家豪族。他原屬更始（劉玄）轄下的河內太守，後向劉秀投降，任鄧禹率領的西征軍軍師，因「從政攻伐有功」，受封為扶陽侯，又任沛郡太守。光武建武中，曾上疏議立《春秋左氏》博士，可見他是個古文經的支持者[1]。《後漢書‧光武帝紀》載：

　　（建武十三年，37）三月辛未，沛郡太守韓歆為大司徒。[2]

又載：

　　（建武）十五年（39）春正月辛丑，大司徒韓歆免，自殺。[3]

韓歆在建武十三年（37）三月遷職大司徒，在建武十五年（39）正月就自殺了。

　　韓歆為甚麼自殺？《光武帝紀》沒有交代，《後漢書‧侯霸傳》則有詳細記述：

---

[1] 參閱范曄《後漢書》卷十六《鄧禹傳》，1965年5月中華書局（北京）校點本，頁601；《後漢書》卷十七《岑彭傳》，頁654；《後漢書》卷二十六《侯霸傳》，頁902；《後漢書》卷七十九下《儒林傳》，頁2587。

[2] 見《後漢書》卷一下，頁62。

[3] 見同上，頁64。

　　（建武）十三年（37），霸薨……以沛郡太守韓歆代霸為大司
徒。……（歆）好直言，無隱諱，帝每不能容。嘗因朝會，聞帝
讀隗囂、公孫述相與書，歆曰：「亡國之君皆有才，桀紂亦有才。」
帝大怒，以為激發。歆又證歲將飢凶，指天畫地，言甚剛切，坐
免歸田里。帝猶不釋，復遣使宣詔責之。司隸校尉鮑永固請不能
得，歆及子嬰竟自殺。歆素有重名，死非其罪，眾多不厭，帝乃
追賜錢穀，以成禮葬之。[4]

韓歆代侯霸為大司徒，不足兩年，就因為多次觸怒光武，以致先被免職，
歸田里後，又再被迫自殺。看來韓歆之死，是光武積怒的結果。

二　光武的積怒

　　細察《侯霸傳》的史文，光武的積怒，有逐步遞增的過程。原來韓歆
是個性格鯁直、直言而不知隱諱的人，因為不知隱諱，在進諫時，就容易
觸君之忌。史載光武「每不能容」，可見韓歆直言犯忌，必有多次，所以
才會用上「每」字。而且這種「每不能容」的情況，可能不但在韓歆任大
司徒之後，也會在他任大司徒之前，如果不是確實「從政攻伐有功」，當
時直言犯忌仍未嚴重，恐怕光武也不會委任他代侯霸為大司徒。可是韓歆
似乎並沒有覺察「每不能容」背後的不滿和漸增的怒意，竟然在一次朝會
中對光武出言不遜，態度失檢，因而引發光武的「大怒」。

　　根據《後漢書》的記述，能令光武大怒的事情似乎並不多。光武為甚
麼會大怒呢？原來在一次朝會中，光武曾當眾讀出隗囂、公孫述的來往書
函，在讀出書函的同時，光武也對書函的文辭表達了稱許之意[5]。性格鯁

---

[4] 見《後漢書》卷二十六，頁902。

[5] 據《後漢書·隗囂傳》載：隗囂的書奏由文學之士執筆，很受光武重視。（參閱《後漢

直的韓歆可能聽不入耳，即時就說：「亡國之君皆有才，桀紂亦有才。」
這種針鋒相對的話語，在沒有成見的人聽來，或許也會感到不快，但應該
反感不大，不過在早有成見的光武聽來，就會覺得韓歆有意矯情立異，存
心頂撞。隗囂和公孫述都是曾與光武爭雄的豪強，又曾先後稱帝（公孫）
稱王（隗），但光武仍然刻意要拉攏他們[6]，因為他們都是有實力的競爭對
手，而且延攬人才甚眾，加上光武向來喜好講經論文，對富有文采的書函，
自然會特別欣賞。據《後漢書‧隗囂傳》載：

> 囂賓客、掾史多文學生，每所上事，當世士大夫皆諷誦之，故帝
> 有所辭答，尤加意焉。[7]

隗囂上書言事，文采斐然可觀，在當時很受欣賞，光武在答覆他的書奏時，
也會特別「加意」。這可見當時朝廷上下愛重文學的風氣，因此光武在朝
堂上公開稱許文辭優美的書函，實在不足為奇，他這樣做，無非表示自己
是個喜好文學而又胸懷寬廣的君主。可是韓歆竟然不知輕重，直言「亡國
之君皆有才」，又強調夏桀和商紂都是有才之君。他的原意，或許只是表
示不應表揚敵人的文采，只不過他用了亡國之君和暴虐之君為例，加上措
詞激戾和態度縱恣，就難免讓人誤會他是有意譏諷喜好文學的當朝君主——
——光武。對韓歆早有成見而又漸增怒意的光武，又怎能不勃然大怒！

　　在朝會中，韓歆又為了討論「歲將飢凶」的民生問題，竟然出言剛猛
尖銳，說到興起，甚至指天畫地，動作頗大，忘記了朝儀。在東漢時代，

　書》卷十三，頁526。）以彼例此，光武所稱許的，大抵是隗囂的書函。不過公孫述手下
　也不乏能文之士，他的書函辭采想必也頗可觀。
[6] 參閱《後漢書》卷十三《隗囂傳》及《公孫述傳》，頁526及542。
[7] 見同上，頁526。何焯《義門讀書記》卷二十二《後漢書‧列傳》云：「漢世重文學如此，
　故東京之文，自和帝以前，尚非後世所及。」（1987年6月中華書局〔北京〕，頁365。）

廷斥大臣，也要交由朝議論罪，何況在君主面前失儀！失儀之罪，可大可
小，但心蓄怒意和曾經大怒的光武，又怎會輕易放過他？於是，只好坐罪
「免歸田里」了。

三　免職後宣詔追責

　　韓歆雖被罷免官職，回歸田里，受到懲罰，但光武的怒氣仍未平息，
還要派遣使者宣達詔旨去責備他。當時司隸校尉鮑永曾加勸諫，結果使自
己受到貶官的懲罰。《後漢書‧鮑永傳》云：

> 大司徒韓歆坐事，永固請之不得，以此忤帝意，出為東海相。[8]

上述有關鮑永受貶的記載，可稍補《侯霸傳》的不足。

　　光武的怒氣，竟波及代為求情的鮑永，可以推想，「宣詔責之」的言
詞，必然非常嚴厲。在凜凜天威下，韓歆不得不連同兒子自殺謝罪了。事
過情遷，光武也知韓歆「死非其罪」，於是「追賜錢穀，以成禮葬之」，算
是稍作補償。所謂「成禮」，《後漢書‧侯霸傳》李賢（655-684）等注云：

> 成禮，具禮也。言不以非命而降其葬禮。[9]

可見光武對韓歆之死，事後是懷有歉意的，所以並沒有因他的自殺而降低
葬禮的規格。

---

[8]　見《後漢書》卷二十九，頁1020。
[9]　見《後漢書》卷二十六，頁903。

四 兩次「大怒」的結果

在韓歆一生中，曾兩次面對光武的「大怒」：一次在光武未稱帝建元前，另一次則在光武稱帝建元後。後者的結果是，韓歆被迫自殺，已如上述；前者則僥倖免卻被殺之禍。《漢書‧岑彭傳》載：

> 更始乃封彭為歸德侯，令屬伯升。及伯升遇害，彭復為大司馬朱鮪校尉……潁邊川太守。會春陵劉茂起兵，略下潁川，彭不得之官，乃與麾下數百人從河內太守邑人韓歆。會光武徇河內，歆議欲城守，彭止不聽。既而光武至懷，歆迫急迎降。光武知其謀，大怒，收歆置鼓下，將斬之。召見彭……彭因言韓歆南陽大人，可以為用。乃貰歆，以為鄧禹軍師。[10]

李賢等注云：軍營有「軍門，並設鼓，戮人必於其下」[11]。據此可見韓歆當時處境之危。不過因岑彭的進言，指出韓是南陽的豪族，如能留為己用，實有助於與羣雄角逐，於是得到赦免，並委任為西征軍統帥鄧禹的軍師。這事發生時，應在光武稱帝前。同屬「大怒」，處置方法不同，可說形勢使然。「形」指大局情況，所謂「大體得失之數」；「勢」指時會機宜，所謂「臨時之宜，進退之機」[12]。天下未定，形勢上不得不倚仗地方豪強的幫助，「大怒」的光武，本來要下令殺人，但經岑彭一提點，就明白「貰」（寬赦）比「斬之」更有利。到了建武十五年（39），東漢立國已久，政權日趨鞏固，地方豪強，有時反會成為中央治權的負累，時移勢易，雖有

---

10 見《後漢書》卷十七，頁653-654。
11 參閱同上。
12 「形勢」之說，參閱荀悅的史論，《漢紀》卷二《高祖皇帝紀》，《兩漢紀》上冊，2002年6月中華書局（北京），頁26。

鮑永的諫阻，韓歆仍因光武「大怒」後餘怒未釋，被迫自殺了。

五　司馬光的評論

　　韓歆被迫自殺，無疑是君主積怒的結果。光武之怒，漸積於「每不能
容」，而引發於「指天畫地，言甚剛切」，但絕不能忽略光武的「大怒」。
如果沒有「大怒」在前，後來即使有「指天畫，言甚剛切」的失儀，大抵
也不會立刻被免官職，更不會仍有「不釋」之怒，進而遣使責備，促使韓
歆自殺。司馬光（1019-1086）和他的助手在編寫《資治通鑑》時，記述
這事的長編原稿，應該取材自范曄（398-445）《後漢書》的《侯霸傳》，
但在定稿時，卻刪掉光武「大怒」的情節。我們試引述《資治通鑑》「漢
光武帝建武十五年（39）」的記事如下：

> （韓）歆好直言，無隱諱，帝每不能容。歆於上前證歲將饑凶，
> 指天畫地，言甚剛切，故坐免歸田里。帝猶不釋，復遣使宣詔責
> 之；歆及子嬰皆自殺。[13]

以上述史文與《後漢書・侯霸傳》的史文對讀，的確可以看到司馬光增刪
文字的功夫。如在「好直言」前增「歆」字，用「於上前」代「又」字，
在「坐免歸田里」前增「故」字，都是行文的需要；至於用「皆自殺」代
「竟自殺」，語意稍有不同，或會引起見仁見智的爭論，但仍無礙史事的
真相。至於「飢」、「饑」本異訓，《資治通鑑》改「飢凶」為「饑凶」，符
合「歲荒」之義，似較《後漢書》為勝[14]。不過，在「帝每不能容」之後，

---

[13]　見《資治通鑑》卷四十三《漢紀三十五》，1963年4月中華書局（北京）校點本，1385。
[14]　參閱《說文解字注》卷十第五篇下，1964年1月藝文印書館（臺北）經韻樓版影印本，頁
　　224-225。

刪去韓歆令光武大怒的記事，顯然忽視了這事的重要性。李賢等為《後漢書・袁安傳》作注時，就明確表示：

> 大司徒歆坐非帝讀隗囂書，自殺。[15]

韓歆的自殺，當然並非完全只因「非帝讀隗囂書」，但這事的重要，李賢等是認識了。

我們知道，《資治通鑑》的編撰，是以「資治」為目的，因此對史料的增刪，大抵有配合目的的理由。我們從司馬光對韓歆之死一事的評論，或可看到其中消息。司馬光說：

> 昔高宗命（傅）說曰：「若藥弗瞑眩，厥疾弗瘳。」夫切直之言，非人臣之利，乃國家之福也。是以人君日夜求之，唯懼弗得聞。惜乎光武之世而韓歆用直諫死，豈不為仁明之累哉！[16]

司馬光評論的重點，是「韓歆用直諫死」，因而成為君主「仁明之累」。他引述商高宗（武丁，約前1325-前1266在位）對賢相傅說的提示，意思是君主要鼓勵臣下以深切、率直、激猛之言諫諍，正如治病須用重藥，因為臣下這樣諫諍，對他們本身沒有好處，但卻有利國家。由於重點是這樣，因此他就沒有評論韓歆進諫的言論和態度，更不會留意光武由「每不能容」的恨怒而至「大怒」，最後達至怒「猶不釋」的累積過程。以史書的撰作而論，刪掉光武大怒的記事，也可說是遵循「史書要刪」的原則，但於史料的去取，難免會引起讀史者的疵議。

---

[15] 見《後漢書》卷四十五，頁1521。
[16] 見《資治通鑑》卷四十三《漢紀三十五》，頁1385。

六　王夫之論敢言者

　　韓歆之死，雖是光武積怒的結果，但當他坐罪「免歸田里」時，應該
有為他求情的大臣；而以他平日直言論事的表現和支持古文經的立場，也
應該得罪了不少同僚，於是許多不息之怨，就會乘機發難，落井下石，以
致難以脫罪或減輕罪責。可惜《後漢書》的《光武帝紀》和《侯霸傳》都
缺乏這方面的具體記述。到了光武「遣使宣詔責之」時，才有司隸校尉鮑
永的勸阻，但似乎沒有得到其他大臣的支持，更沒有大臣試圖從中疏解。

　　王夫之（1619-1692）在《讀通鑑論》中，有一段議論，雖不一定為
韓歆之死而發，但卻頗適用於評論韓歆事件中的君臣表現。王夫之這樣說：

> 苟為欲治之君，樂其臣之敢言者有矣，而敢言之士不數進。非徒
> 上無能容之也，言出而君怒，怒旋踵而可息矣，左右大臣得為居
> 間而解之；藉其終怒不息，乃以直臣而觸暴君，貶竄誅死，而義
> 可以自安且自伸也。唯上之怒有已時，而在旁之怨不息，乘間進
> 毀，而翹小過以敗人名節，則身與名俱喪，逮及子孫族黨交遊而
> 皆受其禍，則雖有骨髓之臣，亦遲回而怯於一言。故能容敢言者
> 非難，而能安敢言者為難也。[17]

王夫之指出，想要有作為的君主，會歡迎敢言的臣下，但敢言的臣下並不
多，理由是：聽了率直的諫言，君主可能會生怒，但怒氣會有平息的時候，
即使怒氣不消，臣下受到嚴厲的懲罰，也會贏得直臣的美名；最令人擔憂
的是，凡屬直言之臣，平日一定會得罪不少大臣，這些心懷怨恨的大臣，
就會乘機詆毀，煽動君主本已平息的怒氣，於是不但使直言進諫者身敗名

---

[17] 見《讀通鑑論》卷六《光武》之二四，1975年7月中華書局（北京），頁168-169。

裂,甚至會禍延子孫、族人和友朋。當光武因韓歆的言論、態度而大怒甚至要罷免他的官職時,會不會有「在旁之怨」而不斷「乘機進毀」呢?《後漢書》中涉及韓歆記事的所有文字都沒有這方面記述,但沒有記述,並不表示沒有這個可能。最後,王夫之的總結意見是:君主不難於容納敢言者的諫言,而難於令敢言者安心進諫。從韓歆自殺一事,可見光武固然不能容納敢言者的諫言,更不能令敢言者無後患的顧慮而安心進諫!

七　結語

　　根據史書的載述,凡令光武「大怒」的諫言,進諫者都會受到嚴懲。例如《後漢書・桓譚傳》載桓譚以議郎給事中「上疏陳時政所宜」,「書奏,不省」;稍後桓譚又上疏不可「聽納讖記」,光武「愈不悅」[18]。「愈不悅」之後,桓譚在靈臺會議時,終於惹來光武的「大怒」:

> 有詔會議靈臺所處,帝謂譚曰:「吾欲(以)讖決之,何如?」譚默然良久,曰:「臣不讀讖。」帝問其故,譚復極言讖之非經。帝大怒曰:「桓譚非聖無法,將下斬之。」譚叩頭流血,良久乃得解。出為六安郡丞,意忽忽不樂,道病卒。[19]

由「不省」書奏開始,桓譚像韓歆那樣經歷了光武漸增之怒而至「大怒」的過程,最後雖免了斬殺之刑,但也被貶為六安郡丞,以致鬱鬱病死。

　　在我國歷代創業的帝王中,光武常受人推許為出類拔萃的「仁明」之君。司馬光雖歎惜韓歆以直諫死為光武「仁明之累」,但其實仍在肯定光武的「仁明」,否則怎會認為韓歆之死會損及君主的「仁明」?我們或許

---

[18] 參閱《後漢書》卷二十八上,頁956-961。
[19] 見同上,頁961。

可從史籍中舉出光武不少「仁明」表現的資料，但如在進諫時觸光武之忌，
令他勃然大怒，就會出手對付，甚至迫人至死，韓歆和桓譚的遭遇，就是
這樣。也就是說，光武有時也會做出不仁不明的事，嚴懲進諫者和迷信讖
諱，是顯著的例子。這方面的資料，我們不難從史籍中找到更多。不過這
並不屬於本文討論的範圍，還是擱下不談了。

2012 年 10 月定稿

論「范曄之虛美隗囂」

一 《史通》對范書的評論

劉知幾（661-721），字子玄，因避唐玄宗（李隆基）諱，以字行。他是我國古代著名史學家，在唐朝「領國史且三十年」，所著《史通》，是一部較完整而有體系的史學理論著作。據說他「善持論，辯據明銳」，常譏訶古人史書缺失[1]。例如他在《史通・論贊第九》中云：

> 至若與奪乖宜，是非失中。如班固之深排賈誼，范曄之虛美隗囂，陳壽謂諸葛不逮管、蕭，魏收稱爾、朱可方伊、霍。或傷言其實，或擬非其倫。必備加擊難，則五車難盡。[2]

劉氏對班固（32-92）《漢書》、范曄（398-445）《後漢書》、陳壽（233-297）《三國志》、魏收（506 或 505-572）《魏書》都不滿意，認為他們所寫的「論」、「贊」，有「與奪乖宜，是非失中」的毛病，其中有「傷言其實」的，也有「擬非其倫」的。他批評范曄「虛美隗囂」，說的應該「傷言其實」。在這方面，張振珮《史通箋注》有清楚的說明：

> 《後漢書・隗囂傳》論囂文章全為曲宥回護之辭。首謂囂初起有以自立，光武力戰始克，可見囂有死士，不可以成敗論英雄。末

---

[1] 參閱《新唐書》卷一百三十一《劉子玄傳》，1975年2月中華書局（北京）校點本，頁4519-4522。

[2] 見張振珮《史通箋注》卷四內篇（上冊），1985年12月貴州人民出版社（貴陽），頁99。

謂「若囂命會符運，敵非天力，雖坐論西伯，豈多哩乎」。故知幾
斥為虛美。[3]

張氏的說明，雖說主要在疏解《史通》語句，但其實也該是同意劉知幾的
評論，因為他要是不同意的話，就會在《箋注》中辨析或補充。如對班固
「深排賈誼」一語，他的說明是：

> ……班固贊文首謂誼通達國體，伊、管未能遠過，而又悼痛其為
> 庸臣所害，論誼似尚全面。[4]

他對「虛美隗囂」一語，並沒有類似上述辨析，據此推論他認可劉知幾之
說，應該不算妄測。

除了《史通・論贊第九》，《史通・稱謂第十四》對《後漢書・隗囂傳》
的「贊」語，也表示不滿：

> 史論立言，理當雅正，如班述之敍聖卿也，而曰董公惟亮。范贊
> 之言季孟也，止曰隗王得士。……夫以淫亂之臣，忽隱其諱（原
> 注：淫謂董賢，亂謂隗囂）……意好奇而輒為，文逐韻而便作（原
> 注：班固《哀紀》贊曰：宛變董公，惟亮天功。《隗囂、公孫述傳》
> 贊曰：公孫習吏，隗王得士）。用舍之道，其例無恆，近代為史，
> 通多此失。上才猶且若是，而況中庸者乎？[5]

董賢字聖卿，隗囂字季孟，公孫指公孫述。劉知幾認為班固對董賢、范曄

---

[3] 見同上。

[4] 見同上。

[5] 見同上，頁139。

對隗囂和公孫述的評論都有失誤。專就隗囂來說，劉氏指出隗是亂臣，因此在「贊」語中不應稱許他。劉氏這樣說，大抵因為隗囂曾先接受光武的任命，後來卻向公孫述稱臣[6]。

根據上述《論贊第九》和《稱謂第十四》的言論，可知《史通》所謂「范曄之虛美隗囂」，「傷言其實」，主要指范氏有關隗囂「得士」的論斷，因而發出「乖宜」、「失中」的譏評。

二 趙翼、李慈銘的意見

趙翼（1727-1814）的意見，則與《史通》相反。他在《廿二史箚記》「《後漢書》編次訂正」條中說：

> 其論和熹后終身稱制之非，而后崩後則朝政日亂，以見后之能理國。論隗囂謂其晚節失計，不肯臣漢，而能得人死力，則亦必有過人者。論李通雖為光武佐命，而其初信讖記之言起兵，致其父及家族皆為王莽所誅，亦不可謂智。此皆立論持平，褒貶恰當，足見蔚宗之有學有識，未可徒以才士目之也。[7]

趙氏稱譽范曄（蔚宗）「有學有識」。他舉和熹后、隗囂、李通為例，說明范氏對三人的行事有褒有貶，可謂「立論持平，褒貶允當」。對於隗囂是否「得士」的評論，趙氏更明白表示隗囂「能得人死力，則亦必有過人者」，顯然他並不同意劉知幾「虛美」的說法。

李慈銘（1830-1894）的持論，也與《史通》相異。他在《後漢書札記》中這樣說：

6　參閱《後漢書》卷十三《隗囂傳》，1965年5月中華書局（北京）校點本，頁522及527。
7　見王樹民《廿二史劄記校證》卷四（上冊），2001年11月中華書局（北京），頁82。

蔚宗之論，頗取囂、述，雖稱囂之辭，更美于述，而謂述之不降，較勝銜璧。蓋二人皆以義起事，非藉漢力，其所設施，俱有可觀，事之不成，則天也。故光武惓惓二人，必欲招致。蔚宗以兩傳合為一卷，固有意也。儗之後世，囂則唐之竇建德，述其明之張士誠乎？雖覆滅相繼，生氣懍然，力屈興王，名殊叛賊矣。[8]

李氏之說，主要為范書《隗囂傳》和《公孫述傳》的後「論」而發。他指出隗囂和公孫述兩人的行事措施「俱有可觀」，實力足以與光武抗衡，甚至曾「力屈興王」，屢挫漢軍，所以光武務求招致他們，這也是范書把兩《傳》合在一卷的理由。李氏還說：「事之不成，則天也。」他沒有否定「天力」決定成敗之說，但同時用另一種方式，去肯定他們兩人與當時一般起事者有別。李氏更以隋末的竇建德與隗囂相比，沒有持失敗者就一無足取的論調。

三　劉咸炘的意見

劉咸炘（1896-1932）廣涉多能，雖英年早逝，但著述凡二百三十多種、四百七十五卷[9]。他對范書頗有糾彈，不過卻認為《隗囂傳》後「論」的內容有理有據。他這樣說：

載囂起時盟詞、檄詞，見其初起正大有規模，論所謂「有以識其風」也。詳錄方望、王遵諸書，見囂變易初志，為人所覺，所以

---

[8] 見《後漢書札記》卷二，《越縵堂讀史札記全編》上冊，2003年9月北京圖書館出版社（北京），頁302-303。

[9] 參閱黃曙輝《出版緣起》，《劉咸炘學術論集》「史學編」（上冊），2007年7月廣西師範大學出版社（桂林），頁1-3。

敗也。又書王捷事，見囂之下士虛譽亦足以籠絡才俊，論所謂「道
有足懷」也。[10]

劉氏指出「論」中「有以識其風」和「道有足懷」之語，都有史事為據，
並非浮泛之言。劉氏又說：

「夫功全則譽顯」云云。何曰：「范氏所見如此，故終以叛誅。」
王補曰：「隗囂之視文王，其猶梟、鸞之異乎。以彼妄自矜飾，蓋
藉以羈絡賓從，誆詫將吏，與竇融、公孫述爭為雄長地耳。是杜
林、班彪、申屠剛之羞也。范史稱其『坐論西伯，未可多嗤』，謬
矣。很曰『回成喪而為議』，不知矯誣之過，適足貽亂賊以口實也。」
按王、何說非也。此正蔚宗不隨習見處，羈絡誆詫，誰則無之，
光武寧能免乎？[11]

劉氏評論何焯（1661-1722）《義門讀書記》和王先謙（1842-1917）《後漢
書集解》「補注」之說[12]，表示兩人的意見都不對。他認為范曄所云：「坐
論西伯，豈多嗤乎」；「夫功全則譽顯，業謝則釁生，回成喪而為其議」；
正顯示他的識見「不隨習見處」。他更直言「羈絡賓從」、「誆詫將吏」是
逐鹿天下者常用的手段，隗囂固然是這樣，光武也不例外。看來他雖只是
辨析何、王之說而沒有點名駁斥《史通》，但他應該不同意《史通》的批

---

10 見《劉咸炘學術論集》「史學編」（上冊），頁262。
11 見同上，頁263。按：「未可多嗤」，范書原文為「豈多嗤乎」；「回成喪而為議」，范
書原文為「回成喪而為其議」。
12 參閱《義門讀書記》卷二十二《後漢書·隗囂傳》條，1987年6年中華書局（北京），頁
365；王先謙《後漢書集解》卷十三，1956年藝文印書館（臺北）影印長沙王氏校刊本，
頁200-201。

評：范書有「傷言其實」的「虛美」。在談及范書囂、述兩《傳》「贊」語中對隗囂的稱謂時，則指出《史通》「其論亦苛」：

> 《史通·稱謂篇》謂稱隗王為非，其論亦苛。名從主人，況在論贊中乎？[13]

劉氏大抵認為，隗囂確曾稱王，名從主人，稱他為「隗王」，並無不可。不過他似乎沒有留意，劉知幾不滿「贊」語的措詞，除了「忽隱其諱」的稱謂，還因為有隗囂能「得士」的說法。

四　錢鍾書的意見

錢鍾書（1910-1998）博學才高，在學壇久負盛名。他在《管錐篇》論《全宋文》中，對劉知幾的「虛美隗囂」說，有這樣的看法：

> 《史通·稱謂》指摘《後漢書》云：「范《贊》之言季孟也，至曰『隗王得士』。……意好奇而輒為，文逐韻而便作」，正譏曄「逐」上句「公孫習吏」之「韻」，遂虛構「好士」之「意」。《後漢書·贊》中此類當尚有，亦見即不為「文」，未必全無「患」、「累」。抑「記事之史」雖不同「篇翰」之「文」，而其「讚」則「義歸翰藻」，仍是文耳。[14]

13　見《劉咸炘學術論集》「史學編」（上冊），頁263。

14　見《管錐篇》第四冊「一六五《全宋文》卷一五」，1979年10月中華書局（北京），頁1277。按：錢氏前文用「得士」，後文用「好士」，不一致。又，錢氏「贊」、「讚」並用。

錢氏顯然同意劉知幾評范曄「好奇」、「逐韻」之說。他更特別指出，范氏為了追求文章聲韻諧協的效果，所以不惜「虛構」隗囂「好士」（得士）之意。

周振甫以北京中華書局編輯的身分，在審讀《管錐篇》時，向錢氏提出商榷的意見：

> 《傳》稱其大將王捷別在戎丘，登城呼漢軍曰：「為隗王城守者皆必死無二心……遂自刎死」。則曄稱「好士」，與「論」相應，初非虛構。《史通》譏之，當指馬援、來歙與囂相善皆棄囂而歸漢，亦如王安石之譏孟嘗不能得士。是曄之所謂士與《史通》不同，似不必是《史通》而非曄。[15]

周氏措詞謙謹，對錢說雖有異議，但仍婉轉表示范曄的所謂「士」，與《史通》不同，因此「似不必是《史通》而非曄」。其實范曄和劉知幾所說的「士」，指的都是廣義的「人材」，不見得兩者有甚麼不同。錢氏對周說的批語是：

> 以王捷論，則隗「好士」不「虛」，而以馬援論，則隗「好士」未實。弟乃勢利小人，以為馬援之「士」重於王捷多多許。[16]

錢氏吐語幽默，自嘲為「勢利小人」。他以人的才智能力來論「好士」即

---

[15] 見周振甫《〈管錐篇〉審讀意見》，馮芝祥編《錢鍾書研究集刊》第三輯，2002年1月上海三聯書店（上海），頁44；原載中華書局《書品》2000年第4、5、6期，2001年第1、2、3期略有訂正。按：周氏從錢氏用「好士」不用「得士」；又，周文「來歙」原誤作「來歌」，應為打印及校對疏失。

[16] 見周振甫《〈管錐篇〉審讀意見》，頁同上。

「得士」的虛實，似乎也有理由，不過馬援曾是隗囂的從屬者，也可說是隗所「得士」之一，雖然他後來投靠了漢。再說，公孫述和隗囂也曾從屬於光武，後來卻擁兵自立，可見群雄並起時，眾「士」的去來，是常有的情形，不能說隗囂留不住馬援，「得士」就未能作實。何況隗囂所得的「士」，也不是只有馬援一人！

五 《隗囂傳》的「論」和「贊」

為了要辨析劉知幾、趙翼、李慈銘、劉咸炘、錢鍾書所論的是非，我們不妨先細讀《後漢書》中有關隗囂的「論」和「贊」。

《後漢書‧隗囂傳》云：

> 論曰：隗囂授旗糾族，假制明神，跡夫創圖首事，有以識其風矣。
> 終於孤立一隅，介乎大國，隴坻雖隘，非有百二之勢，區區兩郡，
> 以禦堂堂之鋒，致使窮廟策，竭征徭，身殁眾解，然後定之。則
> 知其道有足懷者，所以棲有四方之桀，士至投死絕亢而不悔者矣。
> 夫功全則譽顯，業謝則釁生，回成喪而為其議者，或未聞焉。若
> 囂命會符運，敵非天力，雖坐論西伯，豈多嗤乎？[17]

在《後漢書》中，隗囂和公孫述是合傳的，所以范曄對公孫述雖也別有「論」，但「贊」則合而為一：

> 贊曰：公孫習吏，隗王得士。漢命已還，二隅方跱。天數有違，

---

17 見《後漢書》卷十三，頁532。

江山難恃。[18]

范曄的「贊」語，確實有「天數」之說，但他着重標舉的，顯然是「隗王得士」。至於「論」的內容，可約略分為三部分，其中仍以「得士」的意見為較詳。下面試作進一步說明：

「論」的開端，指出隗囂圖謀起事之初，就為漢高祖、文帝、武帝建立廟宇，表現「興輔劉宗」的姿態[19]，目的在藉此宣傳，取信於眾。「論」的末段則指出，如果隗囂命應符運，而對手又沒有得到上天的幫助，那隗囂就可成功登上天子之位，人家就不會因他的失敗而貶抑他了。表面看來，范曄的言論，似乎脫離不了「君由神授」的命定說窠臼，但背後的意思是：隗囂未嘗沒有爭天下的客觀條件！而「論」中間一大段，說的是隗囂以區區兩郡之地，孤立一隅稱王，雖有地險，卻無特強的兵將，但仍然可以抵擋光武嚴整強大的兵鋒好些日子。為甚麼能夠這樣？理由是他既有聚集四方豪傑的本事，又得到不少肯為他賣命的人，最後雖然以失敗告終，但實無愧「贊」語所謂「隗王得士」的評定。失敗的人，難道就不能「得士」嗎？劉知幾質疑范曄「虛美隗囂」，不免以成敗來論是否應該「得士」了。

六 「假制明神」和「符命為徵」

史書的「論」、「贊」，如果沒有相應的記事，就只能是虛空之論。范書「論」、「贊」所云，有沒有與記事脫離？我們試看《後漢書・隗囂傳》的載述：

---

18 見《後漢書》卷十三《隗囂、公孫述傳》，頁545。
19 參閱《後漢書》卷十三《隗囂傳》，頁514。

> 囂既立，遣使聘請平陵人方望，以為軍師。望至，說囂曰：「足下
> 欲承天順民，輔漢而起，今立者乃在南陽，王莽尚據長安，雖欲
> 以漢為名，其實無所受命，將何以見信於眾乎？宜急立高廟，稱
> 臣奉祠，所謂『神道設教』，求助人神者也。……」囂從其言，遂
> 立廟邑東，祀高祖、太宗、世宗。[20]

以上記事，就是范曄在「論」中評論隗囂「創圖首事」時「假制明神」的
依據。「以漢為名」，主要是在起事時要「見信於眾」。這其實不光是隗囂
爭雄的策略，也是其他爭雄者所採取的策略，只是有些人如劉玄（更始）、
劉秀（光武）佔了姓劉的便宜而已。「論」中所謂「有以識其風矣」，推求
其中語氣，范曄大抵表示：隗囂順從建議，着眼於爭取民心，他的初志，
實有意要成為中興漢室的元勳，不同於一般只圖佔地掠財的起事者。後來
班彪（3-54）說隗囂事漢，指出起事之師，「咸稱劉氏」，「百姓謳吟，思
仰漢德」[21]。隗囂不以為然，說：

> 生言周、漢之勢可也；至於但見愚人習識劉氏姓號之故，而謂漢
> 家復興，疏矣。昔秦失其鹿，劉季逐而羈之，時人復知漢乎？[22]

看來隗囂的初志，稍後已有轉變，他不再甘心於作中興漢室的元勳，難怪
他有「坐論西伯」的表現了。

論成敗，現代論者大多不會委之於「符命」和「天力」，但在漢代以
至范曄撰述的那個時代（劉宋），就不能不受時代、社會的風尚所影響。

---

[20] 見同上。

[21] 參閱《後漢書》卷四十上《班彪傳》，頁1323。

[22] 見同上，頁1323-1324；又參閱《漢書》卷一百上《敍傳》，1964年11月中華書局（北京）
校點本，頁4207。《漢書》所載，內容相同，文字則稍有出入。

王夫之（1619-1692）在《讀通鑑論・光武》中這樣說：

> 班彪之說隗囂，竇融之決志以從光武，皆以符命為徵；彪與融處
> 亂世而身名以全，皆所謂豪傑之士也，然而所據者在此，況其他
> 之瑣瑣者乎？[23]

可見才智高明之士如班彪、竇融等，也未能免俗[24]。至於有意角逐天下的
人，也會藉此為自己宣揚。王夫之因而評論：

> 劉楊造瘦楊之讖以惑眾，張豐寶肘石之璽以自迷……光武之明，
> 且恐非此而無以動天下……。[25]

王莽之末，起事者多會借助「符命」之說以聳人耳目，光武大抵也不例外。
范曄在《後漢書・光武帝紀》中就這樣論說：

> 論曰：皇考南頓君初為濟陽令，以建平元年（前6）十二月甲子夜
> 生光武於縣舍，有赤光照室中。欽異焉，使卜者王長占之。長辟左
> 右曰：「此兆吉不可言。」是歲縣界有嘉禾生，一莖九穗，因名光
> 武曰秀。……後望氣者蘇伯阿為王莽使至南陽，遙望見舂陵郭，唶
> 曰：「氣佳哉，鬱鬱蔥蔥然。」及始起兵還舂陵，遠望舍南，火光
> 赫然屬天，有頃不見。初，道士西門君惠、李守等亦云劉秀當為天

---

[23] 見《讀通鑑論》卷六，1975年7月中華書局（北京），頁119-160。
[24] 參閱《後漢書》卷二十三《竇融傳》，頁798；《後漢書》卷四十二《班彪傳》，頁1324。
[25] 見《讀通鑑論》卷六，頁160。

　　子。其王者受命，信有符乎？不然，何以能乘時龍而御天哉！²⁶

「論曰」云云，其實論的成分少，述的成分多，所述種種異象，不外表示
光武是符應天運的真命天子。受了所見材料和時代、社會的局限，范氏沒
有完全否定這種說法，但在態度上，他有保留，所以才會以疑問的語調，
說：「其王者受命，信有符乎？」

　　在《後漢書‧方術列傳序》中，范曄對「符命」的意見，有更清晰的
表白：

　　　　漢自武帝頗好方術，天下懷協道藝之士，莫不負策抵掌，順風而
　　　　屆焉。後王莽矯用符命，及光武尤信讖言，士之赴趣時宜者，皆
　　　　馳騁穿鑿，爭談之也。故王梁、孫咸名應圖錄，越登槐鼎之任，
　　　　鄭興、賈逵以附同稱顯，桓譚、尹敏以乖忤淪敗，自是習為內學，
　　　　尚奇文，貴異數，不乏於時矣。是以通儒碩生，憤其奸妄不經，
　　　　奏議慷慨，以為宜見藏擯。子長亦云：「觀陰陽之書，使人拘而多
　　　　忌。」蓋為此也。²⁷

范氏指出，自漢武帝至光武，社會上形成爭談符命讖言的風氣，趨附者可
以顯達，乖忤者受到貶抑，有識之士，大為不滿，認為應該擯棄。他對李
通和鄧晨的「舍家從讖」、袁術自以為名應讖書，也採取批評的態度²⁸。
不過，我們據此推論他絕不相信「符命」，也未必盡是，因為他也這樣說：

---

²⁶ 見《後漢書》卷一下，頁86。
²⁷ 見《漢書》卷八十二上，頁2705。
²⁸ 參閱《後漢書》卷十五《李通傳》和《鄧晨傳》的「贊」語，頁593；《後漢書》卷七十
　　五《袁術傳》，頁2439。

> 天命符驗，可得而見，未可得而言也。然大致受大福者，歸於信
> 順乎！夫事不以順，雖彊力廣謀，不能得也。謀不可得之事，日
> 失忠信，變詐妄生矣。況復苟肆行之，其以欺天乎！雖假符僭稱，
> 歸將安所容哉！[29]

所謂「天命符驗」，「未可得而言」，也就是「夫天道性命，聖人難言之」[30]
的意思，因此我們斷言范氏絕對不信「符命」，不免推論過了頭。不過，
我們可以肯定的是，他其實更重視人事的「信順」[31]。「信」，指人與人之
間相處所需要的忠信，有了忠信，就可以得人之助；「順」，指事態發展的
順適，也就是所謂順境，這有類於天助，不是「彊力廣謀」可以求得。按
照范氏的意見，取得「信順」的人，必須深「結於人心」。《後漢書》王昌、
劉永、張步、李憲、彭寵、盧芳等人的《傳》後論云：

> 夫能得眾心，則百世不忘矣。觀更始之際，劉氏之遺恩餘烈，英
> 雄豈能抗之哉！然則知高祖、孝文之寬仁，結於人心深矣。……
> 劉氏之再受命，蓋以此乎！[32]

這是說，光武的「再受命」，其實與「人心」有關。《後漢書・王常傳》又
載王常曉說將帥之言云：

> 夫民所怨者，天所去也；民所思者，天所與也。舉大事者必當下

---

[29] 見《後漢書》卷七十五《袁術傳》後「論」，頁2444。

[30] 語見《後漢書》卷十《李通傳》後「論」，頁577。

[31] 《後漢書・袁術傳》李賢等注云：「《易》曰：天之所助者，順也；人之所助者，信也。」
（見《後漢書》卷七十五，頁2444。）

[32] 見《後漢書》卷十二，頁508-509。

順民心，上合天意，功乃可成。[33]

范氏借了王常之口，表示「下順民心」的人，才會「上合天意」，成為天命所歸的成功者。這種「天意」須結合「民心」（人心）的說法，看重的顯然仍是人事。

　　還可進一步討論的是，光武是個角逐天下的成功者，即使事前沒有甚麼異象，事後也會有人不斷提供異象的資料，甚至添枝加葉，為這些資料增飾。范氏在論定光武的成功時，不去否定這些「未可得而言」的資料，並不出人意表，因為「未可得而言」，只是「難言」，並非完全「不信」。可是，范氏在肯定光武成功的同時，可沒有完全抹殺失敗者——隗囂的表現和所長，所以才在《隗囂傳》的「論」中，批評以成敗論英雄的議論。他一方面指出「功全則譽顯，業謝則釁生」這種論調的不足取，另一方面，他以同情了解的態度強調：

若囂命會符運，敵非天力，雖坐論西伯，豈多嗤乎？[34]

李賢（655-684）等注云：

天力謂光武天所授也。言不遇光武為敵，則不謝西伯也。[35]

西伯，指周文王；謝，意云遜讓。據《後漢書·鄭興傳》載，原來隗囂聚眾據有天水時，常「矜己自飾」，「以為西伯復作，乃與諸將議自立為王」，

---

[33] 見《後漢書》卷十，頁579。
[34] 見《後漢書》卷十三《隗囂傳》，頁532。
[35] 見同上，頁533。

後雖沒有立刻稱王，但仍然「廣置職位，以自尊高」[36]。而《後漢書・公孫述傳》也記述荊邯說公孫述的言論：

> 隗囂遭遇運會，割有雍州，兵強士附，威加山東。遇更始政亂，復失天下，眾庶引領，四方瓦解。囂不及此時推危乘勝，以爭天命，而退欲為西伯之事，尊師章句，賓友處士，偃武息戈，卑辭事漢，喟然自以為文王復出也。[37]

鄭興、公孫述兩《傳》所記，也該是范曄在《隗囂傳》後發論的根據。范氏或許認為，「坐論西伯」誠然有自我「尊高」之意，不免為論者所譏，但如果對手沒有「天力」支持，隗囂與光武相較，不能說他沒有抗衡、爭勝的條件。這樣措詞，算不算「虛美」呢？我們可再看《後漢書・隗囂傳》的記事：

> （建武）三年（27），囂乃上書詣闕。光武素聞其風聲，報以殊禮，言稱字，用敵國之儀，所以慰藉之良厚。時陳倉人呂鮪擁眾數萬，與公孫述通，寇三輔。囂復遣兵佐征西大將軍馮異擊之，走鮪，遣使上狀。帝報以手書曰：「慕樂德義，思相結納。……隔於盜賊，聲問不數。將軍操執款款，扶傾救危，南距公孫之兵，北禦羌胡之亂，是以馮異西征，得以數千百人躑躅三輔。微將軍之助，則咸陽已為他人禽矣。……如令子陽到漢中、三輔，願因將軍兵馬，鼓旗相當。……自今以後，手書相聞，勿用傍人解構之言。」自

36 參閱《後漢書》卷三十六《鄭興傳》，頁1218-1219。

37 見《後漢書》卷十三，頁539。

是恩禮愈篤。[38]

光武的手書，對隗囂或有溢美之辭，古今政治人物籠絡他人的手段，大多如此。但同時正可顯示，隗囂的實力，必然頗有可觀，才可南距公孫述（子陽），北禦羌胡，令光武「思相結納」，甚至報書稱字而不稱名，「用敵國之儀」相待。光武對隗囂說：「微將軍之力，則咸陽已為他人禽矣。」抑己揚人，當然有拉攏的意圖，但應該有所本，不是違背事實的「虛美」客套。

七　隗囂「得士」的記載

范曄在《後漢書・隗囂傳》的「論」中，最用力表揚的，是隗囂能得豪傑、死士，所謂「棲有四方之桀，士至投死絕亢而不悔者」。而「贊」中則用「隗王得士」四字來概括，文字雖少，稱道之意則十分明顯。究竟「論」、「贊」的「美」言，是虛是實？我們不妨檢視《後漢書・隗囂傳》：

> 赤眉入關，三輔擾亂。……諸將欲劫更始東歸，囂亦與通謀。事發覺，更始使使者召囂，囂稱疾不入……亡歸天水。復招聚其眾，據故地，自稱西州上將軍。及更始敗，三輔耆老士大夫皆奔歸囂。[39]

隗囂本從屬於更始，後來叛歸天水，據地聚眾。當更始失敗，三輔耆老士大夫竟然都來投靠，可見隗囂能得人心。同《傳》又云：

> 囂素謙恭愛士，傾身引接為布衣交。以前王莽平河大尹長安谷恭

38　見同上，頁522-523。
39　見同上，頁521。

為掌野大夫，平陵范逡為師友，趙秉、蘇衡、鄭興為祭酒，申屠剛、杜林為持書，楊廣、王遵、周宗及平襄人行巡、阿陽人王捷、長陵人王元為大將軍，杜陵、金丹之屬為賓客。由此名震西州，聞於山東。[40]

上文記述隗囂向來敬愛士類，誠心盡意與他們結交，因此不少才幹識見卓拔之士，都樂於為他所用。《資治通鑑・漢紀三十二》所載內容與范書十分相近，列舉人物則稍有出入：

（建武元年，25）隗囂歸天水，復招聚其眾，興修故業，自稱西州上將軍。三輔士大夫避亂者多歸囂，囂傾身引接，為布衣交；以平陵范逡為師友，前涼州刺史河內鄭興為祭酒，茂陵申屠剛、杜林為治書，馬援為綏德將軍，楊廣、王遵周宗及平襄行巡、阿陽王捷、長陵王元為大將軍，安陵班彪之屬為賓客，由此名震西州，聞於山東。[41]

范書未列馬援、班彪，但比《資治通鑑》所載多出谷恭、趙秉、蘇衡、杜陵、金丹五人。司馬光（1019-1086）根據助手漢史專家劉攽（1023-1089）所撰長編考訂事實，增刪潤飾，下筆矜慎，定稿如此，當有所據，而且所據應有出於范書以外的資料。無論怎樣，我們如果這樣推斷：「司馬光也相信隗囂真能『得士』。」似乎不算過分。

《後漢書・隗囂傳》又云：

---

[40] 見同上，頁522。

[41] 見《資治通鑑》卷四十，1963年4月中華書局（北京），頁1288。

囂賓客、掾史多文學生，每所上事，當世士大夫皆諷誦之，故帝
有所辭答，尤加意焉。……帝常稱囂長者，務欲招之……。[42]

隗囂的賓客、掾史多能文之士，所以上書言事，文辭為光武及當世士大夫
所欣賞。其實隗囂通經好文，又能禮賢下士，聲望很高，得人才甚眾，連
年高德劭的耆老士大夫都投向他。他雖然偏處一隅，佔地不多，但實力仍
足以與漢抗衡，因此光武很尊重這個對手，想方設法要招致他。這樣看來，
范曄在「論」、「贊」中說他「得士」，是結合史事的評論，怎能譏為「傷
言其實」的「虛美」？以結局論，隗囂的確是個失敗者，但在「失敗」之
前，也可以有曾經「得士」的過程，「得士」在前與「失敗」在後，兩者
並非絕不相容。也就是說，以結局來評定失敗者過往一無足取，凡有稱許
即屬「虛美」，是既不客觀又不公平的論斷。

八　隗囂破敗的原因

范曄的「論」、「贊」，雖以記事為據，但對隗囂破敗的原因，的確沒
有用文字點明，如果要作批評，也未嘗不可，可是劉知幾在這方面卻沒有
甚麼意見。關於隗囂之敗，范曄其實用了另一種方式來表達，我們細讀范
書《隗囂傳》的載述，就可看出其中端倪。李景星（1876-1934）在《後
漢書評議・隗囂、公孫述列傳第三》中，有這樣的說明：

《隗囂傳》純寫其游移不定，忽止眾人之起兵，忽從眾命而自立，

---

[42] 見《後漢書》卷十三，頁526。《東觀漢記・載記》云：「隗囂，故宰相府掾吏，善為文
書，每上書移檄，士大夫莫不諷誦之也。」所載與范書稍異。不過，「善為文書」的隗
囂，大抵下屬也多能文之士。參閱吳樹平《東觀漢記校注》卷二十一，1987年3月中州古
籍出版社（河南），頁870。

> 忽應更始之徵，忽違更始而去，忽為漢擊賊，忽拒漢討蜀，忽上
> 書詣闕，忽假辭不朝，忽遣子入侍，忽稱臣領封，自古有如此舉
> 動而能成事者乎？故《傳》中摹繪，一一如畫，正見其如游釜之
> 魚，雖依違片刻，終歸於糜爛也。[43]

「糜爛」意云「毀傷潰壞」，措詞或稍嫌過重，不過李景星抉發范曄的撰
史用意，來說明隗囂破敗的原因，是「游移不定」、依違失據，則很清楚。
李氏的意見，以歸納范書的十「忽」記事來呈現史實、說明問題，方法和
判斷是可接受的，除非我們能提供更可靠的辨析和資料，來證明《隗囂傳》
的載述和李氏的歸納為不足信。

九　范書取材的根據

　　本文的討論，主要就劉知幾《史通》對范書的評論，辨析《後漢書・
隗囂傳》記事與「論」、「贊」意見的相應關係，至於記事是否失實，原不
在討論的範圍。不過《資治通鑑》有據的撰述和趙翼、李慈銘、劉咸炘等
學者的評論，到底可供參考，我們不能一律貶為不足取信。此外，為了讓
人對范曄的撰述增加信心，我們不妨進一步對范書的取材根據稍作說明。
　　許多人都知道，在范曄前，已有不少史家用紀傳體編撰後漢的歷史。
可知的有：吳謝承（生卒年不詳）《後漢書》、晉薛瑩（？-282）《後漢記》、
晉司馬彪（246？-306？）《續漢書》（八志三十卷附范書未佚）、晉華嶠（？
-293）《漢後書》、晉謝沈（292？-344？）《後漢書》、晉張瑩（生卒年不
詳）《後漢南記》、晉袁山松（？-401）《後漢書》、劉宋劉義慶（403-444）

---

[43] 見李景星《四史評議》，1986年11月嶽麓書社（長沙），頁77。按：原書為簡體字排印，
　　「領封」原作「邻（鄰）封」，應誤。

《後漢書》[44]、梁蕭子顯（489-537）《後漢書》。其中劉、蕭兩書已在隋或唐初亡佚，其他各書經歷各代天災人禍，也大多佚損了。至於用編年體撰述這段歷史的，有東漢劉珍（？-126）等《東觀漢記》、晉張璠（生卒年不詳）《後漢紀》、晉袁宏（328-376）《後漢紀》。劉書至元時已非完帙，張書似未完成，散亡亦早，袁書則流傳至今。范曄撰史時各書應仍未散佚，他以《東觀漢記》為主要依據，又旁參各書，自訂體例，刪繁補略，撰成《後漢書》[45]。我們或許可以這樣說，范書中有關隗囂的記事，應曾參考或取材自上述各家著作，訂譌考異，言而有據，不會捏造史事，更不會對自己無所愛憎的隗囂刻意「曲宥回護」。不過在參考、取材、編撰的過程中，史家自有個人裁斷和選擇，這該是情理中事。

試考現存謝承、薛瑩、華嶠、謝沈、張瑩、袁山松、張璠所撰書的遺文，我們看不到有關隗囂的記事，可能已佚失了，也可能沒有載述，因此無從與范書比較；司馬彪《續漢書》卷二《隗囂傳》、《來歙傳》及卷五《獨行傳》，各有一條遺文提到隗囂，但只是簡單的記事[46]，無補於本文論題的辨析；《東觀漢記》在《隋書‧經籍志》中著錄為一百四十三卷，《舊唐書‧經籍志》則著錄為一百二十七卷[47]，可知已散佚十多篇，到了元代，散佚更多，幸賴古代類書、史書和古注的徵引，得以保存不少遺文。現行

---

[44] 《舊唐書‧經籍志》和《新唐書‧藝文志》都把劉義慶《後漢書》列在晉司馬彪《續漢書》後和晉華嶠《漢後書》前，因此有人懷疑此劉義慶是晉人而不是注《世說新語》的劉宋劉義慶。參閱《舊唐書》卷四十六，1975年5月中華書局（北京）校點本，頁1989及《新唐書》卷五十八，頁1455。又，參閱周天游《八家後漢書輯注》的「前言」所附注釋（一），1986年12月上海古籍出版社（上海），頁14。

[45] 參閱范曄《後漢書》的「校點說明」，頁1-2；周天游《八家後漢書輯注》的「前言」，頁1-2。

[46] 參閱周天游《八家後漢書輯注》，頁329、335、495。

[47] 參閱《隋書》卷三十二，1973年8月中華書局（北京）校點本，頁954；《舊唐書》卷四十六，頁1988。

《東觀漢記》校注本把隗囂列入「載記」，述隗事頗詳[48]，但主要內容，相信已為范書所吸納。兩書對讀，同一記事的文字，部分有出入，但無關宏旨，尤其是沒有涉及兩書褒貶不同的差異[49]；也有記事詳略的不同，一般范書較詳。袁宏《後漢紀》綜合多部史籍材料撰成，含有劉珍、謝承、司馬彪、華嶠、謝沈、張璠等人所撰書的內容及多種資料，也是范書取材的對象。袁書卷一至卷八是《光武皇帝紀》，記事以光武為中心，但在八卷史文中，有七卷都提及隗囂的事情[50]，可知他是與光武抗衡的重要對手。可以看到，袁書中有關隗囂主要行事的記載，大多已為范書所採擷。其中既有「立漢祖宗廟」、標榜「興輔劉宗」的記述[51]，又有「長安既壞，士人多奔隴西，囂虛己接之」的文字[52]，與范書所記、所論大致相近。

十　結語

史家「論」、「贊」的意見，必須貼近自己在史書中的記事，除非獎飾為記事所無，或記事明顯有過譽失實的情況，否則就不能評為「虛美」。我們在評述范曄的「論」、「贊」時，也應該是這樣。獎飾是否為記事所無，這很容易解決，我們只要考察史書的記述內容就可以了，至於記事是否失實，則須提供證據辨析。否則，「論」、「贊」所言，只要不出史家自己記事的範圍，評論者就不能用「虛美」來指斥。劉知幾在《史通·論贊第九》中批評范曄「虛美隗囂」，「傷言其實」，又在《史通·稱謂第十四》中不

48　參閱吳樹平《東觀漢記校注》卷二十一，頁869-871。隗囂名列「載記」，可見劉珍等已視他為「戰爭方殷，雄雌未決」，「自相君長」的羣雄之一。參閱《史通·題目第十一》，張振珮《史通箋注》卷四內篇（上冊），頁110-111。

49　參閱同上，頁871-874。

50　參閱袁宏《後漢紀》，《兩漢紀》下冊，2002年6月中華書局（北京），頁10-136。

51　參閱《後漢紀》卷一，同上，頁11。

52　參閱《後漢紀》卷三，同上，頁45。

同意「隗王得士」的論斷，似乎沒有留意范書的記事是否與「論」、「贊」的內容相配合，又沒有辨析范書所記是否確屬失實，卻聲稱「必備加擊難，則五車難盡」[53]，可說其斥甚厲，其言甚嚴，但並沒有提供有說服力的論據。這樣說來，劉氏的評論，就難免會被人看作是「虛論」了。

——原載《新亞學報》第三十一卷（下），新亞研究所（2013 年 6 月）

---

[53] 語見張振珮《史通箋注》卷四內篇（上冊），頁 99。

史學研究叢書・歷史文化叢刊 0602004

東漢史事述論叢稿

作　　者　李學銘

編　　輯　吳家嘉、游依玲

發 行 人　林慶彰

總 經 理　梁錦興

總 編 輯　張晏瑞

編 輯 所　萬卷樓圖書股份有限公司

臺北市羅斯福路二段 41 號 6 樓之 3

電話 (02)23216565

傳真 (02)23218698

發　　行　萬卷樓圖書股份有限公司

臺北市羅斯福路二段 41 號 6 樓之 3

電話 (02)23216565

傳真 (02)23218698

電郵 SERVICE@WANJUAN.COM.TW

香港經銷　香港聯合書刊物流有限公司

電話 (852)21502100

傳真 (852)23560735

ISBN 978-957-739-809-3

2018 年 11 月初版二刷

2013 年 7 月初版一刷

定價：新臺幣 460 元

如何購買本書：

1. 劃撥購書，請透過以下郵政劃撥帳號：

帳號：15624015

戶名：萬卷樓圖書股份有限公司

2. 轉帳購書，請透過以下帳戶

合作金庫銀行　古亭分行

戶名：萬卷樓圖書股份有限公司

帳號：0877717092596

3. 網路購書，請透過萬卷樓網站

網址 WWW.WANJUAN.COM.TW

大量購書，請直接聯繫我們，將有專人為

您服務。客服：(02)23216565 分機 610

如有缺頁、破損或裝訂錯誤，請寄回更換

國家圖書館出版品預行編目資料

東漢史事述論叢稿 / 李學銘著.

-- 初版. -- 臺北市：萬卷樓, 2013.07

面；公分. -- （史學研究叢書）

ISBN 978-957-739-809-3（平裝）

1.東漢史 2.文集

622.207　　　　　　　　　　102011625

萬卷樓新書推薦

0501 經學研究叢書・經學史研究叢刊

現代學術視域中的民國經學
以課程、學風與機制為主要觀照點

車行健　　258頁／18開／NT$320元

本書嘗試以現代學術視域來觀察民國以來的經學發展，集中在課程、學風與學術機制三個面向，對經學的未來走向及定位做較深入的省思。

宋元明清四書學編年

周春健　　356頁／18開／NT$480元

本書按照時代順序，逐次考證宋元明清四書學史上的代表性事件、人物、著述，實際是一部「編年體」的「四書學通史」。

經史散論
從現代到古典

周春健　　310頁／18開／NT$400元

本書有屬於「經」的方面、屬於「史」的方面、最後二篇，則是將「經史」乃至「四部」之學放到一起討論，帶有一些綜合性質。

尚書周書牧誓洪範金縢呂刑篇義證

程元敏　　437頁／18開／NT$600元

本書作者程元敏教授曩從屈先生受業，恭讀屈先生書，粗識治書門徑。又因鄞縣戴先生靜山指點，略涉宋儒之書。嘗有志撰作一書，詳解《尚書》全經，擬其題曰「尚書義證」，以補前修之未備，發皇《書》經之奧義。

韓國朝鮮時期詩經學研究

金秀炅　　　　280 頁／18 開／NT$360 元

《詩經》為中國重要經典之一，對後代造成極大的影響，對友邦韓國亦是。韓國歷史中，朝鮮時期是關注儒學的頂峰時期，本書以此時期為基底，以東亞詩經學為範疇，勾勒出韓國詩經學的全貌，為研究經學者開創經學史上另一面貌。

日本詩經學史

張文朝　　　　514 頁／18 開／NT$560 元

本書以日本的詩經學為研究對象，討論《詩經》自流傳入日本後，如何被接受及發展。各時代關於《詩經》的書籍，是在何時、經由何人傳入日本、以及使用的方法等，並以政治、教育、文學等項目進行畫分、討論。還統計分析現存關於《詩經》的書籍資料，並詳細記錄，使《詩經》在日本的傳播情形更加明確。

中國經學研究的新視野

林慶彰　　　　232 頁／18 開／NT$360 元　榮登中央研究院重要研究成果專刊

本書收錄十篇論文，是林慶彰教授近二十年來研究經學的論文選集。每篇論文均處理到目前為止，還未有學者研究的經學問題，卓具前瞻與創見。由於本書有開拓視野的作用，所以命名為「中國經學研究的新視野」。本書榮登中央研究院重要研究成果專刊。

文革時期評朱熹

林慶彰、姜廣輝主編　　　全二冊／共 953 頁／18 開／1200 元

在文革時期有兩個儒家人物落難了，一位是所謂的「孔老二」，一位是「可惡的朱熹」。一九八〇年以來，孔老二逐漸變成偉大的思想家，朱熹的會議在國內外開過十多次，可想而知朱熹也被平反了。本書收集文革時期批判朱熹的專書四種，報刊文章九十多篇，反映了當時批朱的全部面貌。

義疏學衰亡史論

喬秀岩　　　　288 頁／18 開／360 元

作者分析《論語義疏》、《禮記子本疏義》、《周禮疏》、《儀禮疏》、《禮記疏》，討論南北朝舊義疏學的基本方法；分析《書》、《詩》、《春秋》疏及《孝經述議》，討論劉炫、劉焯與舊義疏學截然不同的學術方法。根據這些分析討論，介紹劉炫、劉焯摧毀舊義疏學的實際情況，又論孔穎達、賈公彥等在劉炫、劉焯的強烈影響下，只能因襲舊義疏進行小調整而已。本書在義疏學研究上有突破性的發現！

北京讀經說記

喬秀岩　　　　308 頁／18 開／400 元

本書收錄作者自二〇〇四年至二〇一二年八年之間在北京所寫有關經學史、經學文獻的文章共十七篇。八年時間，作者的主要時間都投入到整理文獻的工作上，而在這過程中，也沒忘記思考「經學是什麼？」的問題。本書收錄文章，代表作者這段時間的研究成果與重大發現！尤其是在鄭玄的研究方面！

0502 經學研究叢書・臺灣高等經學研討論集叢刊

首屆國際《尚書》學學術研討會論文集

林慶彰、錢宗武編　　　　575 頁／18 開／NT$760 元

本書前兩組是會議致辭和會議主題發言。其餘為臺灣、大陸兩岸學者的《尚書》學的研討論文，是兩岸緊密合作的第一本《尚書》學論文集。

正統與流派　　歷代儒家經典之轉變

林慶彰、蘇費翔主編　　　　656 頁／18 開／NT$920 元

本書為中央研究院中國文哲研究所和德國慕尼黑大學漢學系合作舉辦「正統與流派——歷代儒家經典之轉變」國際學術會議的論文集。計收中英文論文二十二篇，內容包括各代經學史問題的探討。包含中文、英文論文，各篇論文都有作者自己的觀點，足供研究經學與經學史之學者參考之用，本書更具體呈現海內外學者對儒家經典研究的新看法和新見解。

0503 西方學者詮釋中國經典叢書

孔子之前：中國經典誕生的研究

夏含夷　　　　230 頁／18 開／NT$300 元

本書收錄八篇專論，通過古文字新證與歷代注釋細讀等多元方式，探討《周易》、《尚書》、《詩經》、《逸周書》、《竹書紀年》等典籍如何被寫成？什麼原因被寫成？在原初語境有何意義？在往後歷史中，又如何因晚出的哲學觀點而遭到改寫或遮蔽？作者藉由嶄新的研究視野和考古學的證據，提出新的觀點，重新審視古代典籍的創作緣由與流傳過程。

北宋黨爭與文禍學禁之關係研究

涂美雲　　　520 頁／18 開／NT$460 元

本文以「烏臺詩案」、「車蓋亭詩案」、「蘇軾策題之謗」、「元祐黨禍與元祐學禁」為例，探討新、舊兩黨在更迭執政時期，所刻意釀製的「文字之禍」與「學術禁錮」，嘗試說明士人的學術文字，在宋代政治黨爭中，如何被當作排除異己的工具。

邦計貨殖

中國經濟的結構與變遷　全漢昇先生百歲誕辰紀念論文集

廖伯源主編　　　524 頁／18 開／NT$680 元

中國經濟史巨擘全漢昇院士誕生一百周年，為紀念此日子，編委會邀請了世界著名經濟史學家撰文紀念，並彙集成論文集。本書內容涵蓋漢代至現代的經濟結構及發展，豐富而廣泛，皆為一時之選，甚具創見，且並從未公開發表。

聚斂謀國：南宋總領所研究

雷家聖　　　265 頁／18 開／NT$340 元

本書內容著重研究南宋的總領所，這只是一個地方理財機構，但關係到南宋的國防，甚至內政、外交和紙幣流通，該著中都有詳細的討論，所徵引的史料甚為廣博，討論明白，是極有意義的。本專著末附總領年表，前後對照，十分方便。另有附錄兩篇書評及一篇介紹民國以來對宋代人物的研究，都具有十足的參考價值。

東漢史事述論叢稿

李學銘　　　315 頁／18 開／NT$460 元

本書共收論文十一篇，內容有外戚勢力消長的剖析，有人物遭際的評說，有集議制度的探討，有《女誡》內涵的闡釋，有范書史文的考辨，全部屬東漢史的範圍。立論所據，大多為常見常用的書籍和資料，沒有刻意引用特別難得的珍本、異書；對前人或時賢之見偶有辨疑、訂正或補充，則力求言而有據，不作疏闊無根之論。本書應可為有興趣研讀東漢史事的讀者，提供一些有用的參考或啟發。

訂購方式

請洽萬卷樓圖書公司　宋小姐

電話　02-23216565 分機 10　　　電郵　L3216565@ms81.hinet.net
傳真　02-23944113　　　網址　www.wanjuan.com.tw